MARCO POLO

Unvergessliche Citytrips in Europa

Im Norden und Westen

- Oslo **10**
  Naturbursche mit Stil

- Stockholm **20**
  Wasser, Wald und Lässigkeit

- Tallinn **30**
  Zuckerbäckerromantik mit Kick

- Kopenhagen **40**
  Minimärchenmetropole

- Edinburgh **50**
  Doppelt schottenschön

- London **60**
  Der ganz eigene Mix macht's

- Dublin **70**
  Rau, aber herzlich

- Amsterdam **80**
  Von Grachten schmachten

- Brüssel **90**
  Bunt, offen und europäisch

- Paris **100**
  Funkelnd wie das Leben

In Deutschland und Mitteleuropa

- Köln **112**
  Lebenslust am Rhein

- Potsdam **122**
  In der Traumfabrik

- Leipzig **132**
  Boomtown am Kanal

- Stuttgart **142**
  Benztown, Baby!

- Zürich **152**
  Kleine Weltstadt

- Wien **162**
  Magie und Monarchie

- Prag **172**
  Im goldenen Licht

- Krakau **182**
  Zauberhafte Zeitreise

Im Süden

- Athen **194**
  Die Antike leben

- Venedig **204**
  Brücken durch die Zeit

- Florenz **214**
  Der Kunsthimmel wartet

- Nizza **224**
  Leuchtende Schönheit

- Madrid **234**
  Das Leben ist schön

- Porto **244**
  Pure Poesie

Citytrips

Oslo
Höhenflüge überm Fjord
Vom Schloss zur Schanze und der ganz großen Oper

Edinburgh
Staunen im Karomuster
Über die Royal Mile in den Folkhimmel

Kopenhagen
Von hibbelig bis hyggelig
Design, Royals und eine kleine Meerjungfrau

Dublin
Erst gruseln, dann feiern
Zeitreise mit Fish & Chips

Amsterdam
Ein Tag im Goldenen Zeitalter
Verlier dich im Netz der Wasserwege

London
I'll drink tea, my dear!
Trip durch eine Welt(en)stadt

Köln
Zu Wasser, zu Land, beim Karneval
Eckpunkte kölschen Lebens

Brüssel
Im Schoko-, Bier und Kunstschatzhimmel
Brüssels A-Z: Atomium bis Zunfthäuser

Stuttgart
Hügelauf und hügelab
Durch den Kessel auf die Höhen

Paris
Et voilà, ein roter Teppich!
Wofür Paris berühmt ist

Zürich
Klassisch? Oder kreativ?
Zürichs Facetten kennenlernen

Porto
Azulejos und Portwein
Portos schönste Seiten

Florenz
Durchs Herz der Stadt
Schauen und schlemmen

Madrid
Bis zum nächsten Morgen
Schlafen in Madrid – warum?

Nizza
Herzschlagbummeleien
Der Schönheit verfallen

Alle Trips im Überblick

Europas Stadtabenteuer

STOCKHOLM
Schlemmen, schlendern, Pop-Hits singen
Alle Facetten der pulsierenden Schwedenmetropole

TALLINN
Tolle Aussichten, erstklassige Einblicke
Zeitreisen und weite Panoramen in Tallinn

POTSDAM
Zickzack royal
Auf den Spuren von Königen und Zaren

KRAKAU
Jahrhunderte sind ein Tag
Vom Schloss ins Partyviertel

LEIPZIG
Industriestadt aus der Entenperspektive
Mit dem Kanu durch die Kanäle

PRAG
Der Golem und die Knödel
Prags Geheimnisse erkunden

WIEN
Prunk überall
Durch Wiens Geschichte(n)

VENEDIG
Venedig ahoi
Mit dem Schiff um die Altstadt

ATHEN
Götter, Gräber, Walnusskuchen
Entdeckungen rund um die Akrópolis

Überblick 5

Beste Zeit für...

- ○ Oslo
- ○ Stockholm
- ○ Tallinn
- ○ Kopenhagen
- ○ Edinburgh
- ○ London
- ○ Dublin
- ○ Amsterdam
- ○ Brüssel
- ○ Paris
- ○ Köln
- ○ Potsdam
- ○ Leipzig
- ○ Stuttgart
- ○ Zürich
- ○ Wien
- ○ Prag
- ○ Krakau
- ○ Athen
- ○ Venedig
- ○ Florenz
- ○ Nizza
- ○ Madrid
- ○ Porto

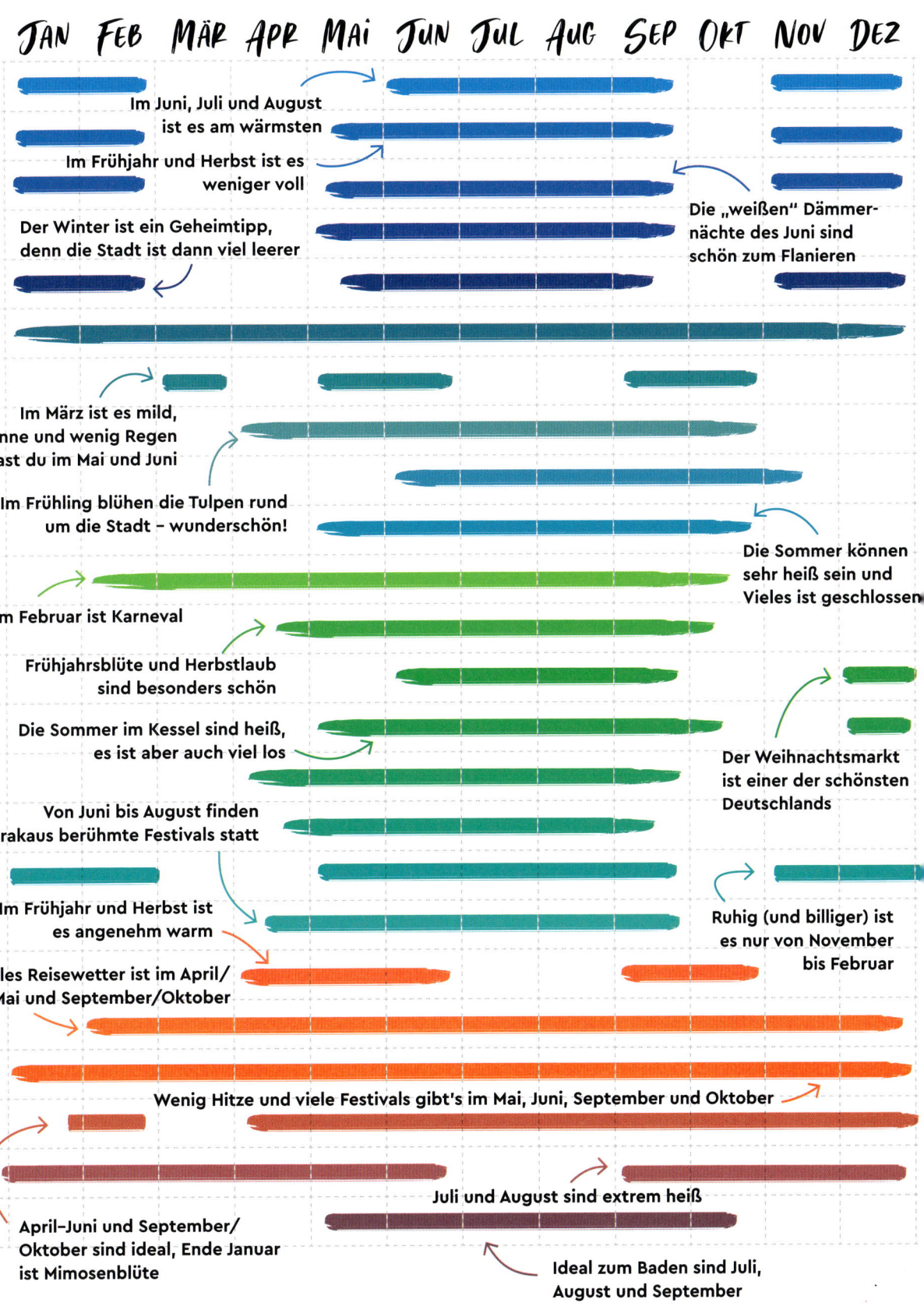

Spürst du's auch? Diese skandinavische Leichtigkeit in den Metropolen des Nordens, in Stockholm, Oslo oder Kopenhagen? Sie verführt und sie bezaubert dich, wie es auch die Schotten und Iren in Edinburgh und Dublin tun. London und Paris dagegen sind Weltmetropolen – und faszinieren dich so, dass du immer wieder zurückkehren wirst.

Im Norden und Westen

Eine Oper für alle – daher kannst du dem spektakulären Bau aufs Dach steigen

Naturbursche mit Stil

Wasser, Wald und Weltarchitektur in Oslo

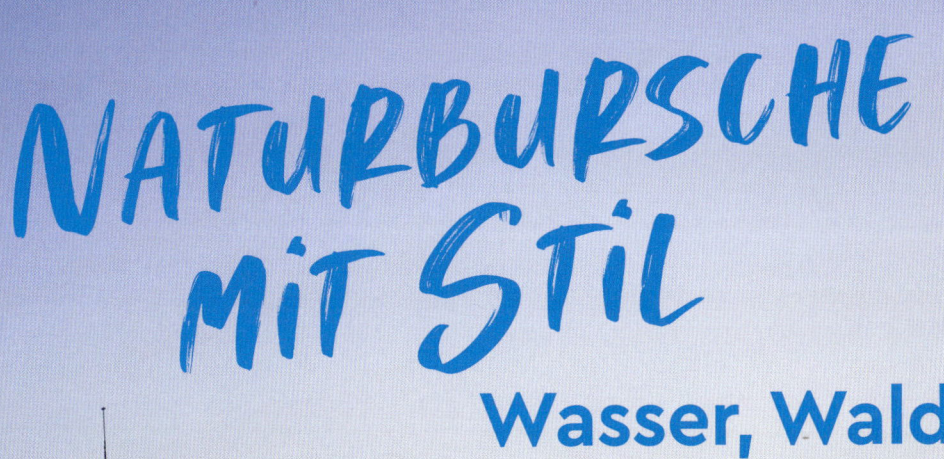

Hei, in Norwegens lässig-dynamischer Hauptstadt

Vor allem von der Seeseite aus präsentiert sich Oslo dem Besucher wie ein Gemälde: Berge, Wälder und Fjord bilden den natürlichen Rahmen, dazwischen pulsiert die ganze Dynamik der norwegischen Hauptstadt – Industrie und Freizeit, Kultur und Geschichte, Politik und Promenade.

Bunt, szenig und ganz schön angesagt ist das Stadtviertel Grünerløkka

Wo Natur und Stadt sich perfekt vermischen

454 km² groß ist Oslo oder „Uschlu", wie die Einheimischen sagen, und nimmt damit halb so viel Platz ein wie Berlin – für 700 000 Einwohner. Die Hälfte der Fläche bedeckt Wald, es gibt mehr als 300 Seen. Das ist den Osloern sehr wichtig, denn friluftsliv, also Aktivitäten in der freien Natur, gehören zu ihrem Selbstverständnis. Die Bahnfahrt auf 500 m Höhe, zum Holmenkollen, zu den Haltestellen Voksenkollen oder nach Frognerseter hinauf, dann die Wanderung zu Fuß oder auf Skiern in die Wälder hinein, ist für Osloer ein Sonntagsausflug und aktiven Besuchern unbedingt zu empfehlen. In den Sommermonaten lockt auch der Fjord mit unzähligen Buchten.

Tauch ein in das funkelnde neue Oslo

Oslos Skyline befindet sich im ständigen Wandel, und noch ist der Prozess nicht abgeschlossen. Zu dem im Sonnenlicht funkelnden Opernhaus ist das neue Munchmuseum ebenso hinzugekommen wie das neue Nasjonalmuseet in unmittelbarer Nachbarschaft zu den viereckigen Türmen des ziegelroten Rathauses. Zwischen der Flaniermeile Aker Brygge und Tjuvholmen setzt das Dach des Astrup-Fearnley-Museums als neue Landmarke aus Holz und Glas seine Segel. Das Sørenga Sjøbad ist ein großer Anziehungspunkt im Sommer – urbane Sonnenanbeter aalen sich auf den Holzplanken mit Blick auf Fjord, Barcode-Viertel, Fähren und Kreuzfahrtschiffe.

Maritimes Flair im Schärenreich

Dicht an dicht treiben und tuckern Segel- und Motorboote bis nahe an die Innenstadtanleger. Dort wimmelt es von Bierzapfstellen und Sonnenanbetern, die mit dunkler Brille auf der Nase und Sonnenschutzfaktor 20 auf dem nackten Bauch Richtung Fjord blicken. Für Touristen, die zum Sonnenbaden auf Inseln und Schären übersetzen möchten, gibt es Ausflugsschiffe genug. Eingeweihte wissen, dass die Fjordfahrt im Winter ein weiteres Plus bereithält: Wenn sich frostgetränktes Halblicht über die von Schnee gerahmte Hauptstadt legt, ist Oslo vom Wasser aus besehen ein mystischer Ort.

Naturbursche mit Stil

Wo sich bunte Holzhäuschen vom Fjord hinauf ins Grün stapeln: Oslos Küste

Nordische Lässigkeit bei jedem Wetter

Oslo ist Norwegens einzige Großstadt, dennoch ist von Hektik nichts zu spüren. Verkehr gibt es zwar auch hier reichlich, Läden und Straßenmusiker sorgen für Beschallung, ein paar Skater schlängeln sich an Passanten vorbei. Doch niemand flucht oder regt sich auf. Vor Restaurants und Cafés stehen ein paar Tische, die bei jedem Wetter dank Heizlampen und Wolldecken gut besetzt sind. Alles wirkt gemächlich. Die vielen Parks und Plätze der Stadt sind dazu da, zu bummeln oder sich auf eine Bank zu setzen. Und es ist sicher kein Zufall, dass der Mittelpunkt Oslos nicht der Hauptbahnhof ist oder das Schloss, sondern die Grünanlage Studenterlunden zwischen Parlament und Nationaltheater.

Hier spielt die Musik!

Was um die Oper, dieses weithin sichtbare und Offenheit ausstrahlende „europäische Bauwerk des Jahres 2008" herum gewachsen ist und weiterhin wächst, unterstreicht Oslos Anspruch als ernstzunehmende Kulturstadt. Hunderte von Musikclubs und Theaterbühnen profitieren davon, jedes Jahr finden rund 6000 Konzerte für jeden Geschmack statt. Es soll in der Stadt fast 1000 Musikbands geben – ein blühendes Dickicht, aus dem immer wieder internationale Stars herauswachsen.

Mal reich, mal abgerockt – Oslo macht's spannend

Der Reichtum des Landes nach 50 Jahren Öl- und Gasförderung jedoch hat die Stadt und seine Einwohner verändert. Es wimmelt von feinen Restaurants und teuren Autos – und von norwegischen Dialekten. Der Wohlstand zeigt sich vor allem an der pompösen Wolkenkratzerbebauung um den Hauptbahnhof herum. Nur einen halben Kilometer weiter, in den Restaurants, Cafés und Kneipen von Grønland oder Grünerløkka, ist von dieser Protzigkeit nichts zu spüren. Alles wirkt gesetzt, ein bisschen abgenutzt, aber urgemütlich. Orte der Begegnung und für ein freundliches Miteinander. Widersprüchlich und schon beim zweiten Hinsehen spannend – es gibt viele gute Gründe, dieser Stadt mit Offenheit zu begegnen und sich auf sie einzulassen.

HÖHENFLÜGE ÜBERM FJORD

Vom Schloss zur Schanze und der ganz großen Oper

Highlights

- Vorbei an der bürgerlichen Stadthauskulisse von Frogner
- Hoch hinauf, wo Norwegens sportliches Herz schlägt
- Die neuen Prestigebauten am Fjord bewundern

Strecke & Dauer

- Vom Parlament zur Oper
- 30 km, davon 11 km zu Fuß
- 1 Tag, reine Gehzeit 4 Stunden

Beste Zeit

- Juni, Juli und August sind mit Höchsttemperaturen um 20 Grad die wärmsten Monate. Klirrend kalt wird es im Winter nicht, das Thermometer bewegt sich um den Gefrierpunkt.

Gut zu wissen:

- Es gibt in der Hauptstadt ein U-Bahn-Netz (T-bane) mit fünf Linien, sechs Straßenbahnlinien (trikk) und verschiedene Buslinien. Die bequemste Art, an ein Ticket zu gelangen, ist über die RuterBillett-App.
- Es gibt rund 250 Standorte in Oslo, an denen Stadträder von Oslo Bysykkel mithilfe der App Oslo City Bike gemietet werden können.

Die Tour

1. Parlament
2. Königliches Schloss
3. Bäckerei Åpent Bakeri
4. Frogner

Von Oslos Herz zur Schloss- und Villenpracht flanieren

Das Parlament ist seit Mitte des 19. Jhs. Mittelpunkt der norwegischen Hauptstadt, genau wie die Prachtstraße, die einfach nur „Karl Johan" genannt wird. Bevor die Stadt so richtig erwacht, beginnt hier der Bummel über die Karl Johans gate zum Königlichen Schloss. Führungen gibt es zwar erst mittags, aber der Blick vom Schlossplatz ist die perfekte Einstimmung auf einen erlebnisreichen Tag in Oslo. Über Parkveien und Colbjørnsens gate geht's zum zweiten Frühstück in die Bäckerei Åpent Bakeri (apentbakeri.no) mit Gebäck und frischen Brötchen aus ökologischen Zutaten. Kauf hier auch deinen Proviant für den Lunch und schlender dann durchs Diplomatenviertel: Der Stadtteil Frogner präsentiert sich dir am schönsten, wenn du über Riddervolds plass und Briskebyveien auf den Vigelandspark

Freiluftmuseum mit Flanierqualitäten: im Vigelandsparken

zugehst. Hier gibt es weniger Verkehr und viele Blickfänge – imposante Bürgerhäuser, schmuckvolle Villen, verzierte Erker.

Frisbee, Freibad und große Kunst unter freiem Himmel

❺ Vigelandsparken
❻ Frognerpark

Schau dir im Vigelandsparken die Sammlung monumentaler Skulpturen von Gustav Vigeland an. Die von Figuren gesäumte Allee zum Monolithen im Zentrum der Sammlung lädt zum näheren Studium ein. Der sich im Osten anschließende Frognerpark ist die größte Spielwiese der Stadt, mit Frisbee und Gitarrenspiel – der perfekte Ort, um in Rückenlage den Himmel über Oslo zu genießen. Und dann ab ins Freibad! Frognerbadet ist eine prachtvolle, von Laubbäumen eingerahmte Anlage, in der es nur an den heißesten Tagen sehr voll ist.

Was ein richtiges Parlamentsgebäude ist, hat auch einen Löwen vor der Haustür

Oslo 15

HÖHENFLÜGE ÜBERM FJORD

7 Holmenkollen
8 Gratishaugen

Im Schwebeflug die Skischanze hinunter

Über Middelthuns gate und Kirkeveien gelangst du zum Bahnhof Majorstuen. Die Linie 1 Richtung Frognerseter schleppt sich hinauf bis zum Holmenkollen. Von der gleichnamigen Haltestelle ist der Weg zur Schanzenanlage ausgeschildert. Besuch das Skimuseum mit spektakulärer Aussicht vom Sprungturm und nimm für den Rückweg nicht den Fahrstuhl, sondern die „schwebende" Variante: Beim Ziplining geht's sicher, schnell und mit Bauchkribbeln hinunter ins Zielgebiet der Schanze. Deinen Lunch genießt du auf sicherem Boden auf dem Hügel Gratishaugen auf der anderen Straßenseite mit schöner Aussicht auf die Sprungschanze, wo immer einige Spitzensportler ihr Sommertraining absolvieren. Zurück an der Haltestelle Holmenkollen bringt dich die Linie 1 bis zur Station Tøyen.

9 Botanischer Garten

Echtes Gebirgsgrün mitten in der Stadt

Südlich davon triffst du in einigen Seitenstraßen immer wieder auf außergewöhnliche Straßenkunst. Nördlich des Bahnhofs liegt der Botanische Garten der Osloer Universität – eine Augenweide und ein stilles Paradies für Sonnenanbeter. Besonders der Spaziergang durch Fjellhagen, den Gebirgsgarten, ist eine farbenprächtige Begegnung mit der norwegischen Flora.

Na, schon weiche Knie?
Die Holmenkollen-Schanze erfordert Skispringermut

Das doppelt schöne Himmelsspektakel: Blick von der Oper auf die Stadt

Wo Grønland direkt neben der Oper liegt

Mit der Linie 1 kommst du zum Bahnhof Grønland. Jetzt bist du im beliebten, aber wenig herausgeputzten Multikulti-Stadtteil Grønland. Etwa 60 m die Straße rechts runter liegt Asylet (*asylet.no*), wo du norwegisch speisen kannst. Hier ist alles ein bisschen einfacher und dunkel gehalten, die traditionellen *smørbrød*, belegte Brote mit Krabben, Frikadellen oder Lachs, stärken dich aber gut für den weiteren Weg. Nach dem Essen biegst du die zweite Straße links in die Tøyengata ein, um zum Grønland Basar (*gronlandbasar.no*) zu gelangen. Der Multi-Kulti-Flair des Stadtteils kommt in diesem (sonntags geschlossenen) Einkaufszentrum am stärksten zum Ausdruck. Der anschließende Spaziergang über Grønlandsleiret und durch die Mandalls gate auf die abends blau angeleuchtete Fußgängerbrücke zu, vorbei am Hauptbahnhof und durch das Finanzviertel Barcode, führt dich an den Fjord und zunächst an der Oper vorbei direkt in das Munchmuseet. Im nagelneuen Prestigebau am Wasser erwartet dich die weltweit größte Sammlung von Gemälden und Grafiken von Norwegens berühmtestem Maler. Heb dir die Besichtigung der Oper gleich nebenan für den Abend auf, wenn der Blick vom Operndach auf den Osthafen und auf die Hochhäuser der norwegischen Finanzwelt ein Lichtspektakel ist. An langen Sommerabenden hast du dafür noch bis spät in den Abend hinein Zeit, sogar noch nach dem Besuch einer Opernvorstellung, für die du Karten vorbestellen solltest.

10 Grønland
11 Munchmuseet
12 Oper

Sehenswertes am Wegesrand

Futuristisches Bjørvika: Zwölf unterschiedliche Hochhäuser bilden das Barcode Project

Frogner

Der Stadtteil zwischen Schloss und Frognerpark ist das Osloer Bürgerviertel. Die Straßen um den U-Bahnhof Majorstuen säumen Häuserzeilen aus dem späten 19. und frühen 20. Jh. Viele der Stadtvillen beherbergen diplomatische Vertretungen. Jo Nesbø, Oslos Krimi-Kultautor und sein fiktiver Ermittler Harry Hole wohnen beide hier: prachtvolle Villen, umgeben von kleineren Parks, in anderen Straßen wieder dicht an dicht stehende Mietshäuser – Stadthöfe genannt –, mit und ohne Erker. Der schönste Teil des Viertels ist das Gebiet zwischen Frognerveien und Gyldenløves gate. Beide Straßen führen zum Frognerpark hinauf.

Vigelandsparken

Jedes Jahr locken die 212 aus Bronze, Granit und Schmiedeeisen geschaffenen Skulpturen des Bildhauers Gustav Vigeland (1869–1943) mehr als 1 Mio. Besucher an. Wenn du bei schönem Sommerwetter Lust auf einen abendlichen Bummel im Vigelandspark hast, dann geh zum Monolithen hinauf und blick nach Osten (!) in den Sonnenuntergang. Bis zu den Häusern an den Osthängen der Stadt schweift der Blick, wo sich das tiefrote Abendlicht spiegelt und auf die Dächer der Hauptstadt zurückgeworfen wird. Das Lichtspektakel in deinem Rücken ist nicht weniger faszinierend. Dort liegt die Holmenkollenschanze im Schatten des Sonnenuntergangs. vigeland.museum.no

Multi-Kulti mit typisch norwegischem Touch: Bar in Grønland, dem Stadtteil mit Um-die-Welt-Flair

Frognerparken

Das Schmuckstück unter Oslos Parks ist zugleich die meistbesuchte Sehenswürdigkeit der Hauptstadt, ein wunderschöner romantischer Landschaftspark. Dass die Osloer besonders am Wochenende hierher pilgern, picknicken und bis zum Abend dort sitzen, hat auch mit dem in den 1950er-Jahren eröffneten Freibad Frognerbadet am Ostrand zu tun. Auf den 3 ha Grünflächen des Parks tummeln sich an warmen Sommertagen bis zu 4000 Gäste, beim alljährlichen Rockfestival Norwegian Wood im Juni mindestens fünfmal so viel.

Holmenkollen

Wie ein riesiger Suppenlöffel sieht die Skisprunganlage (holmenkollen.com) aus, eine der berühmtesten der Welt, mit futuristischem Outfit und angenehmer Großzügigkeit in der Gestaltung. Von der Plattform auf dem Turm hast du eine traumhaft schöne Aussicht über die Stadt, den Fjord und Marka. Neben dem Skimuseum und dem Skisimulator, einem gläsernen Fahrstuhl an der Außenwand des Schanzenturms, und dem Café ist das Sommertraining der Skispringer ein weiterer guter Grund, ein paar Stunden auf dem Holmenkollen zu verbringen. Beim Ziplining geht's vom höchsten Punkt an einem Drahtseil 361 m hinab – Adrenalin pur (kollensvevet.no). Ein Spaziergang führt dich zur Holmenkollen kapell. Die dunkel gebeizte Holzkirche wird von der Königsfamilie zu besonderen Anlässen genutzt. Der Blick von dort über Oslo und die Wälder von Nordmarka ist wunderschön.

Grønland

Etwas versteckt hinter dem Hauptbahnhof liegt Grønland, Oslos kultureller Schmelztiegel. Hier trifft nüchterne skandinavische Kultur auf viele fremde Einflüsse. Weil sich seit den 1960er-Jahren Einwanderer vor allem aus Pakistan hier niedergelassen haben, wird der Stadtteil auch „Little Karachi" genannt. Exotische Geschäfte, fremdländische Düfte, unbekannte Sprachen – in Grønland ist die Welt zu Hause! Dazu gibt es noch viel typisch Norwegisches. Im Grønland Basar (Tøyengata 2), dem orientalisch anmutenden Einkaufszentrum, liegen das typisch norwegische Vinmonopolet und das Thai House gleich nebeneinander.

Munchmuseet

Mit dem sogenannten Lambdagebäude, das in der Seitenansicht an den gleichnamigen griechischen Buchstabe erinnert und direkt am Oslofjord an der Landzunge von Bjørvika 58 m in die Höhe ragt, zelebriert Oslo seinen Lieblingsmaler Edvard Munch auf außerordentliche Weise. Und hat mit dem weißen Prestigebau mit Restaurants und Cafés zugleich eine neue Landmarke fürs Stadtbild geschaffen. *munchmuseet.no*

Operahuset

Oslos ganzer Stolz ist das Opernhaus direkt an der Bucht Bjørvika, das wie ein Eisberg aus dem Oslofjord auftaucht, ein Monument modernen Designs und eine Landmarke von internationalem Ruf. In einer eher unwirtlichen Ecke des Osloer Hafens legte es den Grundstein für den weiteren Ausbau des Bjørvika-Viertels. Das Haus soll eine Oper buchstäblich zum Anfassen sein. Das schräge, zum Wasser abfallende Marmordach ist begehbar, und ein Spaziergang hinauf garantiert einen tollen Blick über Oslo und das Hafengelände. Die Osloer haben ihre Oper mit offenen Armen angenommen und entdeckt, dass sie auf dem Dach sogar picknicken können. *operaen.no*

Das kristallklare Licht des Nordens lässt Stockholms Skyline strahlen

Wasser, Wald und Lässigkeit

Zwischen Natur und Kultur in Stockholm

Hej, in der Stadt des nordischen Leuchtens

Goldgelbe Bürgerhäuser, die im klaren nordischen Licht warm leuchten, prachtvolle Renaissancegebäude, die von jahrhundertealtem Wohlstand zeugen, schreiende Möwen, die über weißen Schärendampfern kreisen: Stockholm wird dich faszinieren – besonders durch das viele Wasser, das die Stadt umgibt, in der Sonne herrlich glitzert und im Winter zu Eis erstarrt.

Raus ins Licht der Frühjahrssonne

Ein Drittel der Stadtfläche ist Wasser, das zweite Drittel grün. Abgesehen von vielen kleinen, lauschigen Ecken mit Bäumen, Büschen und Rasen zieht sich ein riesiger, geschützter Nationalpark von 27 km² mitten durch die Innenstadt, der Ekoparken. In welcher anderen Millionenmetropole gibt es das schon? Und die Grünanlagen sind immer gut besucht, im Sommer wie im Winter, denn die Stockholmer sind – wie die Schweden generell – sehr naturverbunden. Kaum kommen die ersten Strahlen der Frühjahrssonne durch, gibt es für die sonnenhungrigen Hauptstädter kein Halten mehr. Schnell werden Tische und Stühle selbst noch vor das winzigste Café gestellt und mit Wolldecken bestückt. Die meisten Hauptstädter sind dann schon recht leicht bekleidet, jedenfalls für mitteleuropäische Verhältnisse. Sie haben eben ein anderes Temperaturempfinden!

Dem Winterblues ein sportliches Schnippchen schlagen

In Mai und Juni, wenn alles grünt und blüht, wird die Stadt richtig lebendig. Dann starten die Schärendampfer tutend in die neue Saison, Festivals und Marathonläufe locken Besucher an, mit Kind und Kegel zieht es die Stockholmer zum Picknicken ins Freie. Dann tanken sie schon mal ordentlich Licht und Energie für die kalten Wintertage. Die dunkle Jahreszeit überleben? Die Stockholmer wissen, wie's geht. Zum Beispiel mit Sport. Auch der hilft über den Winterblues. Die Stockholmer passen ihre Sportart einfach der Jahreszeit an. Die prima Badeseen und Kajakgewässer des Sommers werden im Winter zu herrlichen Schlittschuhbahnen; Golfplätze, auf denen sie im Sommer eingelocht haben, eignen sich in der dunklen Jahreszeit ideal zum Skilanglauf.

Erkunde eine echte Stadt der Zukunft

Wer Stockholm zum ersten Mal besucht, stellt fest: Für eine Großstadt ist die Stadt relativ klein. Auf 14 Inseln und über 50 Brücken schlängelt sie sich um viele Buchten und Wasserflächen herum – eine große Fläche zwar, doch mit kompaktem Zentrum, das du dank eines klaren Schachbrettmusters gut erkunden kannst. Auch auffällig: Für eine Hauptstadt ist Stockholm

Wer hat's erfunden? Kanelbullar heißen die schwedischen Zimtschnecken

Alles so schön bunt (und putzig) hier: am farbenfrohen Stortorget in der Altstadt

sehr entspannt, ruhig und sauber. Das kannst du förmlich riechen, denn Stockholms Busse fahren mit Ethanol, Biogas oder Strom und sorgen damit für gute Luft. Die Vision: 2040 will Stockholm eine Großstadt sein, die nachhaltig wächst, eine Stadt für alle, vielseitig, smart, innovativ, dynamisch. Der Stadtrat mit linker Mehrheit setzt verstärkt auf Mautgebühren, Fernwärme, Sonnenenergie, Energieeffektivität, auf Umweltautos und das gute alte Fahrrad. Ziel der Stadt ist es, 2040 vollständig unabhängig von fossilen Brennstoffen zu sein – und das, obwohl der Großraum Stockholm mit seinen 2,4 Mio. Einwohnern (985 000 davon in der Innenstadt) rasant wächst, um ca. 15 000 pro Jahr.

Stürz dich hinein in Schwedens größten urbanen Wirbel

Es wird emsig gebaut. Straßen, Tunnel, U-Bahnlinien, Fahrradwege. Nachhaltigkeit wird dabei ganz groß geschrieben, Busse und Fahrräder sollen mehr Platz im Straßenverkehr bekommen. Neue Stadtteile mit neuen Wohnungen schießen wie Pilze aus dem Boden, doch trotzdem reicht es vorn und hinten nicht. Denn Stockholm ist für viele attraktiv, auch für viele Menschen aus fernen Ländern. Vororte wie Rinkeby, Husby oder Skärholmen mit einem hohen Ausländeranteil sind leider deutliche Beispiele für misslungene Integration. Es gibt aber eben auch ein vielfältiges Kultur- und Sportangebot, jede Menge Cafés, Clubs und Restaurants, eine breite Auswahl an schicken und originellen Läden – und obendrauf die phantastischen Schären vor der Tür. Stockholm ist das politische und kulturelle Zentrum Schwedens, hier wird alles für den Rest des Landes entschieden, hier fließt das große Geld, hier gibt es die meisten Arbeitsplätze und die höchsten Löhne.

Hektik? Ist in dieser Großstadt völlig unbekannt

Innovativ, weltoffen, am Puls der Zeit – Stockholm ist eine moderne europäische Großstadt, aber es gibt einen entscheidenden Unterschied zu anderen Metropolen: Schwedens Hauptstadt strahlt erholsame Entspannung aus statt aufreibender Hektik, und zwar durch die Menschen mit ihrem gelassenen Temperament, durch die beruhigende Wirkung von viel Wasser und üppigem Grün. Eine Stadt mit hoher Lebensqualität. Lass dich ein auf diese faszinierende Mischung!

SCHLEMMEN, SCHLENDERN, POP-HITS SINGEN

Alle Facetten der pulsierenden Schwedenmetropole

Highlights

- Inselhopping zu den wichtigsten Attraktionen
- Spazieren und shoppen im hippen Södermalm
- Schäreninsel im Sonnenuntergang

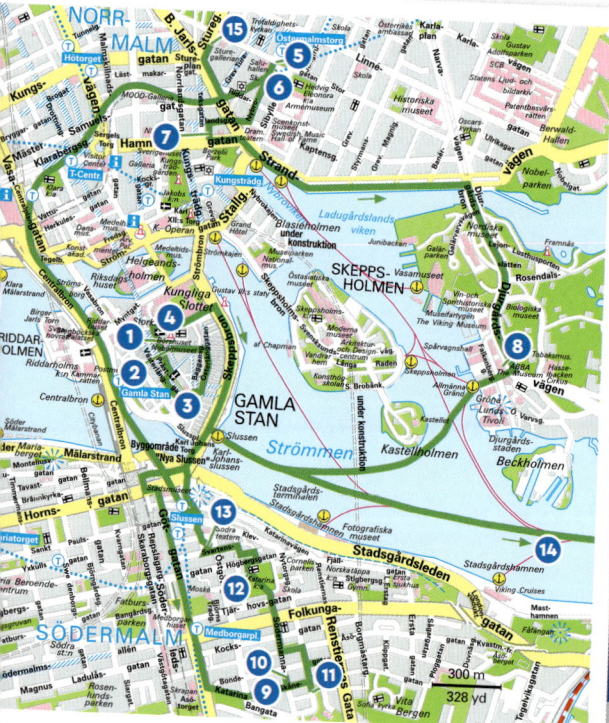

Strecke & Dauer

- Vom Stortorget zum Atrium at Sturecompagniet
- 7 km
- 1 Tag, reine Gehzeit 2 Stunden

Beste Zeit

- Juni, Juli und August sind die wärmsten Monate mit Höchsttemperaturen um 20 Grad. Von November bis März fällt das Thermometer nur selten unter 0 Grad.

Gut zu wissen:

- Das Netz der Busse, U-Bahnen (tunnelbana) und S-Bahnen (pendeltåg) ist sehr gut ausgebaut.
- In den Bussen und an der Sperre in der U-Bahn kannst du deine Fahrkarte per Kreditkarte kaufen.
- Radfahren ist in Stockholm weit verbreitet, das Radwegenetz gut ausgebaut. Stunden- oder tageweise kannst du Räder mieten.

Die Tour

1. Stortorget
2. Kaffekoppen
3. Mårten Trotzigs Gränd
4. Frogner

Hinein in das historische Herz der Stadt

Starte diese Tagestour dort, wo das Herz Stockholms schlägt – in der historischen Altstadt Gamla Stan am Stortorget. Der optimale Auftakt für den perfekten Stockholmtag ist eine typisch schwedische Zimtschnecke (kanelbulle) mit einer Tasse Kaffee im gemütlichen Café Kaffekoppen (*cafekaffekoppen.se*). Am besten sitzt du draußen auf dem kleinen Vorplatz Richtung Stortorget, da gibt's jede Menge zu sehen. Neben Kaufmannshäusern liegt hier auch das alte Börsengebäude, in dem heute das Nobelpreismuseum untergebracht ist.

Der Duft von tausend Leckereien: Markthalle Östermalm

Lust auf einen etwa 30-minütigen Rundgang durch die malerische Altstadt? Dann verlass den Stortorget in östlicher Richtung über die Köpmangatan. Über Österlånggatan und Tyska Stallplan geht's in Stockholms schmalste Gasse, Mårten Trotzigs Gränd. Steig die 36 Stufen hinunter zur Västerlånggatan und bieg hinter dem Tor rechts ab. Geh geradeaus weiter, dann rechts in die Tyska Brinken. Vor dir erhebt sich mit ihrem 96 m hohen Turm die Tyska Kyrkan, die Kirche der deutschen Gemeinde, die seit der Hansezeit hier ansässig ist. Die Skomakargatan führt nördlich zur Storkyrkan aus dem 13. Jh., in der Kronprinzessin Victoria ihrem Daniel das Jawort gab.

(Nicht nur) digital durchs Schloss der Superlative

❺ Königliches Schloss
❻ Östermalms Saluhall
❼ Tysta Mari

Von dort ist es nur ein Katzensprung zum Königlichen Schloss gegenüber. Die Schlossfassade wird umfassend bis 2036 renoviert. Nimm dir Zeit, es dauert, bis du das Schloss mit Repräsentationsräumen, Gästezimmern und der Bernadotte-Bibliothek durch hast. Tipp: Als Guide leistet die App Royal Palaces gute Dienste. Vom Schloss geht's den Slottsbacken hinunter ans Wasser, dann rechts auf die Skeppsbron. Dort steigst du in den blauen Bus Nr. 2 bis Slussen, wo du umsteigst in die rote U-Bahnlinie Richtung Mörby oder Ropsten. Beim Östermalmstorg aussteigen, wo die alte Markthalle Östermalms saluhall aus Backstein, Glas und Gusseisen liegt. Auf 3000 m² sind köstliche schwedische Spezialitäten appetitlich drapiert. Steure zuerst das Restaurant Tysta Mari (tystamari.nu) an und bestell dir ein *laxsmörgås*, ein Roggenbrot mit Lachs, Avocado und Fenchelsalat. Entdecke anschließend das Delikatessenparadies auf einem gemütlichen Rundgang.

Stockholm   25

Schlemmen, schlendern, Pop-Hits singen

- ⑧ Historische Straßenbahn Nr. 7 N
- ⑨ Abba-Museum

Wo du mit Dancing Queens singst

Von der Markthalle führt rechts die Nybrogatan hinunter. Über die Smålandsgatan erreicht man den Norrmalmstorg. Dort steigst du in die blaue historische Straßenbahn Nr. 7 N und lässt die prachtvollen Häuser auf dem noblen Strandvägen (links) und die Bucht Nybroviken mit Ausflugsdampfern und kleinen Booten (rechts) an dir vorbeiziehen. Über die schöne Brücke Djurgårdsbron mit Kandelabern und reich verziertem gusseisernem Geländer gelangst du nach Djurgården. An der Station Gröna Lund steigst du aus und gehst ins Abba-Museum. Wirf dich gleich ins Geschehen und nimm deinen eigenen Abba-Song auf! Beschwingt von Mamma Mia & Co. geht's danach den Allmänna Gränd hinunter zum Anleger und auf die nächste Fähre zurück nach Slussen.

- ⑩ Pet Sounds
- ⑪ Grandpa
- ⑫ Urban Deli

Im Paradies der coolen Shopper

Vom Fähranleger bei Slussen links hoch nach Södermalm gehen. Über den Södermalmstorg und die Götgatan erreichst du die Katarinabangata (links). Achtung Hipster – jetzt bist du mitten in Sofo (South of Folkungagatan), dem angesagten Szeneviertel auf Södermalm zwischen Götgatan, Renstiernas Gata, Folkungagatan und Ringvägen. Hier gibt's jede Menge Cafés und Restaurants, Bioläden und Secondhandgeschäfte. Weiter geradeaus geht die Straße nach kurzer Zeit in die Skånegatan über. Bei Nummer 53 liegt Stockholms bekanntester Plattenladen Pet Sounds (petsounds.se), wo Stefan Jacobsson seit über 30 Jahren Schallplatten und CDs verkauft. Folg dann der Skånegatan bis zur Kreuzung Södermannagatan und bieg links ab. In Hausnummer 21 gibt's ökologisch produzierte Vintagemode und Dekoartikel bei Grandpa (grandpastore.com). Zurück auf der Skånegatan biegst du links ab und gehst weiter bis zum pittoresken Nytorget mit seinen alten Holzhäusern aus dem 18. Jh. Auf der Ecke in Nummer 4 liegt das hippe Urban Deli (urbandeli.se), ein Mix aus Markthalle und Restaurant. Nichts wie rein und kulinarische Mitbringsel made in Sweden kaufen.

Selbst Stockholms Szeneviertel wie Södermalm haben ganz viel Altstadtflair

- ⑬ Katarina Kyrka
- ⑭ Mosebacketerrasse
- ⑮ Oper

Aufstieg für ein kühles Bier mit Aussicht

Von hier ist es nicht weit zur Bondegatan. Vorbei am Secondhandladen von Lisa Larsson (Nr. 48) gelangt man über die Södermannagatan geradeaus zum Friedhof der Katarina Kyrka, den du durchquerst. Zwei Mal brannte der lichte, klassizistische Bau aus dem 17. Jh. ab; 1995 wurden zum Wiederaufbau 5,5 t Birkenrinde, 5000 m² Kupferblech und 52 000 handgefertigte Nägel verwendet. Über die

Glatt gebügelte Felsen, windgebeugte Bäume – das muss eine Schäre sein

Högbergsgatan und Roddargatan geht's weiter zur Fiskargatan. Am Mosebacke torg liegt die Mosebacketerrasse (durch das Tor rechts). Zeit für ein kühles Bier!

Zum Krabbenstopp auf die Schäreninsel

🔵 **16 Stora Fjäderholmen**

Über die Urvädersgränd steigst du die Treppen hinab nach Slussen. Bei schönem Wetter lohnt eine Fährentour zur Inselgruppe Fjäderholmarna auf das kleine Stora Fjäderholmen. Dafür geht es von Slussen zurück in Richtung Fähranleger, wo um 19 Uhr vom Skeppsbrokajen das Schiff der Fjäderholmslinjen ablegt. Nach einer knappen halben Stunde empfangen dich Möwengeschrei und salzige Meeresluft – was gibt's Schöneres? Jetzt wird's rustikal! Direkt am Anleger links kannst du draußen im Skärgårdscafé der Rökeriet geräucherte Krabben pulen und in kräftige Aioli tunken. Dazu ein Glas Weißwein und die sinkende Abendsonne – perfekt! Alternative im Winter zum Fjäderholmen-Dinner: Mit der U-Bahn ab Slussen zum Abendessen ins Ekstedt am Stureplan.

Einreihen in die Schlange für die Partynacht

🔵 **17 Atrium at Sturecompagniet**

Die Fähre bringt dich gegen 21.30 Uhr wieder zurück nach Slussen. Mit der roten U-Bahn-Linie Richtung Mörby oder Ropsten geht es danach bis Östermalmstorg. Nimm den Ausgang Stureplan, wo die hippsten Clubs der Stadt liegen. Dort knickt die Sturegatan rechts ab. Durch den nächtlichen Trubel geht's zur Hausnummer 4. Hier residiert der legendäre Nachtclub Atrium at Sturecompagniet mit angesagter Musik auf mehreren Tanzflächen, schickem, gestyltem Publikum, coolen Drinks – und langer Warteschlange.

Sehenswertes am Wegesrand

Unter Kronleuchtern: Das Königliche Schloss ist eins der größten und prächtigsten Europas

Gamla Stan

Der Wind der Geschichte bläst dir in Stockholms malerischer Altstadt Gamla Stan ganz schön kräftig um die Ohren. Um die mittelalterliche Burg, die einst hier lag, baute man Kaufmannshäuser, Speicher, Adelspaläste und Kirchen wie die Storkyrkan, den Stockholmer Dom. Dummerweise brannte die Burg 1697 ab, stattdessen steht dort heute das riesige Königliche Schloss. Was du hier sonst noch so findest? Quirlige und stille Gassen, Tourishops mit Kitsch und Kram (Västerlånggatan), Läden mit geschmackvollem Kunsthandwerk, kleine Galerien und mittelalterliche Keller mit gemütlichen Cafés und Restaurants. Über Brücken kommst du nach Riddarholmen mit der Riddarholmskyrkan, der Grabkirche der schwedischen Könige, und nach Helgeandsholmen, dem Sitz des Reichstags. Tipp: Verlass in Gamla Stan mal die Hauptwege und bieg ab in schmalere Gassen. Dort kommt einem das 21. Jh. tatsächlich öfter mal abhanden.

Stortorget (Großmarkt)

Die Idylle trügt. Wo heute pittoreske Kaufmannshäuser und im Advent die Buden des Weihnachtsmarkts stehen, wurde 1520 bei einem brutalen Blutbad enthauptet und gehängt. Rund 80 politische Gegner ließ der dänische König Christian II. hier ermorden, um Schweden unter seine Krone zu zwingen. Schon im Mittelalter wurde der Stortorget von den Stockholmern als Markt genutzt, verkauften die Bauern aus dem Umland hier ihre Waren. Auch ein 5 m hoher Pranger stand damals hier, an dem arme Hascherl – stundenlang festgekettet – Hohn und Spott der Leute ertragen mussten. Die Häuser sehen übrigens mittelalterlich aus, sind es aber nicht. Nach einem Feuer 1625 wurden die Holzhäuser durch Steinhäuser mit rotgelben Fassaden ersetzt. Im großen Haus der Börse von 1788 mit dem Nobelpreismuseum im Erdgeschoss tagt in der oberen Etage regelmäßig die Schwedische Akademie, die den Nobelpreisträger für Literatur ernennt und auch hier bekanntgibt.

Kungliga Slottet (Königliches Schloss)

Hier möchte man keine Fenster putzen müssen: In über 600 Räumen warten 31 600 Glasscheiben. Daran hat Architekt Nicodemus Tessin d. J. wohl keinen Gedanken verschwendet, als er das neue Schloss Ende des 17. Jhs. mit italienischer Fassade und französischem Interieur errichten ließ. Die besten Künstler und Handwerker Europas durften sich hier austoben. Besonderes Prunkstück neben allen königlichen Paraderäumen mit kostbarer Kunst und Antiquitäten: die Galerie Karls XI. für die königlichen Bankette. Beeindruckend: die Bernadotte-Bibliothek mit 100 000 Bänden und der prächtige Reichssaal mit dem Silberthron der Königin Kristina von 1650. Außerdem sehr sehenswert: die Schlosskirche (Sommerkonzerte!) sowie im Kellergewölbe die Schatzkammer (mit kostbaren Kronjuwelen und Königsinsignien) und die Rüstkammer. Nicht verpassen solltest du die Wachablösung mit Musik und Parade im äußeren Königlichen Schlosshof.

Östermalms Saluhall (Östermalms Markthalle)

Lust auf Hummer, Elchfilet oder auch gotländische Trüffel? Wem hier nicht das Wasser im Mund zusammenläuft, der ist selber schuld. 1888 wurde dieser herrliche Spezialitätentempel mit seiner Backsteinarchitektur und den Gusseisenkonstruktionen eröffnet und bietet den Stockholmern seitdem Kulinarisches vom Allerfeinsten.

Abba-Museum

Walk in – dance out! Du wolltest schon immer mal auf der Bühne stehen? Als Dancing Queen? Das ist deine Chance. In diesem interaktiven Museum kannst du deinen Abba-Lieblingssong aufnehmen und dir dann digital nach Hause

Thank you for the music: Wer im Abba-Museum nicht mitsingt, ist ein Spielverderber

schicken lassen. Und du darfst Abbas legendäre Bühnenkostüme anprobieren. Dazu gibt es – natürlich – jede Menge Musik, Kostüme und Bildmaterial der erfolgreichsten schwedischen Band aller Zeiten. *abbathemuseum.com*

Fjäderholmarna

Schärenfeeling für Eilige! In nur 30 Minuten erreichst du die kleine Inselgruppe mit dem Hauptteiland Stora Fjäderholmen und bekommst schon mal einen guten Vorgeschmack auf die Stockholmer Schären. Neben Glashütte und kleinen Handwerksläden gibt's auf Stora Fjäderholmen auch gemütliche Cafés und Restaurants. Genieß den herrlichen Sonnenuntergang bei geräucherten Krabben und Weißwein in der Rökeriet (*rokeriet-fjaderholmarna.se*). Nur per Boot zu erreichen.

Atrium at Sturecompagniet

Berühmt und schick: In diesem Stockholmer Nachtclub tanzt junges Publikum ab 25 Jahren auf zwei Ebenen rund um einen bunt angestrahlten Innenhof herum. Mach dich auf lange Warteschlangen gefasst. *entrgroup.se*

Ein Stadtporträt wie eine Einladung: luftig-leichter Sommertag in Tallinn

Zuckerbäcker-Romantik mit Kick

In Tallinn hat das Mittelalter Internetanschluss

Tere, in der kleinen Stadt mit den großen Ambitionen

Am Sonntagmorgen sitzt ganz Tallinn auf seiner Bühne: dem blitzblanken Rathausplatz mit den Zuckerbäckerfassaden. Von den gut 1,3 Mio. Esten leben immerhin rund 430 000 in der Hauptstadt. Auf den Terrassen der Cafés betrachten die Menschen das Defilee. In Tallinn sitzt man unter freiem Himmel, wann immer keine Eisschollen im Weg liegen.

Gleich kommt der Geist des Mittelalters um die Ecke: Altstadtgassen voller Flair

geblieben. Eine so innovative Gastroszene, ein ähnlich kreatives Klima wie in Tallinn ist in Städten vergleichbarer Größe kaum zu finden. Die Unesco erklärte den liebevoll restaurierten historischen Kern (Vanalinn) – einer der am besten erhaltenen mittelalterlichen Stadtkerne Europas – zum Welterbe.

In lauschigen Gassen durch die Stadt der Hanse

Der Name Tallinn knüpft an die Ära der Dänen im Mittelalter an; im Estnischen bedeutet *taani linn* dänische Stadt. So heißt die Stadt erst seit der Unabhängigkeit Estlands von Russland, bis 1918 hieß sie Reval. Im 13. Jh. lud der Schwertbrüderorden deutsche Kaufleute nach Reval ein, um hier einen Handelsplatz aufzubauen. Wenige Jahre später war Reval mit der Hanse verbunden und nutzte die Privilegien des Handels- und Städtebunds. Auf dem Hügel verschanzten sich die deutsche Oberschicht und der Bischof vor dem Volk unten – und die reichen Kaufleute unten vor dem armen Klerus oben. Heute residieren auf dem Domberg im Schatten der russisch-orthodoxen Alexander-Newski-Kathedrale und des pinkfarbenen Barockschlosses Tompeea, in dem das Parlament tagt, diverse Botschafter. Zwei Aussichtsterrassen bieten wunderschöne Blicke auf die spitzen Kirchtürme, roten Ziegeldächer und die Gassen der Unterstadt, auf das tiefblaue Meer und den Hafen, wo die Fähren aus Helsinki und im Sommer fast jeden Tag Kreuzfahrtschiffe anlegen.

Singend in die Freiheit

Tallinn besitzt eine der am besten erhaltenen mittelalterlichen Innenstädte Europas und ist voller romantischem Zauber. Doch unter der historischen Fassade schlägt ein junges und ehrgeiziges Herz. Musik und Mode, Design und IT – zu allem fällt den kreativen Bewohnern etwas ein. Das zeigten sie schon zwischen 1987 und 1991, als die Esten mit dem Singen traditioneller (von den Sowjets verbotener) Freiheitslieder knapp vier Jahrzehnte sowjetischer Besatzung in die Geschichtsbücher verwiesen. 1991 war Estland endlich unabhängig. Nach der „Singenden Revolution" flogen Hämmer, Sichel und Leninbüsten auf den Müll. Eine demokratische Regierung formierte sich, manche Minister waren nicht mal 30 Jahre alt. Die Vitalität ist

Das weite Meer prägt die Stadt am Finnischen Meerbusen

Erlebe die russischen Einflüsse und das nordische Herz

Seinen besonderen Charme bezieht Tallinn aus dem Nebeneinander von Historie und Moderne, von Ruhe und Weltläufigkeit, von russischen Einflüssen und skandinavischem Flair. Schon die fünf bis zehn Sorten eingelegten Herings, die zu einem üppigen Frühstück gehören, beweisen: Estland sieht sich als nordisches Land. Gerade mal 80 km trennen Tallinn von Helsinki, zudem gehört die komplizierte estnische Sprache nicht zur indogermanischen, sondern zur finnougrischen Sprachfamilie. Was bedeutet, dass Esten und Finnen sich gut miteinander verständigen können – auch in der Sauna. Die ist in beiden Ländern Kulturgut.

Kronleuchter & Kunsthandwerk – ein Shoppingparadies

Nicht umsonst war Tallinn seit jeher ein Handelsplatz an der Schnittstelle von Ost und West. Eine Stadt des Handels ist sie bis heute geblieben. Hier blüht immer noch der echte, eigenständige Einzelhandel. In der Altstadt drängen sich Kunstgalerien und Fachgeschäfte für Kristallgläser, Kronleuchter oder Quilts. Freu dich aufs Shopping, vor allem auf Kunsthandwerk und Schönes fürs Zuhause. Und aufs Ausgehen. Gemütliche Cafés findest du an jeder Ecke, auch Tallinns Nachtleben ist einer Hauptstadt würdig. Und in der Restaurantszene? Kaum eine Landesküche ist hier nicht vertreten, gewagte Crossover-Cuisine gibt es ebenso wie russische Kochkunst.

Innovative IT-N@tion mit Zauberflair

Estland ist eine IT-Nation, innovativ und techniverliebt. Von der Autozulassung über die Steuererklärung bis zur Firmengründung wird alles online erledigt. Drahtloser Internetzugang ist fast überall in der Stadt verfügbar. Trotz des entschlossenen Blicks der Bewohner nach vorn kannst du in der baltischen Boomtown Geschichte live erleben – vom mittelalterlichen Kopfsteinpflaster der Altstadt über das pinkfarbene Schloss Katharinental, das Peter I. für seine Frau errichten ließ, bis zu den sowjetischen Plattenbauten im Stadtteil Lasnamäe. Lass dich treiben und Tallinn erzählen. Du wirst sehen: Die kleine Stadt steckt voller Zauber.

TOLLE AUSSICHTEN, ERSTKLASSIGE EINBLICKE

Zeitreisen und weite Panoramen in Tallinn

Highlights

- Die Highlights von Ober- und Unterstadt erleben
- Die schönsten Aussichten auf Stadt und Meer genießen
- Im ehemaligen KGB-Hauptquartier auf Zeitreise gehen

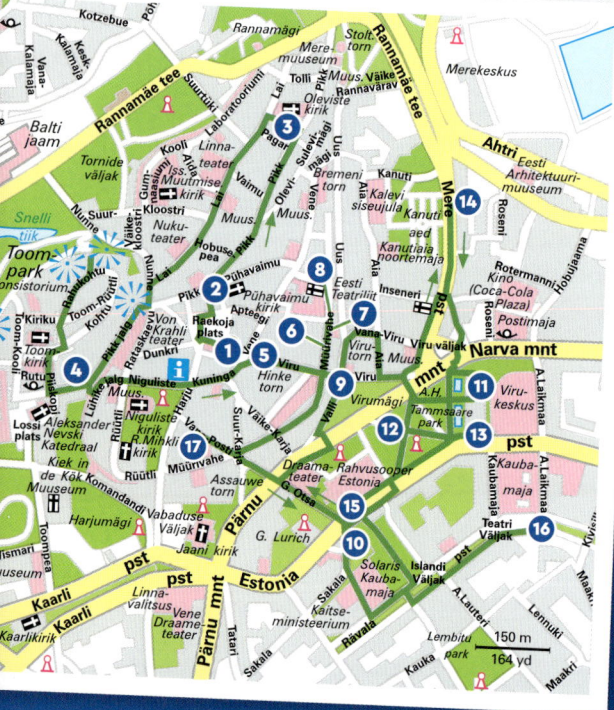

Strecke & Dauer

- Vom Rathausplatz zum Club Hollywood
- 3 km
- 1 Tag, reine Gehzeit 1 Stunde

Beste Zeit

- Die „weißen" Dämmernächte des Juni sind schön zum nächtelangen Flanieren, auch der späte Frühling ist eine gute Reisezeit. Verschneite Kulissen haben im Winter ihren Reiz.

Gut zu wissen

- Überall in der Stadt (etwa in Postfilialen, bei Stockmann, der Stadtverwaltung, in R-Kiosks) und am Flughafen gibt es für zwei Euro eine Bus- oder Straßenbahn-Smartcard für 1, 3, 5 oder 30 Tage, auf die man ein Guthaben lädt (tallinn.pilet.ee/buy).
- Die Besichtigung des KGB-Museums ist nur im Rahmen einer englischsprachigen Führung um 11.30 oder 13 Uhr möglich, die du auf viru.ee vorab buchen musst.

Die Tour

1. Rathausplatz
2. Pikk
3. Olaikirche

Entdecke die Altstadt aus der Vogelperspektive!

Am Rathausplatz schlägt das Herz der Hauptstadt: eine Mischung aus historischen Bauten und lebhafter Atmosphäre. Ab 10 Uhr kannst du im Sommer das Rathaus anschauen, um auch auf den Turm zu klettern, musst du bis 11 Uhr warten – vielleicht nach einem Espresso im Café Kehrwieder Chocolaterie (*kohvik.ee*). Von hier erreichst du über die Mündi den Suurgildi-Platz und schlenderst die Pikk entlang. Sie ist mit liebevoll restaurierten Fassaden eine der schönsten

Der Rathausplatz ist das Herz der Tallinner Unterstadt

Straßen der Stadt. Besonders sehenswert sind das Haus der Großen Gilde und das Haus der Schwarzhäupter-Bruderschaft. Folge der Pikk, bis links an der Straße Oleviste die Olaikirche zu sehen ist. Der Ausblick von dort oben ist phantastisch.

Schöne Panoramaaussichten vom Domberg

④ Domberg

Nimm die parallel zur Pikk gelegene Lai bis zum Pikk jalg, dem „langen Stiefel" des Dombergs. Er eröffnet herrliche Blicke auf Stadt, Hafen und Meer. Bewundere das Panorama von den Aussichtsterrassen, wirf einen Blick in die Domkirche und die Alexander-Newski-Kathedrale. Über Lühike jalg, den „kurzen Stiefel", geht es zur Niguliste und Kuninga, an deren Ende links in die Vene und dann rechts in die Viru.

Vom Wollmarkt über die Stadtmauer ans Büfett

⑤ Viru
⑥ Wollmarkt Müürivahe
⑦ Hellemann-Turm
⑧ Stadtmauer
⑨ Park Musumägi
⑩ Lido

Tallinns bunte Einkaufsmeile Viru führt dich bis zur Stadtmauer. Kurz vor ihrem Ende geht ein Schlenker nach links zum Wollmarkt Müürivahe, wo du dich mit Strickwaren eindecken kannst. Vom Hellemann-Turm läufst du über einen 200 m langen begehbaren Abschnitt zur Stadtmauer. Durch das Viru-Tor, von dem nur die Türme erhalten sind, verlässt du die Altstadt. Im rechter Hand gelegenen Park Musumägi lässt es sich auf einer Bank unter Bäumen angenehm ver-

TOLLE AUSSICHTEN, ERSTKLASSIGE EINBLICKE

schnaufen. Nach der Rast querst du die Straße Pärnu und biegst links in die G. Otsa. Weiter geht es über die Estonia puistee zur Sakala, bis du das Büfettrestaurant Lido (*lido.ee*) mit toller, frischer Auswahl erreichst.

- **11** KGB-Museum
- **12** Tammsaare-Park
- **13** Viru Shopping Centre

Auf Spionage- und Shoppingtour

Zurück am Viru väljak, geht es auf Zeitreise: Das heutige Original Sokos Hotel Viru war zu Sowjetzeiten verwanzt und ist als KGB-Museum (*viru.ee*) im Originalzustand belassen – bis zu den vollen Aschenbechern. Nach der anekdotenreichen Tour schnappst du frische Luft im Tammsaare-Park. In der gegenüber gelegenen Nationaloper kannst du schon mal Karten für den Abend besorgen. Danach ist noch Gelegenheit, im Viru Shopping Centre (*virukeskus.com*), gleich neben dem KGB-Museum, durch die Geschäfte zu bummeln.

- **14** Mere Resto
- **15** Nationaloper
- **16** Restaurant ISSEI Tallinn
- **17** Club Hollywood

Große Oper und lange Nächte

Zeit fürs Dinner. Laufe vom Viru väljak über die Straße Mere. Im Mere Resto (*mereresto.ee*) gibt es gutes Sushi. Nach dem Essen ist es nicht weit zurück zur Oper. Die Aufführungen in Tallinns Nationaloper (*opera.ee*) haben einen ausgezeichneten Ruf. Und während der Pause treffen sich alle Altersstufen und Berufsgruppen. Nach der Oper geht es gegenüber in die Teatri väljak und an deren Ende inks in die Rävala puistee. Im Hotel Radisson Blu Sky genießt du im Restaurant ISSEI Tallinn (*radissonblu.com/skyhotel-tallinn*) bei phantastischer Aussicht von der 24. Etage einen Cocktail. Stürze dich dann ins Nachtleben. Quere die Estonia puistee und folge der Suur-Karja bis Vana-Posti. Im Club Hollywood (*clubhollywood.ee*) beginnt der Abend erst. Wenn die Nacht länger werden soll: Im Déja Vu (*dejavu.ee*) triffst du schicke Leute, im Café Amigo (*amigo.ee*) hast du mit dem Ticket des KGB-Museums heute freien Eintritt.

Hinterm Viru-Tor geht's weiter – mit Tallinns gleichnamiger Shoppingmeile

Und immer wieder steht ein Café verlockend im Weg: in der Altstadt

SEHENSWERTES AM WEGESRAND

Zeittunnel und beliebter Drehort: Der Katharinengang führt Jahrhunderte in die Vergangenheit

Rathaus (Raekoja)

Zierlich und schlank reckt sich das einzige vollständig erhaltene gotische Rathaus in Nordeuropa auf dem dazugehörigen Platz. Tallinns Prunkstück erinnert eher an eine filigrane Kirche als an einen Verwaltungssitz. 1322 erbaut, erhielt es sein heutiges Gesicht zu Beginn des 15. Jhs. Steige auf die Aussichtsplattform und genieße den Blick auf das Treiben auf dem Platz und die umliegenden Gassen.
raekoda.tallinn.ee

Pikk

Zwar ist jede Straße der Altstadt sehenswert, doch hier ist eine Fassade schöner als die andere: Angefangen mit den Häusern der Großen Gilde und der Bruderschaft der Schwarzhäupter und der Olaikirche gegenüber kannst du langsam in Richtung Stadtmauer flanieren. Auf der rechten Seite lohnt ein Blick nach oben auf die reich verzierten Jugendstilfassaden. In vielen Gebäuden sind nette kleine Geschäfte untergebracht. Je weiter du dich vom Zentrum entfernst, desto ruhiger wird es auf der Pikk. Auf Höhe der Dicken Margarete kannst du auf den Wall der alten Befestigung steigen – mit herrlichem Blick auf den Hafen.

Rathausplatz (Raekoja plats)

Seit 800 Jahren ist der mittelalterliche Marktplatz das Herz der Stadt, wenn nicht des ganzen Landes. Ihn säumen einige der schönsten gotischen Fassaden Tallinns. Mit seinen Kneipen, Cafés und Wochenmärkten ist er bis heute zentraler Treffpunkt der Hauptstadtbewohner. Hier finden auch der romantische Weihnachtsmarkt und im Sommer bunte Handwerkermärkte statt. Der Rathausplatz ist auch Startpunkt des Mini-Zugs, der alle 20 Min. durch die Altstadt fährt.

Viru

Tallinns Haupteinkaufsstraße beginnt unterhalb des Rathausplatzes und führt, gesäumt von Souvenirläden, Boutiquen, Kneipen und Cafés, bis zur Stadtmauer. Dort geht es links ab zum Wollmarkt im Schatten der alten Befestigungsanlage. Die beiden Viru-Türme, die früher das im 14. Jh. errichtete (aber längst zerstörte) Viru-Tor einfassten, bieten vor dem Hintergrund der Fußgängerzone ein sehr dekoratives Fotomotiv. Jenseits der Stadtmauer liegt der Viru-Platz, einer der Hauptverkehrsknotenpunkte der City.

Markante Zwiebeltürme: die Alexander-Newski-Kathedrale auf dem Domberg

Wollmarkt Müürivahe

Erste Adresse in Sachen Schals und Socken ist der Wollmarkt vor der Stadtmauer (Ecke Viru), wo es Pullover, Schals, Handschuhe und Strickjacken in leuchtenden Farben und skandinavisch geprägten Mustern gibt. Bei besonderen farblichen Vorstellungen wird auf Anfrage (und gegen Aufpreis) über Nacht maßgestrickt.

KGB-Museum im Original Sokos Hotel Viru

In sowjetischen Tagen munkelte man, das einzige von Ausländern (nämlich Finnen) geführte und Ausländern zugängliche Hotel der Stadt sei komplett verwanzt. Zu Recht: In der obersten Etage befand sich die geheime Überwachungszentrale des KGB. Das kleine Museum informiert über die Spionagegeschichte sowie die Geschichte des Vorzeigehotels der estnischen Sowjetrepublik. *viru.ee*

Nationaloper (Rahvusooper Estonia)

Die 1913 eingeweihte Nationaloper glänzt mit eigenen Inszenierungen und internationalen Gastspielen. Opern werden in der Originalsprache gesungen, Musicals und Operetten auf Estnisch (meist mit Einblendung der englischen Übersetzung). *opera.ee*

Alexander-Newski-Kathedrale

Ein Hauch von Russland weht durch die Oberstadt: Mit den zierlichen Kuppeln auf dem imposanten weiß-orangefarbenen Bau ist das Gotteshaus der russisch-orthodoxen Gemeinde eines der meistfotografierten Gebäude der Stadt. Zar Alexander III. ließ die Kathedrale zwischen 1894 und 1900 als Sinnbild russischer Herrschaft bauen.

Auf der Kaimauer sitzt es sich am schönsten: Nyhavn ist ein Dänen-Gemütlichkeitstraum

Minimärchen-Metropole

Das kleine Kopenhagen kommt groß raus

Hej, hier bummelst du mit glücklichen Dänen um die Wette

Kann eine Stadt cool und hyggelig zugleich sein, also gut gebaut und kuschelig? Kopenhagen kann! Und das lässig. Die City und einige Viertel sind historisch-hübsch mit viel Kopfsteinpflaster, kupfernen Türmchen und Souterrains bestückt, während Architekten kühne Träume in umgenutzten Rand- und Hafengebieten verwirklichen dürfen. Und mittendrin regiert das Fahrrad.

In mehrfacher Hinsicht wertvoll: der „Schwarze Diamant" mit der Bibliothek

Schwing dich aufs Rad in der grünen Zukunftsstadt

Viele ultraneue Visionen fürs Wohnen und Lernen werden in Ørestad auf der Insel Amager verwirklicht. Dieser neue Stadtteil wurde rasant auf eine Tabula rasa am Meer konstruiert. Und Kopenhagen bleibt in Aufbruchstimmung. Bis 2025 wird sich der frühere Industriehafen Nordhavn in ein Wohn- und Geschäftsviertel verwandeln. Der innere Hafenkanal bekommt ständig neue bauliche Eskapaden für Freizeit und Kultur. Direkt daneben lässt man die heute recht brave Kifferfreistadt Christiania in Ruhe, mal abgesehen von den Drogenrazzien der Polizei. Im Grünen dagegen ist's hyggelig. Tolle Parks wie Frederiksberg Have laden zum entspannten Sitzen und Picknicken ein. Aber Kopenhagen ist auch ehrgeizig in Sachen Grün. Ziel: 2025 weltweit die erste klimaneutrale Metropole zu sein. Wichtigstes Verkehrsmittel ist das Fahrrad, und so wird es auch für Besucher immer cooler, die flache Stadt am Meer auf zwei Rädern zu erkunden.

Kopfsprünge ins Hafenwasser zwischen Kulturbauten

Seit der Jahrtausendwende boomt die urbane Entwicklung. Am Hafenkanal entstehen im Jahrestakt faszinierende öffentliche Bauten, etwa der „Schwarze Diamant", der die Königliche Bibliothek beherbergt, das neue Königliche Schauspielhaus mit dem Ofelia Plads sowie am gegenüberliegenden Ufer eine Oper. Du kannst den lieben langen Tag am Innenhafen sitzen, smarte Leute und Gebäude bestaunen und sogar im sauberen Hafenwasser schwimmen gehen – Hafenbäder gibt's genug.

Durch die kleine, feine Metropole bummeln

Einem Vergleich mit großen Millionenstädten kann die Hauptstadt des kleinen Königreichs nicht standhalten. Kopenhagen passt zehnmal auf die Grundfläche Berlins. Kopenhagen ist die Kleine unter den Großen. In keiner anderen Hauptstadt findest du dich so leicht zurecht. Bummel einfach durch altertümliche Gassen,

Radeln ist Pflicht in Kopenhagen. Achso, im Hintergrund sieht man das Rathaus

an pastellfarbenen Fassaden entlang. Gönn dir viele Pausen und beobachte die fast südländische Herzlichkeit auf einem der vielen Plätze, etwa dem schnuckeligen Gråbrødretorv. Alle sind beim Du. Die Gelassenheit steckt an, selbst beim Shopping. Dazu ist die Fußgängermeile Strøget (auf Deutsch: Strich) bestens geeignet. Besonders das Stück vom Amagertorv zum edlen Platz Kongens Nytorv bietet Schaufensterdekor zum Niederknien – gerade zur Adventszeit. Apropos Gelassenheit – die Dänen sollen ja sehr glücklich sein, dank niedriger Arbeitslosenquote, wenig Zukunftsängsten und dem Hoch auf die Familie.

City-Vororte mit Szenetouch erkunden

Willst du hinter die Kulissen gucken, musst du raus aus dem heute romantischen Zentrum – und genau das ist reizvoll. Zwar ist die Stadt dort auch mal weniger kuschelig. Doch haben sich in den vergangenen Jahren die sanierten Wohnviertel Nørrebro, Vesterbro und Østerbro mit zahlreichen Restaurants und Lädchen zu boomenden Szenevierteln entwickelt. Kopenhagens Sound ist übrigens der öffentlich – auch in Schulen – geförderte Jazz. In jedem Viertel Kopenhagens wirst du einen Platz mit Cafés oder Bars finden. Kopenhagen hat nicht nur ein junges Image, auch die Bewohner sind überwiegend jung. Überall ist man auf Kinder eingestellt. Eins ist aber auch klar: Kopenhagen gehört zu den teuersten Städten Europas. Allerdings werben Cafés und Restaurants mit Preisnachlässen für Frühesser oder Paartrinker.

Sogar die Royals erlebst du geerdet

Mit dem Bau der Øresundbrücke, der festen Anbindung Schwedens an Europa, ist die dänische Hauptstadt zur Drehscheibe Nordeuropas geworden. Nach Malmö ist's nur ein Katzensprung. Trotz des Booms halten die Kopenhagener es lieber mit dem Understatement. Sie geben nicht an, sondern sind eher bescheiden, lieber leise statt laut, entspannt statt hektisch. Und das Volk jubelt, wenn die gar nicht abgehobenen Royals vom Balkon ihres Schlosses winken. Manchmal sieht man sie sogar radeln!

Von hibbelig bis hyggelig

Design, Royals und eine kleine Meerjungfrau

Highlights

- Am Kanal die Zeit vertrödeln und die Royals besuchen
- Im Liegestuhl lümmeln und mit dem Hafenbus schippern
- Kopenhagen von oben sehen und ganz hyggelig werden

Strecke & Dauer
- Vom Rådhuspladsen zum Hviids Vinstue
- 12 km
- 1 Tag, reine Gehzeit 2 Stunden

Beste Zeit
- Kopenhagen liegt am Meer, also kann sich das Wetter schnell ändern und es weht immer ein Lüftchen.
- Beste Reisezeit ist Juni bis August bei Durchschnittstemperaturen von 20 bis 22 Grad, allerdings fällt im Hochsommer der meiste Regen.

Gut zu wissen
- Zum guten öffentlichen Nahverkehr zählen der Hafenfährenservice *havnebus*, die S-Bahn und die Metro mit vier Linien.
- Fahrräder mietest du in Verleihläden, in S-Bahnen kannst du sie kostenlos mitnehmen.

Die Tour

1. **Rådhuspladsen**
2. **Strøget**
3. **Amagertorv**
4. **Café Europa**

Shoppen und Schauen

Am Rådhuspladsen folgst du dem Strom der Passanten, der in die Haupteinkaufsmeile Kopenhagens, die Fußgängerzone Strøget mündet. Auf der Hauptbühne für Flaneure, dem Amagertorv machst du einen Stopp beim Café Europa (*europa1989.dk*). Es bietet dir einen hervorragenden Blick auf vorbeilaufende Passanten und den Storchenbrunnen.

Am Kanal träumen und bei der Königin vorbeischauen

Die Strøget endet am Kongens Nytorv. Du umrundest den Platz im Uhrzeigersinn und passierst Kopenhagens Edelhotel D'Angleterre

Zinnsoldaten? Nein, die Königliche Leibgarde vorm Amalienborg Slot

(*dangleterre.com*). Am Vormittag ist es noch ziemlich ruhig am Stichkanal Nyhavn. Eine gute Gelegenheit, sich auf die Kaimauer zu setzen und die Beine über dem Wasser baumeln zu lassen. Verträum aber nicht die Zeit! Denn um 12 Uhr heißt es auf dem Schlossplatz: „Stillgestanden zur Wachablösung!" Am Kanal geht es entlang bis zur ersten Querstraße und dann links ab in die Toldbosgade. Nach gut 200 m öffnet sich links der Amalienborg Slotsplads. Die vier Palais von Amalienborg Slot wirken eher bescheiden – obwohl hier die Königin wohnt.

Kongens Nytorv 5
Nyhavn 6
Amalienborg Slot 7

Abstecher zur kleinen Meerjungfrau

Kleine Meerjungfrau 8

Während der Wachablösung ist Zeit für einen Fototermin. Danach spazierst du am Ufer entlang Richtung Norden, vorbei an alten Speichern, die umgebaut wurden zu Apartments und Büros, und folgst der Promenade Langelinie. Die Kleine Meerjungfrau kannst du zwar übersehen – denn sie ist wirklich klein –, aber nicht verfehlen. Wo Menschen aus aller Herren Länder Handys in die Höhe strecken und auf Felsen balancieren, sitzt Dänemarks begehrtestes Model.

Der Sommer am Gråbrødretorv: kunterbuntes Draußenleben

Strandbadfeeling mitten in der Stadt: Christianshavn

⑨ Pier Nordre Toldbod

Allerlei Perspektiven

Bevor es 400 m südlich am Pier Nordre Toldbod mit der Hafenfähre (havnebus) weitergeht, lockt ein Blick auf das Brunnenspektakel Gefionspringvandet nebenan – direkt südlich des Kastells. Am Pier legen auch Kreuzfahrtschiffe an. Nächste Perspektive: Vom Pier heben Seaplanes (seaplanes.dk) 500 m hoch über City und Sund ab.

⑩ Christianshavn

Kopenhagen vom Wasser aus

Der havnebus 991 schippert dich zurück ins Zentrum; immer die Skyline mit den architektonischen Highlights vor Augen: einerseits Opernhaus, dazu ab 2023/2024 Opernpark und Wasserkulturtempel, andererseits das Schauspielhaus, voraus der Schwarze Diamant. Bei den gläsernen Regierungsgebäuden geht es am Anleger „Knippelsbro" von Bord, unter der Brücke hindurch, dann eine Treppe hinauf. Nun stehst du mitten im Stadtteil Christianshavn. Der Torvegade stadtauswärts folgend überquerst du den Christianshavns Kanal.

⑪ Paradis Is
⑫ Rundetårn

Bioeis schlecken und vom Runden Turm runterschauen

Mit der Metro Richtung Vanløse geht es weiter zwei Stationen bis Nørreport. Dort passierst du die Nørre Voldgade und gehst in die Fußgängerzone, die Frederiksborggade und die Købmagergade. In

VON HIBBELIG BIS HYGGELIG

Nummer 58 locken bei Paradis Is (paradis-is.dk) bunte Eiskugeln in täglich frischer Bioqualität – auf die Hand oder im Becher, dann weiter zum Rundetårn mit einem grandiosen Blick über die Stadt.

Erst Rosenduft, dann Picknick im Park

Rosenborg Slot ⑬
Kongens Have ⑭

Am Fuß des Turms geht es die Landemærket bis zur Gothersgade lang, immer dem Blumenduft nach und vorbei am königlichen Floristen Bering Flowers (beringflowers.com) bis zum Eingang des Parks Kongens Have mit dem Rosenborg Slot. Wer die königlichen Gemächer anschauen will, muss sich beeilen: Das Schloss schließt im Sommer um 17 Uhr, sonst sogar noch früher seine Pforten. Lust auf ein Picknick? Im Kongens Have findest du bestimmt ein schönes Plätzchen auf der Wiese.

Hier wird's hyggelig

Hviids Vinstue ⑤

Durstig? Dann lauf die Gothersgade zurück zum Kongens Nytorv. An der Ecke zur Lille Kongensgade tischt Kopenhagens älteste Weinstube Hviids Vinstue (hviidsvinstue.dk) auch øl und smørrebrød auf. Und im Laufe des Abends wird es hier so richtig hyggelig (gemütlich).

Der Kronjuwelentresor: Tulpen vor Schloss Rosenborg

SEHENSWERTES AM WEGESRAND

Vom hyggeligen Kopenhagen keine Spur: Die Freistadt Christiania ist erfrischend schräg

Amagertorv

Am Amagertorv landet jeder Kopenhagen-Besucher unweigerlich. Und das hat seine guten Gründe: Hier lockt Illums Bolighus mit dänischem Design, verkauft Royal Copenhagen in einem wunderschönen Renaissancegebäude Porzellan, Glas und Silber. Im Sommer, wenn vor dem Café Norden Tische und Stühle in der ersten Reihe stehen und die jungen Kopenhagener den markanten Storchenbrunnen (1894) bevölkern, heißt es: Sehen und gesehen werden. Beim Amagertorv solltest du dir an einer der Würstchenbuden *(pølsevogn)* einen typischen dänischen Hotdog nicht entgehen lassen.

Nyhavn

1671–73 ließ König Christian V. den Stichkanal graben. Nyhavn hat heute wie damals zwei unterschiedliche Seiten: die sonnige, damals sündige mit den farbigen Häusern, und die schattige, anständige, wo wenig los ist. Inzwischen ist Nyhavn zur Kneipen- und Restaurantmeile mit mehrsprachigen Speisekarten und Touristenmenüs geworden. Sind alle Stühle besetzt, ist immer noch ein Plätzchen auf der Kaimauer frei. Auch dein Bier darfst du dorthin mitnehmen – und dann in Ruhe den wunderbaren Blick auf die Boote im Hafen und auf die bunten Fassaden der Häuser genießen.

Bei der Königin ist noch Licht an: einer der vier Paläste des Amalienborg Slot

Amalienborg Slot (Schloss Amalienborg)

Hier wohnt die Königin, genauer gesagt, im südöstlichen der vier Paläste. Ist sie zu Hause, weht auf diesem Dach der Dannebrog, die dänische Flagge. Es war die Idee Frederiks V. (1723–66), rund um den achteckigen Amalienborger Schlossplatz vier Palais zu errichten. Da der König nicht selbst bauen wollte, verschenkte er die Baugrundstücke an vier Adelige. Als 1794 Schloss Christiansborg abbrannte und Christian VI. obdachlos wurde, kaufte die königliche Familie die vier Palais. Seitdem ist Amalienborg die Residenz der dänischen Könige. Besichtigt werden darf das Erdgeschoss des Palais Levetzau, in dem einst Christian VIII. residierte. *kongernessamling.dk*

Den Lille Havfrue (Kleine Meerjungfrau)

Sie ist so klein und süß, dass sie mancher sicher gern mitnehmen würde. Erlitten hat sie aber schon viel – angefangen mit dem Streit zwischen dem Big Spender, Bierbrauer Carl Jacobsen, und dem Erschaffer der Skulptur, Edvard Eriksen. Man einigte sich schließlich, und die einem Märchen von Hans Christian Andersen entsprungene Bronzefigur bekam schlanke Beine statt Flossen, Schwimmhäute statt Füße. Über die Jahre wurde ihr der Kopf abgesägt, sie ins Wasser gestoßen, mit Farbe traktiert. Stararchitekt Bjarke Ingels entführte sie plus sauberes Hafenwasser zur Weltausstellung 2010 nach Shanghai. Und sie dient klaglos als Model: Viele wollen ein Selfie mit ihr. Dabei wirkt sie, gemessen an anderen Attraktionen der Stadt, eher belanglos. Du erfährst hier mehr über touristische Hypes als über die Liebe, denn darum geht es in der bittersüßen Geschichte des Märchenautors. Wenn du die Meerjungfrau am Innenhafen unbedingt sehen möchtest, besuch sie nachts, dann hast du sie für dich allein – vielleicht.

Fristaden Christiania (Freistadt Christiania)

Anfang der 1970er-Jahre wurde Fristaden Christiania von Jugendlichen ausgerufen, nachdem sie das vom Militär verlassene Areal im Stadtteil Christianshavn besetzt hatten. In den ersten Jahren kam es zu heftigen Auseinandersetzungen zwischen Staat und „Freistadt", die dann legalisiert wurde. Nicht ohne Folgen: Der selbst verwaltete Stadtteil lockte all jene an, die meinten, in der Freistadt sei alles erlaubt – auch das Dealen mit Drogen. Anfang der 1980er-Jahre erklärten die Bewohner, Christiania solle *junkfri* werden. Mittlerweile stehen allerdings wieder zahlreiche Haschisch- und Marihuanastände auf der Pusher Street. Vorsicht, ihr Instagramer! Fotografieren ist in Teilen Christianias tabu, besonders rund um die anrüchige Pusher Street. Heute ist Christiania eine Top-Touristenattraktion mit 500 000 Besuchern pro Jahr. Trotz des Friedens soll Christiania keine Freistadt für Verbrecher werden. Ein bestimmter Duft liegt hier immer in der Luft. Garantiert rauchfrei sind die Führungen auf Englisch (*rundvisergruppen.dk*).

Kongens Have

Für seine Familie und Gäste ließ Christian V. einen Garten zum Lustwandeln anlegen. Später durfte im Schlosspark auch das Volk flanieren. Besonders an schönen Tagen ist Kongens Have der Garten der Kopenhagener. Im Norden des Parks verfolgt Hans Christian Andersen ein wenig versonnen das Treiben. Ein Selfie mit dem Märchenautor muss schon sein.

Edinburghs eindrucksvollste Aussicht: Blick vom denkmalbestückten Calton Hill

Doppelt schottenschön

Edinburgh und seine zwei Altstädte

Halò, unterm Schlossberg herrscht Highlander-Flair

In Europas Metropolenkonzert spielt Edinburgh kaum die erste Geige – den lautesten Dudelsack schon! Mit erneuerter Hauptstadt-Verve wird Schottlands Takt vorgegeben. Das passt ins Bild. Zwischen dramatischen Vulkanhöhen spielen zwei grundverschiedene Altstädte eine Romanze zwischen Kitsch und Kultur. Selbstbewusst feiert man sich mit Festivals.

Karos, Kilt und Dudelsack: der schottische Dreiklang mit dem Quäksound

Angelockt von Romanen

Dass das märchenhafte aber entlegene Flair südlich der Highlands kein Geheimnis mehr ist, verdankt Edinburgh einem einzigen Mann. Der Autor Walter Scott verwob im 19. Jh. Volkslegenden, Schlachten gegen England und Liebestragödien zu süffigen Historienromanen. Die Leser in Europa lockte seine Prosa nach Schottland. Schottlandtourismus ist ohne Scott undenkbar, genauso wie „Highlander"-Filme und „Outlander"-Serie. Sowie der Kult um den Kilt. Scott machte aus dem von den Engländern geächteten praktischen Highlander-Rock schlau einen Modeartikel, als er den englischen König Georg IV. 1822 nach Edinburgh lud und in einen Kilt steckte.

Zu Füßen der mächtigen Burg

Edinbarra – so sagt's schnarrend der Schotte – ist eine Naturbegabung. Vulkanismus und Eiszeiten ließen am Meeresarm Firth of Forth eine schroffe Hügellandschaft zurück, wohinein sich die Stadt organisch fügt. Eine Königsburg wie ein Adlerhorst aus dem 7. Jh. bildete den Grundstein, die Stadt legte sich später zu Füßen des Edinburgh Castle. Die expressionistische Skyline der Old Town im Sonnenuntergang zu sehen, am besten vom Calton Hill, bietet eines der fotogensten und romantischsten Porträts einer europäischen Hauptstadt.

Geistige Höhenflüge und eine Stadt, die zum Himmel stinkt

Zu Beginn des 18. Jhs. war Schottland bankrott. Halb zog England die Schotten, halb sanken diese in die Arme Londons: Der Act of Union von 1707 vereinigte die Länder unter Londons Führung zu Großbritannien. Aufschwung und Talentförderung waren die Folge. Zu jener Zeit stank Old Town allerdings zum Himmel. Wohl 50 000 Menschen hausten auf engstem Raum in zwölfstöckigen Hochhäusern – unten betuchte Bürger, darüber arme Schlucker. Die Notdurft landete in den heute noch engen Gassen – close und wynd genannt –, im Pub blieb der geworfene Zechbecher im Dreck der Wand stecken.

Ein Paradies für alle Shopping-Fans: die lauschige Victoria Street

Zwei unterschiedliche Städte warten auf dich

Vom Calton Hill oder dem kolossalen Denkmal für Walter Scott wird ein Kraftakt sichtbar. Linker Hand das Mittelalter mit der Burg, von der sich die Old Town bis zum königlichen Holyrood-Schloss hinunterschwingt. Rechter Hand dominiert eine zweite City. Die um 1800 im georgianischen Stil errichtete New Town ist das Nonplusultra damaliger Stadtplanung: uniform, präzise, großzügig. Edinburgh 2.0 war wegen der Überbevölkerung südlich eines Abwassersees, in dem auch Hexen ertränkt wurden, nötig geworden. Der trockengelegte Sumpf ist heute Edinburghs grüne Mitte. Diese Princes Street Gardens teilen Mittelalter und Mondäne. So ein grandioser Wurf reicht für Jahrhunderte – und fürs Weltkulturerbe.

Anzugsträger zwischen Parlament und Königspalast

Edinburgh ist Schottlands zweitgrößte Stadt. Während das nur 50 Minuten entfernte, größere Glasgow postindustriell und hemdsärmelig wirkt, trifft man in Edinburgh Regierungsbeamte im Anzug. Denn vier Fünftel aller Schotten entschieden sich 1997 für die von Premier Tony Blair angebotene Teilautonomie. 2004 zog die neugewählte schottische Regierung in das vom katalanischen Architekten Enric Miralles herrlich verrückt in die Old Town eingefügte Parlamentsgebäude, unweit vom barocken königlichen Palast.

Der alten schottischen Seele Edinburghs begegnen

Beide Altstädte kannst du ideal zu Fuß erobern. Ständig geht's steil rauf und runter, über grobes Pflaster und Treppenfluten. Robuste Treter gebietet die Old Town, während für New Towns schicke Trottoirs sogar High Heels passen. Der Edinburgher liebt Geschichten. Im Gespräch stößt du auf die schottische Mundart, weit entfernt vom nasalen Englisch der Royals, eher ein gutturales Rollen. Gerätst du im Pub in eine Musik-Session, wirst du nichts mehr verstehen, wenn du Verse in Gälisch oder altem Scots hörst. Dann bist du in der alten schottischen Seele Edinburghs angekommen, mit einem zünftigen Pint Bier in der Hand.

STAUNEN IM KAROMUSTER

Über die Royal Mile in den Folkhimmel

Highlights

- Die mondäne New Town beim Shoppen erkunden
- Traumblicke von den Hügeln der Stadt
- Begegnung mit der schottischen Seele in der Old Town

Strecke & Dauer

- Von der Valvona & Crolla Caffè Bar zur Folk-Bar Royal Oak
- 10 km
- 1 Tag, reine Gehzeit 3 Stunden

Beste Zeit

- Die Sommer sind mit Temperaturen zwischen 15 und 25 Grad angenehm, frisch ist es im Frühling und im Herbst.
- Der Winter ist ein sich langsam herumsprechender Geheimtipp, denn die Stadt ist dann viel leerer.

Gut zu wissen

- Old und New Town erkundest du am besten zu Fuß.
- Das Busnetz ist ausgezeichnet (*lothianbusses.com*).
  Die Straßenbahn (tram) wurde 2023 bis nach Leith und Newhaven erweitert.

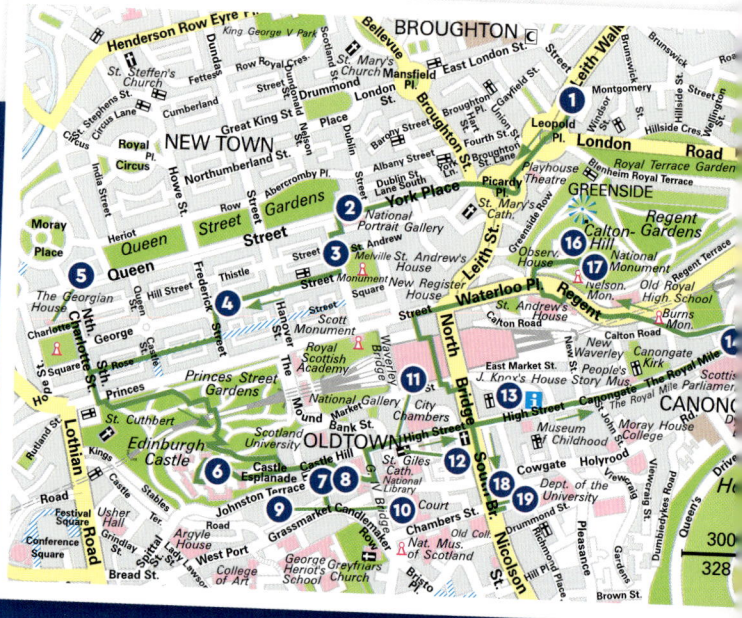

Die Tour

1. Valvona & Crolla
2. National Portrait Gallery

Erst ein Kult-Frühstück, dann Kunst genießen

Starte deine Tour mit einem Cappuccino und nimm zum Frühstücksauftakt italian style Platz in der georgianisch-neoklassizistischen New Town beim Kultitaliener Valvona & Crolla (*valvonacrolla.co.uk*). Wende dich nach der Morgenschlemmerei nach Süden, den Calton Hill linker Hand. Über den Leith Walk und den York Place läufst du westwärts bis zur National Portrait Gallery (*nationalgalleries.org*). Hinter der neogotischen Fassade stellt sich dir das Who's who der historischen und aktuellen schottischen Prominenz in Malerei, Fotografie und auf Video vor.

Edinburghs allererster Wolkenkratzer: das wuchtig-düstere Schloss über der Stadt

Auf den Schaufensterbummel folgt die Zeitreise

Zwei Blocks weiter südlich, auf der anderen Seite der Queens Street, am Ende eines Seitensträßchens, öffnet sich der St Andrew Square. Die große Plaza, Kaufhausikone Harvey Nichols (harveynichols.com) sowie das riesige St James Quarter (stjamesquarter.com) sind Edinburghs Shoppingmagneten im East End. Beim Schaufensterbummel entlang der von Markenshops gesäumten George Street schlenderst du westwärts. Nach links fällt der Blick auf die dramatisch kontrastierende Skyline der mittelalterlichen Old Town. Voraus liegt der von Robert Adams 1791 konzipierte georgianische Charlotte Square, wo in Nummer 6 der Regierungschef residiert. Nummer 7 gehört dem Denkmalschutzverein National Trust for Scotland und ist als Georgian House (nts.org.uk) ein Museum. Tauch ein in den perfekt restaurierten 200-jährigen Haushalt einer wohlhabenden Familie.

❸ St Andrew Square
❹ George Street
❺ Georgian House

❻ Edinburgh Castle
❼ The Grain Store
❽ Whisky Shop
❾ Armstrong & Son
❿ Fabhatrix

Entdeckungen auf dem Weg vom Schloss in die Altstadt

Nach Süden überquerst du die Princes Street und gelangst auf malerischem Bergaufweg – etwa 1 km – durch den östlichen Teil der Princes Street Gardens zum Edinburgh Castle. Plane für den

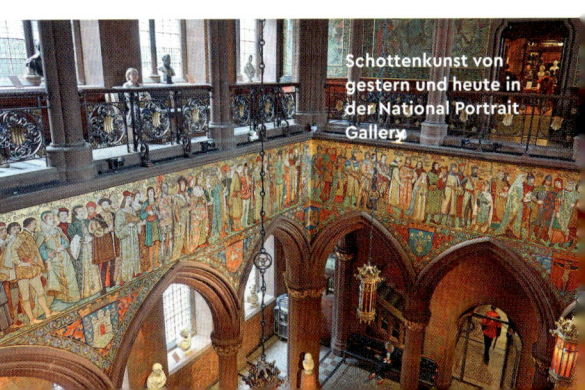

Schottenkunst von gestern und heute in der National Portrait Gallery

Beim Fringe Festival platzt die Stadt aus allen kreativen Nähten

- ⑪ The Grain Store
  Whisky Shop
- ⑫ Armstrong & Son
- ⑬ Fabhatrix

Besuch ca. 1 Stunde ein. Die bergab führende Royal Mile bringt dich anschließend in die Old Town. Dein Magen knurrt? The Grain Store (*grainstore-restaurant.co.uk*) in der pittoresken Victoria Street, fünf Minuten die Meile hinunter, serviert Leckeres in alten Mauern. Frisch gestärkt geht es zum Old-Town-Shopping: Direkt nebenan lässt du dir im Whisky Shop (*whiskyshop.com*) den Flachmann für den Sundowner füllen, den du am Abend auf dem Calton Hill genießen wirst. Nur gut 100 m weiter bergab stößt du am Grassmarket auf den kultigen Secondhandladen Armstrong & Son (*armstrongsvintage. business.site*) und nur einige Schritte nach Osten auf den famosen Hutladen Fabhatrix (*fabhatrix.com*).

- ⑭ Royal Mile
- ⑮ St Giles Cathedral
- ⑯ John Knox House
  Scottish Parliament
  Palace of Holyroodhouse

Schottische Mythen im Karomuster

Zurück über die Victoria Street geht's auf die Royal Mile, ein endloses Zelebrieren von schottischen Mythen und kariertem Kitsch. Aber es gibt auch Sehenswertes, unverzichtbare Meilensteine zum Reinschnuppern wie die St Giles Cathedral (*stgilescathedral.org.uk*) – erspäh die Dudelsack spielenden Engel! – und das John Knox House (*scottishstorytellingcentre.com/john-knox-house*). Mile-abwärts verleitet die Statue des Dichters Robert Fergusson zum Foto, direkt danach der versteckte Garten in Dunbar's Close zur Muße. Am östlichen Ende der Mile findest du das moderne Scottish Parliament neben der königlichen Adresse Palace of Holyroodhouse (*royalcollection.org.uk*).

STAUNEN IM KAROMUSTER

Sundowner hoch über der Stadt

16 Calton Hill
17 National Monument

Noch vorm Sonnenuntergang steigst du über die Calton Road und am dortigen Friedhof vorbei auf den grasigen Vulkanpfropfen Calton Hill. Oben warten etliche skurrile Monumente, darunter die Säulen des unfertigen National Monument. Wenn es Jahreszeit und Wetter zulassen, kannst du von hier oben zum Sonnenuntergang den herrlichen Blick auf die Skyline von City und Burg genießen. Und dazu am Whisky aus dem Flachmann nippen. Slainte!

Mit Folkmusik geht die Reise in die Nacht

18 Mother India's Café
19 Folk-Bar Royal Oak

Vom Sundowner ist's 1 km zur Abendgestaltung. Verlass Calton Hill Richtung Uhrturm. Dort nimm die Waverley Steps, durchquer den Bahnhof bis zur Market Street. Quer diese und nimm den Stufenaufgang. Das gewundene Treppenhaus – die Scotsman Steps – hat 104 Stufen, die der Künstler Martin Creed aus verschiedenen Marmorsorten bauen ließ. Oben erreichst du die North Bridge, die dich südwärts laufend via South Bridge zur Infirmary Street bringt. Dinner gibt's im Mother India's Café (*motherindia.co.uk*), dann ab in die Folk-Bar Royal Oak zum Livegig.

Ins richtige Licht gesetzt: Edinburghs sanfte Seite

SEHENSWERTES AM WEGESRAND

Perfekt für kleine Fluchten bei typischem Schottenwetter: das neue St James Quarter

Edinburgh Castle

Eine Burg zum Aufschauen, in der Tat der Höhepunkt der Stadt. Nicht wegen ihrer brachialen Gestalt, sondern ihrer Exponiertheit auf einem Vulkanfelsen. Castle Hill fällt nach drei Seiten steil ab, nach Osten hingegen balanciert seine sanfte Flanke die Altstadt langsam zu Tal. Wie entrückt muss dieses Gelände ausgesehen haben, als König Edwin aus dem nordostenglischen Northumbria auf ihm im 7. Jh. eine einsame Befestigung errichten ließ! In der Folgezeit wurden hier Könige gezeugt und geboren, Gefangene eingesperrt, Gäste gemeuchelt. Kurz nachdem das Nadelöhr Portcullis Gate passiert ist, stehst du vor den beiden Hauptsehenswürdigkeiten des Burginneren: Da ist zum Ersten die enorme Kanone Mons Meg, die 6 t wiegt und 150 kg schwere Steinkugeln mit 50 cm Durchmesser verschießen konnte. Des Weiteren wartet hier die Kapelle St Margaret's aus dem 12. Jh. Das simple Gebäude im normannischen Stil gilt als ältestes Haus Edinburghs und hat einen leicht asymmetrischen Grundriss. Die schottischen Kronjuwelen (16. Jh.) sind unter dem Titel Honours of Scotland im Kronsaal zu sehen. Echt beflügelnd wirkt aber der fantastische Blick hinunter auf Stadt und Umland. *edinburghcastle.scot*

St James Quarter

Bevor die neue Einkaufsgalerie im East End der New Town 2022 eröffnet wurde, hatte das Bauwerk schon Zorn bis Unflat provoziert. Vom Unsinn eines Konsumtempels auf Kosten des Einzelhandels, Luxuswohnungen plus Aparthotel anstelle von bezahlbarem Wohnraum war da die Rede. Aus dem Gewoge georgianischer und viktorianischer Architektur

Der Philosoph und die Kirche: Denkmal von David Hume vor der St Giles Cathedral

ragt der Fremdkörper empor und ist besonders vom Calton Hill ein neuer Hingucker. Drinnen gibt's Restaurants und eine Foodhall, 80 Geschäfte, viel Licht und Platz zum entspannten Flanieren. *stjamesquarter.com*

George Street

Die nobelste Achse durch die New Town macht in Mode – unaufgeregt, klassisch und angenehm understated. Inspiration für die Schlenderlust: angesehene Ausstatter wie die amerikanischen Brooks Brothers, yuppiemäßige Briten wie Jack Wills, der ehrwürdige Schuhfabrikant Church's, Laura Ashley, Karen Millen und Jigsaw für die Frau, Moss für den Mann im Anzug und der Hemdenklassiker T. M. Lewin. Viele Läden haben sonntags bis 17 Uhr geöffnet. *edinburghgeorgestreet.co.uk*

Royal Mile

Die Royal Mile teilt sich grob in Castle Hill, Lawnmarket, High Street und Canongate. Im Bereich High Street liegt die Tron Kirk, in deren Nähe täglich zweistündige Gratisführungen (*edinburghfreetour.com*) durch die Stadt starten. Die Hauptkirche St Giles Cathedral mit der Kapelle des Distelordens ist das Herzstück der Mile, die sich allerdings besonders in der oberen Hälfte als Abfolge von Lädchen mit Schottenkitsch gibt. *royal-mile.com*

Scottish Parliament

Am unteren Ende der Royal Mile erwartet dich ein aufregender baulicher Kontrast der Baustile. Denn wie man ein modernes Gebäude in die räumliche Enge eines zum Teil jahrhundertealten Häusermeers einpasst, hat der katalanische Architekt Enric Miralles in Edinburgh eindrucksvoll gezeigt. Poetische Architektur, die sich ganz an der Geografie der Altstadt und der Geologie Schottlands orientiert, schwärmen die meisten. An einer Stelle geht das erstaunlich geräumige Gebäude nahtlos in ein Haus von 1685 über (Queensberry House), womit auch ein dort umgehendes Gespenst den Parlamentssitzungen beiwohnen kann. *parliament.scot*

Calton Hill

Ein romantischeres Tagesende gibt's nirgends. Kurz vor Sonnenuntergang schleppen Fotografen ihre Stative auf diesen grünen Vulkanhügel. Stopf dir Brot, Käse und Wein in den Daypack, damit Sunset und Blaue Stunde auch auf der Zunge zergehen. Balmoral Hotel und Castle werden zu illuminierten Fixpunkten, der Autoverkehr auf der Princes Street zieht eine Lichtspur nach Westen. Die eindrucksvolle Altstadtsilhouette mit Castle und Arthur's Seat liegt links, nach rechts schwenkt der Blick zur New Town und dem Firth of Forth. Unterschiedlichste Monumente teilen sich den Platz auf dem parkähnlichen Hügel, ein wenig so, als seien sie dort aus Platzmangel zwischengelagert.

Stadt der Kontraste: das altehrwürdige Parlament und das Riesenrad London Eye

Der ganz eigene Mix macht's

London – Dynamischer geht's nicht

Hello, im Kreativlabor an der Themse

Wer erstmals nach London kommt, hat eigene Bilder im Kopf: rote Doppeldeckerbusse, Big Ben, die St Paul's Cathedral und die Zuckerbäcker-Tower Bridge. Zweit- und Drittreisende wissen, dass es Weiteres gibt, um den London-Mix+ abzustimmen: verrückte Modetrends, die musikalische Subkultur, politisches Machtgehabe im Parlament und die königliche „Firma" im Buckingham Palace.

Kuppel mit Strahlkraft: St Paul's Cathedral hinter der Millennium Bridge

Lass dich mitreißen von der rasanten Bewegung

Es ist die Mischung aus Tradition und Moderne, aus dem Tower und den Hochhäusern, den Zeremonien der Wachablösung und den verstopften Straßen, aus Afternoon Tea im Ritz und bengalischen Currys der Brick Lane, die den Reiz ausmacht. Und London ist noch viel mehr: eine Stadt, die es schafft, ihre 2000-jährige Geschichte lebendig zu halten und dabei stets in Bewegung zu bleiben. Vor allem in den letzten 20 Jahren hat sie sich gewandelt, in ihren Stadtvierteln, mit frisch gestylten Museen und der ambitioniertesten Architektur Europas.

Ein Puzzle wartet auf dich

In der City, dem Finanzzentrum, begann vor gut 2000 Jahren die Geschichte des römischen Handelsplatzes Londinium. Im Verlauf des Mittelalters wuchs London zum Zentrum für Parlament, Königshaus und Handel. Wirklich geplant wurde die Stadt nie. London ist aus Teilen zusammengewachsen: dem exklusiven Mayfair mit bürgerlichen Stadthäusern, St James's, dem Viertel der gediegenen Clubs, dem Amüsierviertel Soho, Bloomsbury, dem Intellektuellenviertel des 20. Jhs., Spitalfields und Shoreditch, dem kreativen East End, Greenwich mit seinem maritimen Flair, dem grünen Hampstead – ein homogenes Ganzes ist nie entstanden. Man braucht sich für einen Querschnitt durch die Londoner Bevölkerung nur in der U-Bahn umzusehen: ein Citymanager in Nadelstreifen neben einem afrokaribischen Teenager mit Dreadlocks, eine alte chinesische Dame, ein junger Skater in Sportdesigner-Labels neben der Bengalin im Sari.

Von England nach Indien reisen – in einer halben Stunde

London ist nicht gleich England, aber bestimmte englische Charakterzüge – eine gewisse Reserviertheit, Höflichkeit, ein toleranter Individualismus, Traditionsbewusstsein, Understatement, Selbstironie – bilden das Fundament der Koexistenz in der Großstadt.

Wer ist wohl berühmter – die Mädchen-mit-Delfin-Skulptur oder die Tower Bridge?

Denn dreißig Kulturen teilen sich diese Stadt; über ein Drittel der Londoner gehört einer ethnischen Minderheit an. Nur 40 Minuten vom Trafalgar Square kann man sich in Southall umgeben von indischer Radiomusik, Geschäften für Tunika-Hosenensembles und Curryaromen wie im Punjab fühlen. Aus Unzufriedenheit über starke Zuwanderung vollzog die konservative Regierung 2020 den Brexit, den Austritt aus der EU. Dennoch: London ist nach wie vor eine der kosmopolitischsten Städte der Welt.

Royales Flair und kreatives Chaos erleben

London hat mehr Grünflächen als jede andere Stadt vergleichbarer Größe. Durch Hyde Park, St James's Park, Green Park oder Regent's Park kann man ungehindert spazieren oder wie die Büroangestellten auf dem Rasen ein Sandwich verspeisen. Da sich aber vor allem junge Menschen keine bezahlbare Wohnung leisten konnten, zogen die Kreativen in Gegenden östlich der City, in alte Arbeiter- und Sozialsiedlungen. Mit ihren Ateliers und kleinen Läden setzten sie Trends in Hoxton, Shoreditch und Bethnal Green. Dalston und Hackney folgten. Trend heißt hier jedoch nicht aufgemotzt, sondern eher „shabby chic": billige Imbissläden, Waschsalons, gammelige Lagerhäuser und triste Hausfassaden. Inzwischen sind Gegenden südlich der Themse hinzugekommen. Zur Ausgehmeile gehört Brixton fest dazu, Clapham und Peckham ziehen nach.

Das Leben am Fluss wartet

Was wäre London ohne die Themse? Die Römer gründeten hier die erste Siedlung, hier spielten sich über Jahrhundert Handel und Wandel ab. Heute gibt es mit der Tate Modern, Shakespeare's Globe und „The Shard" eine Flaniermeile – Kontrapunkt zum seit jeher dominanten Nordufer mit Regierung und Banken. Beim abendlichen Bummel am Themsesüdufer sieht die St Paul's Cathedral, im Dunkeln angestrahlt, einfach erhaben aus. Die rasante Entwicklung der Stadt wird von den Brücken aus gut sichtbar: Kräne zeugen vom Bau weiterer Skyscraper in der City, Vauxhall, Battersea und Canary Wharf. Es ist diese Dynamik, die London zu einer der spannendsten Städte der Welt macht.

I'll drink tea, my dear!

Trip durch eine Welt(en)stadt

Highlights

- Gut zu Fuß – auf Entdeckertour in London
- Highlights ohne Ende: Big Ben, Parliament, Buckingham Palace
- Große Kunst im Museum und auf der Bühne

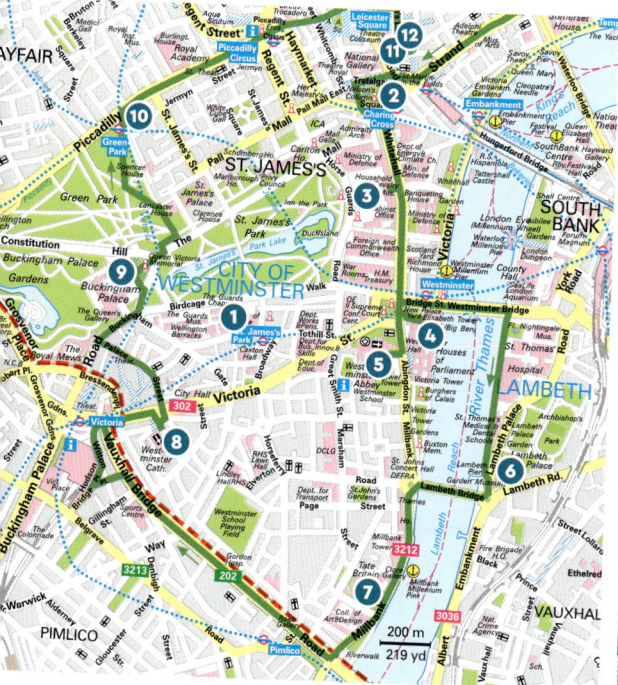

Strecke & Dauer

- Vom Kaffeehaus WatchHouse zum Pub Chandos
- 10 km
- 1 Tag, reine Gehzeit 2 ¾ Stunden

Beste Zeit

- Es ist kein Klischee: In London musst du stets mit Regen rechnen.
- Das Klima ist eher gemäßigt, die Sommertemperaturen liegen meist zwischen 20 und 25 Grad Celsius, die Winter sind mild.

Gut zu wissen

- Wichtigstes Verkehrsmittel ist die U-Bahn (tube). Die günstigen Travel- oder Oyster cards bestellst du am besten bereits vor der Reise auf visitbritainshop.com
- Die letzte U-Bahn fährt wochentags um Mitternacht.

Die Tour

1. WatchHouse
2. Trafalgar Square
3. Horse Guards Building

Und schnell noch einen Kaffee vor der Wachablösung

Beginne deinen London-Tag mit einem Kaffee im WatchHouse (*watchhouse.com*, *somersethouse.org.uk*) im schönen Somerset House. Gestärkt spazierst du dann über The Strand Richtung Westen zum Trafalgar Square, dem geografischen Zentrum der Stadt, erkennbar an der hochaufragenden Nelson-Säule. Genieße bei schönem Wetter die Aussicht von den Treppen und lass das Treiben rund um den Platz auf dich wirken. Wenn du Lust auf Kunst hast, sieh dir die Werke in der National Gallery (*nationalgallery.org.uk*) an. Entlang Whitehall gelangst du anschließend zum politischen Zentrum der Stadt. Wenn du nicht zu lange im Museum warst, kannst du unterwegs um 11 Uhr (So 10 Uhr) die Wachablösung am Horse Guards Buil-

Zwei Londoner Ikonen: Rasanter roter Doppeldeckerbus trifft auf Westminster Abbey

I'll drink tea, my dear!

ding miterleben. Du hast es verpasst? Nicht schlimm – fotografieren kannst du trotzdem, denn die Kavalleriesoldaten nehmen es mit stoischer Gelassenheit hin, für Tausende von Schnappschüssen herhalten zu müssen; Mutige gehen so weit, die Pferde zu tätscheln!

4 Downing Street Nr. 10
Big Ben
5 Westminster Abbey

Jetzt wird's politisch

Danach passierst du Downing Street Nr. 10 – durch ein Tor schaust du auf das Haus des Premierministers – und gehst auf der Whitehall zu Big Ben, dem Glockenturm der Houses of Parliament, der „Urmutter" aller Parlamente, und zur Westminster Abbey. Überquere die Westminster Bridge und setze deinen Spaziergang am südlichen Themseufer fort; von hier hast du die schönsten Blicke auf das imposant-goldene Ensemble der Houses of Parliament gegenüber.

6 Garden Museum
7 Tate Britain
Georgian House

Eintauchen in Londons Kunstgeschichte

Am Fluss entlang erreichst du das Garden Museum. Lass dich hier von alter Gartenkunst inspirieren. Vielleicht bist du schon hungrig? Dann probier doch eines der leckeren Mittagsmenüs im lichtdurchfluteten Garden Café (*gardenmuseum.org.uk/cafe*). Gestärkt überquerst du die Lambeth Bridge und gelangst über Millbank zur Tate Britain. Dieser Museumstempel lässt dich eintauchen in 500 Jahre britischer Kunst: William Blake und William Turner, Henry Moore und Lucian Freud.

Mehr britische Kunst geht nicht: Musentempel Tate Britain

Viel los bei der Wachablösung am Buckingham Palace

Im königlichen Palast über den roten Teppich

❽ Westminster Cathedral
❾ Buckingham Palace

Danach nimmst du den Bus (Nr. 2, 36, 185 von Vauxhall Bridge Road) zur Victoria Station. Rechts an der Victoria Street liegt etwas zurückgesetzt die ungewöhnliche, erst 100 Jahre alte Westminster Cathedral mit der rot-weiß gebänderten Fassade. Durch die Palace Street – der Name lässt es schon erahnen – gelangst du zum Buckingham Palace, der offiziellen Stadtresidenz der Royals. Von Juli bis September, während der britischen Sommerferien, darfst du über den roten Teppich schreiten und in ausgewählte Räume hineinschauen.

Vor der Oper gibt's einen Nachmittagstee

❿ The Ritz
⓫ English National Opera
⓬ Chandos

Den Palast im Rücken schaust du auf The Mall hinunter, die Prachtstraße der Hauptstadt, Richtung Admirality Arch, bevor du durch den Green Park schlenderst und auf die gleichnamige U-Bahn-Station zugehst. Bist du bereit für den perfekten Nachmittagstee mit *scones* und Sandwiches? Im legendären Hotel The Ritz (*theritzlondon.com*) bekommst du ihn – wenn du entsprechend chic gekleidet bist und reserviert hast. Vergessen? Dann geh weiter zu Fortnum & Mason (*fortnumandmason.com*) und bestell dort einen *Afternoon Tea*. Nach dem Kuchen magst du dich sicher wieder bewegen. Spaziere also zum Piccadilly Circus und weiter über Coventry- und Cranbourn Street bis zur U-Bahn-Station Leicester Square. Rechts über die Charing Cross Road erreichst du nach etwa 15 Minuten die English National Opera. Gönn dir nach der Vorstellung nebenan noch einen Absacker im Pub Chandos.

SEHENSWERTES AM WEGESRAND

Ungewöhnliche Perspektive eines weltberühmten Platzes: am Trafalgar Square

Trafalgar Square

Mit der 50 m hohen Nelson's Column, Löwenspringbrunnen und Reiterstandbildern ist er das eigentliche Herzstück Londons. Das Reiterstandbild von Charles I. markiert auf einer Verkehrsinsel an der Südseite des Platzes die geografische Mitte Londons. Der Platz wurde nach der Seeschlacht gegen die französisch-spanische Flotte benannt, die Admiral Nelson im Augenblick des Sieges das Leben kostete. Die Kirche St-Martin-in-the-Fields (stmartin-in-the-fields.org) bietet Lunchtime-Konzerte. Per App spazierst du 1½ Std. rund um die Gemeindegrenze von St Martin's, hörst dabei Musik und Historisches. Im *Café in the Crypt* gibt's Gratis-Kunstausstellungen und jeden Mittwoch Musik oder Kabarett ab 19 Uhr.

Houses of Parliament & Big Ben

Die Houses of Parliament, die „Mutter aller Parlamente", kennt man von unzähligen Postkarten, Untersetzern und Kühlschrankmagneten. Doch live ist Charles Barrys Glanzstück spätviktorianischer Neogotik mit seinen goldenen Türmchen, Fialen und filigranem skulpturalem Schmuck erst recht ein Hingucker. Vom mittelalterlichen Palace of Westminster ist nur noch die imposante Westminster Hall von 1099 mit ihrem Eichen-Hammerbeam-Dach übrig. Der Glockenturm, zum 60. Thronjubiläum in Elizabeth Tower umbenannt, ist ein Wahrzeichen Londons. Die berühmte, 13 t schwere Glocke Big Ben schlägt seit 1859 jede Stunde. Im Parlamentsgebäude debattieren das Unterhaus (House of

London mal ganz liegestuhllässig: Sommertag im St. James's Park

Commons), die Legislative, und das Oberhaus (House of Lords), das Gesetze nur mehr verzögern kann. Du möchtest eine der lebendigen Debatte live erleben? Im Unterhaus geht das. Zeiten am besten vorher online checken. Die imposanten Räume von Ober- und Unterhaus darfst du samstags bestaunen (*parliament.uk*).

Westminster Abbey

Die Krönungskirche der Royals und Grabkirche der High Society. Edward the Confessor ließ sich hier 1066 eine Kirche bauen, eine Woche nach ihrer Weihe starb er jedoch. Das Gotteshaus erhielt im 13. Jh. seine gotische Prägung, die beiden Westtürme folgten 1745. Angefüllt ist die Kathedrale mit über 600 Denkmälern und Grabplatten. 3300 britische VIPs werden mit Gedenktafeln geehrt oder liegen hier begraben: Dazu gehören Wissenschaftler wie Isaac Newton, Charles Darwin oder der 2018 verstorbene Stephen Hawking, Komponisten wie Henry Purcell und Georg Friedrich Händel. 1953 verfolgten mehr als 8000 Menschen hier live die Krönung von Elizabeth II.; 2022 hingen weltweit ca. 4 Mrd. Menschen bei der Trauerfeier für die Queen vor den Fernsehgeräten. Das mittelalterliche Triforium wurde in die The Queen's Diamond Jubilee Galleries verwandelt und zeigt eine wertvolle Sammlung historischer Objekte. Die Galerie bietet wunderbare Blicke aus 16 m Höhe hinab ins Kirchenschiff. *westminster-abbey.org*

Tate Britain

Mit Zucker hat Sir Henry Tate im 19. Jh. ein Vermögen gemacht, seine Liebe aber galt der Malerei. Seine Sammlung hat er der National Gallery geschenkt. Das denkmalgeschützte Gebäude im neoklassizistischen Stil beherbergt britische Kunst vom 16. Jh. bis heute. Nicht versäumen: die Turner-Ausstellung in der Clore Gallery. *tate.org.uk*

Buckingham Palace

Nur wenn der neue König Charles III. da ist, Sohn der im September 2022 verstorbenen Queen Elizabeth II., flattert es royal rot-goldblau vom Dach des mächtigen klassizistischen Gebäudes. In der übrigen Zeit weht über dem Palast nicht der Royal Standard, sondern der Union Jack. In August und September, wenn die Royals Urlaub von der Krone machen, darf man ein paar der 700 Palasträume besichtigen (*rct.uk*). In der Queen's Gallery hängen die Glanzstücke der königlichen Sammlung alter Meister, in den Royal Mews, dem königlichen Marstall, stehen prächtige Kutschen. Auch Oldtimerfans werden ihre helle Freude haben, denn der königlichen Flotte mit Fahrzeugen der Marken Rolls Royce, Bentley, Aston Martin und Jaguar sowie dem ältesten Stück im Stall, einem Phantom IV von 1949, kommt man hier ganz nahe. Vor den Toren des Stadtpalasts spielt sich das allseits bekannte Spektakel der Wachablösung (Changing of the Guard) ab (*changing-guard.com*). Dabei siehst du eine Abteilung der königlichen Infanterie (King's Foot Guards) zu Marschmusik von den Wellington Barracks bis zum Buckingham Palace stapfen.

Mit Schwung über die Liffey: Eins von Dublins Wahrzeichen ist die Halfpenny Bridge

RAU ABER HERZLICH

Dublin und die Seele Irlands

Dia Dhuit, in der Literatenstadt mit Party-Gen

James Joyce bezeichnete Dublin einmal als „die Sau, die ihre Ferkel frisst". Dem Schriftsteller war seine Heimatstadt zu eng, zu katholisch, sodass er wegzog, zuerst nach Paris, später nach Zürich, wo er auch begraben ist. Mit seinem monumentalen Roman *Ulysses* hat er Dublin dennoch ein literarisches Denkmal gesetzt, wie es keine andere Stadt für sich beanspruchen kann.

Erforsche Dublins Geheimnis: Authentizität

Dublin ist ein Phänomen: Die Stadt ist laut, sie ist hektisch und gezeichnet von langen Staus und zäh fließendem Verkehr. Dublin ist auch einer der besten Orte für ausgelassene Feiern und hemmungslose Junggesellenabschiede. Und zugleich waren hier einige der größten Dichter und Denker zuhause. Die Menschen, die hier leben, bestechen nicht unbedingt auf den ersten Blick durch Herzlichkeit, dafür oft genug durch etwas typisch Knorriges. Warum nur mag trotzdem jeder diese Stadt? Wohl, weil sie so authentisch ist. Authentischer als es andere Hauptstädte je sein könnten.

Eine junge Stadt mit Biergeruch erwartet dich

Heute ist die irische Hauptstadt, in der gut 550 000 Menschen leben, eine weltoffene, moderne Metropole. Dublin ist so kompakt, dass Besucher kein Auto benötigen – erst recht nicht, seitdem vor Jahren eine neue Straßenbahn gebaut wurde. Fast alles lässt sich bequem zu Fuß oder mit öffentlichen Verkehrsmitteln erkunden: das Trinity College, das Nationalmuseum, die wuchtigen Gemäuer der Zentralbank und des Schlosses, die Hauptpost in der O'Connell Street, Dublins Prachtstraße, wo die Rebellen 1916 die Republik ausriefen. In den Liberties, dem ältesten Arbeiterviertel Dublins gibt es viele Antiquitätenläden und kleine Geschäfte. Über den kleinen Straßen hängt der Geruch von Guinness, der von der nahe gelegenen Brauerei herübergeweht wird. Dublin ist eine junge Stadt, fast ein Drittel der Bevölkerung ist unter 25 Jahren. Das macht sich in der Atmosphäre und im Rhythmus der Stadt bemerkbar. Neben den alten Pubs gibt es moderne Bars und Clubs, vor allem im Vergnügungsviertel Temple Bar.

In der Stadt begegnest du der ganzen Welt

Dublin ist kosmopolitisch geworden. Die Einwanderer und ihre exotischen Läden prägen das Stadtbild, vor allem im Viertel um die Parnell Street. In der Moore Street, einer Seiten-

Party am 17. März: Wenn Dublin nur noch grün sieht, dann ist St. Patrick's Day

1592 gegründet, gehört das Trinity College zu den ältesten Unis der Welt

straße der Parnell Street, liegen das alte und das neue Dublin ganz dicht beieinander. Auf der Straße, die für Autos gesperrt ist, verkaufen die Gemüsehändlerinnen mit dem schärfsten Mundwerk Irlands an hölzernen Ständen ihre Ware, wie sie es schon seit Jahrzehnten tun. Doch die Ladenzeilen sind fest in ausländischer Hand: Es gibt nigerianische und chinesische Cafés, ein Friseurgeschäft mit Haarteilen für afrikanische Frauen, einen karibischen Supermarkt.

Die Freude am Erzählen nimmt dich gefangen

Herz der Metropole ist und bleibt die Gegend um die mehr als 400 Jahre alte Universität, Trinity College, das schicke Einkaufsviertel um die Grafton Street und das Regierungsviertel um Merrion Square und St Stephen's Green, deren schöne Grünanlagen wie geschaffen sind für eine Verschnaufpause. In Museen, Theatern und am Bloomsday, dem jährlichen James-Joyce-Festtag am 16. Juni, der längst zu einer Festwoche ausgedehnt worden ist, feiert Dublin seine Schriftsteller, u. a. William Butler Yeats, George Bernard Shaw, Samuel Beckett, Seamus Heaney. Die Freude der Iren am Erzählen kommt aber auch in den Pubs zum Ausdruck.

Tauch ein in die Geschichte

Die Wikinger gründeten um 841 die Siedlung an der Liffey, ab Ende des 12. Jhs. versuchten die englischen Könige, von Dublin Castle aus ganz Irland zu unterwerfen. Ende des 17. Jhs. wichen die engen, armen Gassen breiten Alleen und repräsentativen Plätzen, nach der Auflösung des irischen Parlaments 1801 verlor Dublin seine politische und gesellschaftliche Bedeutung. Eine Rebellion nach der anderen wurde von den Engländern blutig niedergeschlagen. Auch der Osteraufstand von 1916 scheiterte, doch nach den brutalen Hinrichtungen der Anführer schlug die Stimmung um. Der folgende zweijährige Unabhängigkeitskrieg endete mit der Teilung der Insel. Dublin wurde mit der Gründung des irischen Freistaats 1921 Hauptstadt und Regierungssitz.

Und jetzt: das Wetter!

Ein Sprichwort besagt, dass die Iren zwei Tage im Jahr besonders genießen: Weihnachten und den Sommer. Das ist natürlich nur ein Vorurteil, Generationen von Urlaubern sind aus Irland sonnengebräunt nach Hause zurückgekehrt – es ist reine Glückssache.

ERST GRUSELN, DANN FEIERN

Zeitreise mit Fish & Chips

Highlights

- Knastluft schnuppern im Kilmainham Gaol
- Einen Blick in das Book of Kells werfen
- Kräftig feiern in Temple Bar

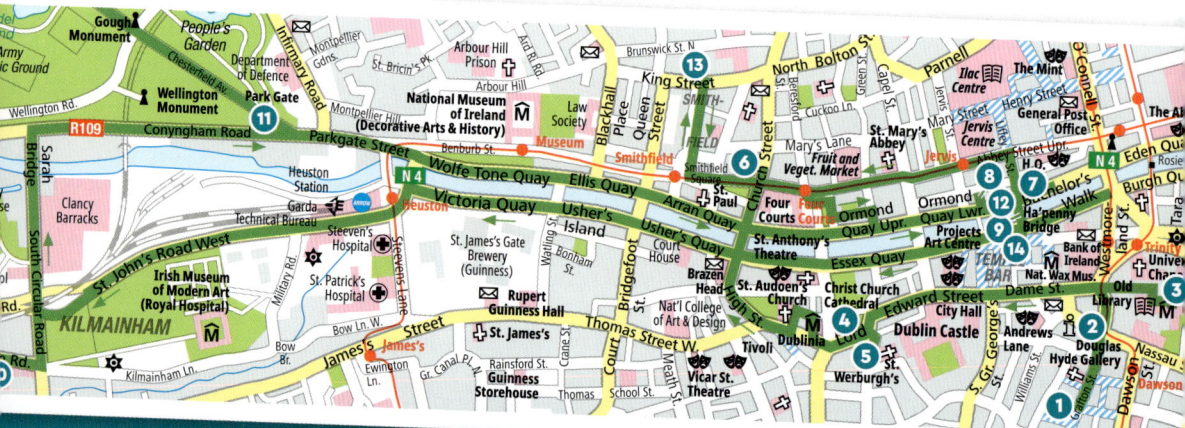

Strecke & Dauer

- Vom Bewley's Café nach Temple Bar
- 22 km (7 km Fußweg)
- 1 Tag, reine Gehzeit 2 1/2 Stunden

Beste Zeit

- Eine gute Reisezeit ist der März, wenn es im milden Irland oft schon recht frühlingshaft ist (und am 17. des Monats der St Patrick's Day gefeiert wird). Die sonnigsten und regenärmsten Monate sind Mai und Juni, aber auch September und Oktober können schön sein.

- Auch im Sommer musst du mit täglich wechselndem Wetter rechnen – pack auf jeden Fall immer warme Sachen und Regenkleidung ein.

Gut zu wissen

- In Dublins kompakter Stadtmitte sind viele Wege ganz bequem zu Fuß machbar.
- Eintrittskarten für das Kilmainham Gaol unbedingt weit im Voraus buchen!

Die Tour

1. Bewley's Café
2. Molly Malone
3. Book of Kells
4. Christ Church Cathedral

Zwischen Porridge und Katzenmumien

Der Spaziergang beginnt mit einem Frühstück in Bewley's Café (*bewleys.com/pages/grafton-street-cafe*) in der Grafton Street. Ernest Bewley hat das Café 1927 eröffnet und sich dabei von Wiener Kaffeehäusern und orientalischen Teestuben inspirieren lassen. Bewley's ist CO_2-neutral und serviert viele Bioprodukte. Probier den Bio-Porridge oder die süßen Pfannkuchen. Nach dem Frühstück folgst du der Grafton Street in nördlicher Richtung, vorbei an der Statue von Molly Malone, die tagsüber Fisch und abends ihren Körper verkaufte. Rechts liegt der Haupteingang zum Trinity College mit der alten Bibliothek und dem Book of Kells, zu dem du einen Abstecher machst. Das Buch

Glücksort für Bücherwürmer: der Long Room der Old Library am Trinity College

ist eine detailliert bebilderte Handschrift der vier Evangelien aus dem Jahr 800. Danach geht es weiter die Dame Street entlang, vorbei am alten Parlamentsgebäude und der neuen Zentralbank. Dahinter liegt das Szeneviertel Temple Bar, doch das hebst du dir für den Abend auf. Am Ende der Dame Street und ihrer Verlängerung, der Lord Edward Street, wirfst du einen kurzen Blick in die frühgotische Christ Church Cathedral, eine der beiden protestantischen Kathedralen Dublins. Beachte die Vitrine in der Krypta mit mumifizierter Ratte und Katze, die in einer Orgelpfeife gefunden wurden.

Sich in Gewölben gruseln

❺ Leo Burdock
❻ St Michan's Church

Schon wieder Hunger? Gegenüber der Kathedrale, am Anfang der Werburgh Street, liegt Leo Burdock (*leoburdock.com*), der berühmteste „Chipper" Irlands. Hier haben sich schon Mick Jagger, Liam Neeson, Rod Stewart, Tom Cruise, Bruce Springsteen und selbst Edith Piaf die Hände an Fish & Chips fettig gemacht. Gestärkt geht es weiter, vorbei am Wikingermuseum Dublinia und St Audoen's Church, einer Kirche für polnische Katholiken aus dem 12. Jh., die Bridge Street hinunter. Am Ende, kurz vor der Liffey, liegt der älteste Pub Dublins, *The Brazen Head* (*brazenhead.com*), mit schiefen Wänden und Einschusslöchern, die vom Osteraufstand 1916 stammen; aber für ein Pint ist es noch zu früh. Du gehst weiter über die Father Matthew Bridge, links an den Four Courts vorbei und die Church Street entlang bis zur St Michan's Church. Auf der Orgeltastatur, die im Foyer der Kirche steht, soll Händel seinen Messias gespielt haben. In den Gewölben unter der Kirche befinden sich Kammern voller Leichen, von denen viele fünf-

ERST GRUSELN, DANN FEIERN

hundert, manche sogar achthundert Jahre hier liegen. Die gerbsäurehaltige Luft verhindert die Verwesung. Es leuchtet ein, dass Bram Stoker hier zu seinem Dracula inspiriert worden ist.

- ❼ The Bakehouse
- ❽ Dublin's Last Supper
- ❾ Halfpenny Bridge

Das etwas andere Abendmahl

Danach gehst du ein paar Schritte zurück und biegst links in die Chancery Street ein. Die führt dich, vorbei am viktorianischen Dublin Corporation Fruit and Vegetable Market von 1892, zur Abbey Street. Lass das Leprechaun Museum (leprechaunmuseum.ie), das sich ausschließlich der irischen Feengestalt widmet, links liegen, geh weiter die Abbey Street hinunter und bieg rechts in die Liffey Street ein. Geh sie hinunter bis zum Fluss Liffey. Links liegt The Bakehouse (bakehousedublin.ie), eine Bäckerei, die das traditionelle Handwerk hochhält. Kauf herzhaftes oder süßes Gebäck und pack es in deinen Rucksack – für später. Geh zurück ein Stück am Fluss entlang Richtung Four Courts, bieg rechts ab und zwischen Wallace's Taverna und Bar Italia wieder rechts in die kleine Gasse Bloom Lane. Wirf einen Blick auf Dublins letztes Abendmahl (Dublin's Last Supper) des Künstlers John Byrne, der mit dieser irischen Version von da Vincis Meisterwerk die Veränderungen der irischen Gesellschaft illustriert hat. Geh wieder zurück, überquer die gusseiserne Halfpenny Bridge und geh auf der anderen Seite der Liffey links bis zur Ecke Westmoreland Street.

- ❿ Kilmainham Gaol

Wo Irlands Rebellen litten

Steig an der Haltestelle 4720 in den Bus 69 (Richtung Rathcoole) und fahr bis zur Haltestelle 2640 (Inchicore Road/Kilmainham Jail). Von dort sind es nur noch 30 m zum Eingang des Kilmainham Gaol. Eine Führung durch das alte Gefängnis ist wie ein Schnellkursus in irischer Geschichte, denn hier waren ab 1796 bis zur Schließung 1924 Irlands Rebellen inhaftiert. Vergiss nicht, dem Gefängnismuseum einen Besuch abzustatten. Anschließend nimm dir ein Fahrrad – eine Station von Dublin Bikes (dublinbikes.ie) findest du vor dem Gefängnis. Fahr rechts die Inchicore Road entlang und bieg links in die South Circular Road ab. Du überquerst die Liffey und fährst am Ende der Straße rechts in die Conyngham Road ein kurzes Stück bis zur Parkgate Street.

Huch, ein Stadt-Reh: Im Phoenix Park tummelt sich allerlei

Durch den Riesenpark radeln

Bieg in den Haupteingang des Phoenix Park ein, des größten Stadtparks Europas, in dem auch der irische Präsident, der US-Botschafter und jede Menge Damwild wohnen. Steuer das Wellington-Denkmal an, den Obelisken linker Hand, und nimm

Fun Fact: Die Temple Bar hat die größte Auswahl an Pub-Sandwiches weltweit

dort dein High-Tea-Picknick ein, dessen Zutaten du im Bakehouse gekauft hast. Nach dem Picknick radelst du die Chesterfield Avenue hinauf bis kurz vor dem Kreisverkehr. Wirf rechts durch den Zaun einen Blick auf den Präsidentenpalast. Schlag einen nordöstlichen Bogen über North Road, dann rechts über Spa und Polo Road zurück auf die Chesterfield Avenue und zum Parktor, wo du auf der gegenüberliegenden Seite an der Parkgate Street das Rad wieder abgibst. Geh zurück zur Haltestelle 1473 neben dem Haupteingang des Parks. Von dort bringen dich Busse zurück ins Stadtzentrum.

⑪ Phoenix Park

Ein Wendeltreppen-Dinner genießen

Steig an der Haltestelle 315 (Bachelors Walk/Liffey Street) aus, geh ein paar Schritte zurück, an der Lower Liffey Street vorbei, und hinein in The Winding Stair (*winding-stair.com*) zu einem Abendessen, das du so schnell nicht vergessen wirst. Der Name stammt aus einem Gedicht des Nobelpreisträgers William Butler Yeats, das Bier aus Mikrobrauereien, und das Essen mit irischem Schwerpunkt ist beim Pre-Theatre Menu preiswerter als später am Abend.

⑫ The Winding Stair

Schwarzes Bier schmeckt am besten zu Livemusik

Kurz nach acht musst du den Tisch geräumt haben. Nun ist es Zeit für ein schwarzes Bier und traditionelle irische Musik in The Cobblestone (*cobblestonepub.ie*) am Smithfield Square, Dublins größtem kopfsteingeplasterten Platz, zu dem du zwei Stationen mit der Straßenbahn Luas fährst. Wer danach noch fit ist, zieht weiter in Richtung Liffey, links am Nordufer entlang und über die Halfpenny Bridge ins Viertel Temple Bar. Dort geht es in den Pubs und Bars bis spät in die Nacht weiter.

⑬ The Cobblestone
⑭ Temple Bar

Dublin 77

Sehenswertes am Wegesrand

Das ist jetzt aber mal nett: Heute muss niemand mehr den halben Penny fürs Überqueren der Halfpenny Bridge bezahlen

Molly Malone Statue

Tagsüber verkaufte sie Meeresfrüchte, nachts ihren Körper. Der Legende nach war Molly Malone die Tochter eines Fischhändlers aus der Fishamble Street. Sie soll 1699 gestorben sein. Aber hat sie überhaupt gelebt? Es gibt keinen Beweis. Doch jeder Ire kennt die Ballade über die Schönheit mit dem tiefen Dekolleté: „In Dublin's fair city, where girls are so pretty, I first set my eyes on sweet Molly Malone..." Zu hören jeden Abend vor allem in touristischen Pubs.

Halfpenny Bridge

Heutzutage darf jeder die Brücke kostenlos überqueren, doch das war nicht immer so. Von 1816, als sie unter dem Namen Wellington Bridge gebaut worden war, bis 1919 musste man – nomen est omen – einen halben Penny dafür bezahlen. Die gusseiserne „Ha'penny Bridge", wie alle Dubliner die Brücke nennen, verbindet Kneipen und Clubs nördlich der Liffey mit dem steinernen Torbogen Merchants Arch, der ins Viertel Temple Bar führt.

Kilmainham Gaol

Als das Gefängnis von Kilmainham 1796 öffnete, wurde es wegen der verbesserten Haftbedingungen gepriesen – unvorstellbar, wenn man sich die kahlen, zugigen Zellen ansieht. Eine Führung durch das Gefängnis ist ein Schnellkurs in jüngerer irischer Geschichte. Wenn englische Touristen an der Führung teilnehmen, laufen die Guides auch schon mal zur Hochform auf und geißeln die britischen Gräueltaten in Irland besonders lautstark. Seit seiner Eröffnung vor gut 200 Jahren bis zur Schließung 1924 war das Gefängnis mit irischen Rebellen gefüllt. Einer davon war Éamon de Valera, der einzige Anführer des Osteraufstands, der nicht hingerichtet worden war, denn er besaß einen US-amerikanischen Pass. Er war der letzte Gefangene in Kilmainham, später wurde er Regierungschef und Präsident der Republik Irland. Nach seiner Entlassung wurde der Bau sich selbst überlassen. 1960 machte sich eine Gruppe von Freiwilligen an die Restaurierung. Die angeschlossene Ausstellung bietet einen guten Überblick über den Befreiungskampf der Iren. *kilmainhamgaolmuseum.ie*

Im Winding Stair trifft sich, was zusammengehört: gute Bücher und gutes Essen

Phoenix Park

Nach einer Partynacht in Temple Bar bekommst du an der frischen Luft im Phoenix Park wieder einen klaren Kopf. Und sei sicher: Du wirst nicht der Einzige hier sein, der diesem Rezept folgt. Einer der größten Stadtparks Europas war einst das königliche Rotwildgehege. Rehe und Hirsche gibt es hier immer noch, aber heute bietet der Park auch Platz für Sportveranstaltungen und Riesenevents. 120 000 Zuhörer besuchten hier beispielsweise mal ein Robbie-Williams-Konzert, doch die größte Menschenmasse, geschätzte 1,2 Mio., zog Papst Johannes Paul II. 1979 in den Park. Am Eingang steht zu Ehren des Waterloo-Siegers Wellington ein Obelisk, nordwestlich davon liegen direkt die Residenzen des irischen Staatsoberhaupts sowie des US-Botschafters. Der Dublin Zoo (dublinzoo.ie) nimmt den Osten des Parks ein.

The Winding Stair

Angefangen hat die „Wendeltreppe" mal als Buchladen, und neue sowie antiquarische Bücher kannst du hier noch immer kaufen. Aber von tollen Geschichten werden vielleicht Bücherwürmer satt – kulinarische Feinschmecker hingegen freuen sich darüber, dass hier moderne irische Bioküche vom Feinsten serviert wird. Irische Miesmuscheln und Charcuterie oder Krabben aus der Dingle Bay sind nur die Spitze des Spezialitätenbergs. Das Mix-Konzept funktioniert perfekt. Je nach Wahl kosten Vorspeise plus Hauptgericht über 40 Euro. *winding-stair.com*

Temple Bar & Temple Bar Square

Dieser Stadtteil ist sowohl Kultur- als auch Ausgehviertel. Tauch tagsüber in das individuelle Flair und die lockere Stimmung mit den Cafés und Geschäften ein; abends ist Temple Bar das Pflaster für Film- und Musikfans, aber auch eine berüchtigte Partylocation. Direkt neben dem Trubel Temple Bars liegen zwei ehrwürdige Institutionen: die Bank of Ireland im ehemaligen Parlamentsgebäude und die alte Universität Trinity College. In der Eustace Street Nr. 11a gibt es das Kinderkulturzentrum The Ark (*ark.ie*) mit abwechslungsreichem Programm für Kinder von 2–12 Jahren. Rund um den Temple Bar Square schlägt das Herz des Vergnügungsviertels. Überall locken Pubs und Restaurants. Abends schallt Livemusik aus den Clubs, Nachwuchstalente versuchen ihr Glück mal mehr, mal weniger erfolgreich auf der Straße. Am Wochenende ist hier die Hölle los, wenn Einheimische gemeinsam mit Touristen bis zum Sonnenaufgang feiern.

Amsterdam kann vom Wasser nicht lassen: Die Grachten prägen das Stadtbild

Von Grachten schmachten

Schönes, entspanntes Amsterdam

Hoi, in Spaziergängerwasserwelten

Leicht windschief lehnen sich die schmalen Häuser aneinander. Ein Radler überquert auf quietschendem Fahrrad die Brücke, vor dem Eckcafé sitzen Leute beim Bier in der Sonne. In der Ferne hört man die Straßenbahn über den Leidseplein rumpeln. Keine Frage, Amsterdam ist eine schöne Stadt, die mit ihrer Entspanntheit und Lebendigkeit jährlich Millionen in ihren Bann zieht. Zwischen den alten Grachtenhäusern und hübschen Brücken fühlt man sich sofort wohl.

Als würden sich Amsterdams würdevolle Bürgerhäuser gegenseitig stützen ...

Durch die alte, junge Stadt streifen

Dank der kompakten Innenstadt wirst du in Amsterdam, das sich über ganze 90 Inseln erstreckt, mehr oder weniger unvermeidlich zum Spaziergänger. Denn erst wer zu Fuß durch die backsteingepflasterten Gassen entlang der Grachten läuft, wird die Schönheit der schmalen, hohen Bürgerhäuser wahrnehmen, wird den Reiher auf dem Dach des Hausboots bemerken, wird hier und dort auf ein verborgenes *hofje* oder einen kleinen Designerladen stoßen. Das historische Ensemble des Grachtenrings ist über die Jahrhunderte hinweg komplett erhalten geblieben. 1999 wurde deshalb die gesamte Innenstadt unter Denkmalschutz gestellt. Dass Amsterdam dennoch kein angestaubtes Freilichtmuseum, sondern eine sehr lebendige Stadt ist, liegt auch an der ungewöhnlich internationalen und ungewöhnlich jugendlichen Bevölkerung. Und so ist das Nachtleben rund um Leidse- und Rembrandtplein turbulent, die Shoppingmöglichkeiten sind fast grenzenlos, und die Wahl zwischen den unzähligen Cafés, Bars und Restaurants der Stadt fällt ungeheuer schwer.

Entdeckungen in der Westentaschen-Metropole

Teil des Erfolgsgeheimnisses ist, dass Amsterdam als vielleicht kleinstmögliche Metropole der Welt eine unglaublich vielseitige Stadt ist. Alt und neu, ruhig und betriebsam, alternativ und kommerziell, kleinstädtisch und kosmopolitisch, eigenwillig und trendig – keine Beschreibung der Grachtenstadt kommt ohne diese Widersprüche aus. Mit annähernd 8500 denkmalgeschützten Bauten hat die niederländische Hauptstadt die landesweit höchste Dichte an historischen Monumenten zu bieten.

Kunstschätze bestaunen, kleine Läden durchstöbern

Amsterdam ist zu jeder Jahreszeit schön – ob im Sommer, wenn die Cafés ihre Tische auf die Straße stellen und sich eine beinahe mediter-

Lass mal ordentlich fietsen: Radfahren ist die DNA der Stadt

rane Atmosphäre ausbreitet, oder im Winter, wenn Nebelschleier über den Grachten hängen und die Brücken festlich beleuchtet sind. Die drei großen Museen Rijksmuseum, Van Gogh und Stedelijk Museum mit ihren einzigartigen Kunstschätzen will natürlich keiner verpassen, ebenso wenig wie die vielen kleinen Läden im Stadtzentrum, die zum stundenlangen Shoppen einladen. Nicht zuletzt trägt aber auch die offene und unkomplizierte Art der Bewohner dazu bei, dass Amsterdam ein beliebtes Ziel für Besucher aus aller Welt ist, sodass es in manchen Gegenden der Altstadt ganz schön eng werden kann.

Vom Fischerdorf zum Hippie-Paradies

Und doch waren es vor allem Toleranz und Weltoffenheit, die die Geschichte der niederländischen Hauptstadt geprägt haben. Ihre Ursprünge liegen in einem sumpfigen Fischerdorf an der Mündung des Flusses Amstel in das IJsselmeer. Im Lauf der Jahrhunderte wurden die Niederlande zu einer der bedeutendsten See- und Handelsmächte Europas, und Amsterdam wurde zu einer wichtigen und reichen Hafenstadt. Nach dem Goldenen Zeitalter im 17. und 18. Jh., in dem auch die Kunst eine Blütezeit erlebte, verlor Amsterdam bis Mitte des 19. Jhs. an Bedeutung und erholte sich erst mit der Industrialisierung. In den 1970er-Jahren wurde es dann wieder bunt und lustig in der Grachtenstadt, als Amsterdam zum Mekka für Hippies, Hausbesetzer und Aussteiger aus aller Welt wurde. Liberale Politiker bewirkten die Legalisierung sanfter Drogen. Für seine Toleranz ist Amsterdam auch heute noch bekannt: Nicht nur Tulpen und Grachten, sondern auch Coffeeshops und Rotlichtviertel prägen das Image.

Amsterdam zieht auch dich in seinen Bann

Was man immer mehr sieht, sind Kräne und Baustellen. Vor allem am IJ-Ufer hat sich zuletzt viel getan. Doch Amsterdam ist und bleibt eine überschaubare, ungewöhnlich entspannte, manchmal aber auch etwas chaotische Weltstadt mit über 880 000 Einwohnern. Die sich am liebsten noch immer ökologisch korrekt mit ihrem *fiets* fortbewegen, dem meist rostigen Fahrrad. Cafés sind wichtiger Teil des Lebens. Ob schummerige Kneipen, angesagte Bars oder vegane Hipster-Cafés – Hauptsache, sie sind *gezellig*.

Ein Tag im Goldenen Zeitalter

Verlier dich im Netz der Wasserwege

Highlights

- Den Grachtenring aus allen Blickwinkeln erleben
- Auf Tuchfühlung mit Rembrandt & Co.
- Altholländisch *borrelen* und schmausen

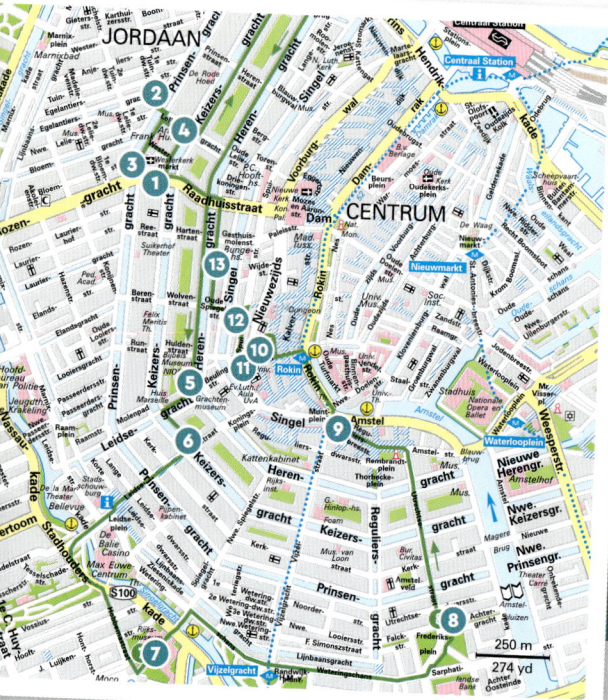

Strecke & Dauer

- Vom Westermarkt und wieder zurück
- 8,5 km
- 1 Tag, reine Gehzeit 2 Stunden

Beste Zeit

- In Amsterdam regnet es viel. Die Sommer sind mit maximal 22°C nicht zu heiß, aber die Stadt ist dann sehr voll.
- Sehr schön ist der Frühling, wenn die Tulpen rund um die Stadt blühen.

Gut zu wissen

- Es verkehren Straßenbahnen *(tram)* und Busse sowie mehrere Metrolinien. Als Fahrscheine dienen Chipkarten, die in ganz Amsterdam gültig sind.
- Aufs Rad schwingen sollten sich in Amsterdam nur sichere Radfahrer, denn der Verkehr ist chaotisch.

Die Tour

1. Westermarkt
2. Café t'Smalle
3. Westertoren

Spätes Frühstück mit Ausblick

Amsterdamer sind echte Langschläfer, deshalb fängt der ideale Amsterdam-Tag nicht vor zehn Uhr an, z. B. mit einem kleinen Frühstück in der Nähe des Westermarkts. Geh in nördlicher Richtung ein Stück auf der Westseite der Keizersgracht entlang, bieg links in die Leliegracht ein, an deren Ende du die Brücken hinüber auf die Westseite der Prinsengracht überquerst. Weiter Richtung Norden stößt du hinter der nächsten Brücke links auf das typische 2 Café t'Smalle *(t-smalle.nl)*. Dessen Interieur aus dem 18. Jh. ist noch komplett erhalten, und die sonnige kleine Terrasse an der Gracht ist im Sommer ein echter Logenplatz. Dort hat man auch bereits das nächste Ziel im Blick: den Westertoren, der unübersehbar auf der gegenüberliegenden Seite

Ein bisschen kitschig is' schon, oder? Aber sooo schön!

der Prinsengracht thront. Hoch ragt er über der Stadt auf, gekrönt von einer knallblauen Kaiserkrone. Alle Viertelstunde kann man dem Glockenspiel lauschen, das von einem automatischen Spielwerk aus dem Jahr 1659 gesteuert wird.

Grachten, Grachten, Grachten

Nach den Glockenklängen schaust du dir den Grachtenring mal aus der Nähe an. Bieg direkt hinter der Westerkerk rechts und dann gleich wieder links ab und du stehst erneut an der Keizersgracht. Hier reiht sich ein vornehmes Herrenhaus aus dem 17. Jh. ans andere; und dank der legendären Gardinenlosigkeit bekommst du ungefragt Einblick in manch marmorvertäfeltes Interieur mit Stuckdecke. Spazier an der Gracht entlang nach Norden. Die meisten Grachtenhäuser haben schlichte Backsteinfassaden, aber dazwischen fällt immer wieder die eine oder andere Ausnahme auf, z. B. auf der rechten Straßenseite das Haus mit den Köpfen (Keizersgracht 123), dessen Fassade etwas glupschäugige Büsten griechischer Götter zieren. Setz den Spaziergang in nördlicher Richtung fort bis zur Brouwersgracht, gesäumt von den ehemaligen Lagerhäusern der Bierbrauer. Bieg dort rechts ab. Über eine hübsche Fußgängerbrücke gelangt man zur Herengracht, der schicksten der drei Hauptgrachten. Schlendre nach Süden weiter, dann fällt dir sicher das Huis Bartolotti (*museumhuizen.nl/en/bartolotti-house*) mit Hausnummer 170 auf, das in einer Biegung der Gracht steht und eine konkave Fassade zu haben scheint. Bist du zwischen Mittwoch und Sonntag hier? Dann kannst du das prächtige Haus auch von innen besichtigen. Geh weiter, dann erreichst du nach etwa 10 Minuten das Grachtenmuseum, wo du erfährst, wie der Grachtenring entstanden ist.

❹ Grachtenring
❺ Grachtenmuseum

Achtung, Zeit nicht vergessen! Kunst satt im Rijksmuseum

6 Café-Restaurant Morlang
7 Rijksmuseum

Gut gestärkt den Meisterwerken gegenübertreten

Inzwischen ist es Mittagszeit, und vermutlich knurrt nun der Magen. Geh ein Stückchen weiter nach Süden und bieg an der nächsten Ecke rechts in die lauschige Leidsegracht und dann gleich wieder links in die Keizersgracht ab, dann erreichst du schnell das schöne Café-Restaurant Morlang (*morlang.nl*) mit einer Terrasse am Wasser. Ist der Hunger gestillt, geht es mit Straßenbahnlinie 2 oder 12 ab Haltestelle Keizersgracht weiter zum Rijksmuseum. Vom modernen Foyer aus betrittst du das ornamentale Innenleben des Prachtbaus. In den wunderschönen historischen Sälen kannst du für ein paar Stunden in das Goldene Zeitalter abtauchen und berühmte Meisterwerke von Rembrandt und Konsorten ebenso wie die kleine, aber feine Sammlung asiatischer Kunst bewundern.

8 Utrechtsestraat
9 Filmtheater Tuschinski
10 Begijnhof

Lockruf der Boutiquen & ein düsterschöner Filmpalast

Wer nach dem Museumsbesuch eine Atempause braucht, kann sich im Museumsgarten auf einer Bank niederlassen und den Kindern dabei zusehen, wie sie unermüdlich durch ein Wasserspiel hüpfen. Anschließend verlässt du den Fußgängertunnel in nördlicher Richtung, gehst über die Museumbrug zur Weteringsschans und nimmst an der Haltestelle Spiegelgracht Tram 1, 7 oder 19 bis zum Frederiksplein. Nun wird es gefährlich fürs Portemonnaie, denn jenseits der Grünanlage zu deiner Linken erstreckt sich Richtung Norden die Utrechtsestraat,

Ein Tag im Goldenen Zeitalter

in der sich jede Menge kleine Läden und Cafés aneinanderreihen. Es locken Pralinen in der Chocolaterie Van Soest (Nr. 143), Designermode bei Dante 6 (Nr. 121) oder einfach schöner Schnickschnack bei Maison NL (Nr. 118). Am Ende der Utrechtsestraat liegt der trubelige Rembrandtplein und an seinem nordwestlichen Ende die Reguliersbreestraat, die zum Muntplein führt. Wirf einen Blick in das Foyer vom Filmtheater Tuschinski mit seiner herrlich düsteren Art-déco-Ausstattung. Am Muntplein biegst du schräg rechts auf den Rokin und dann links in den Spui ab. Hinter der unauffälligen Holztür in der weißen Fassade auf der rechten Platzseite wartet mit dem Begijnhof noch eine versteckte Oase im Shoppinggetümmel, die kurz vor Schließungszeit um 16 Uhr nicht allzu überlaufen ist.

Mit Bier in den Feierabend, mit Genever ins Bett

Danach stürzt du dich am besten gemeinsam mit den Amsterdamern in die *borreluur* (Aperitifstunde) und gönnst dir z. B. ein Starkbier von der lokalen Brouwerij 't IJ in der uralten Stehkneipe Café Hoppe (*cafehoppe.com*), die an der Westseite des Spui liegt. Wenn der Tag stilvoll altholländisch ausklingen soll, findest du nur wenige Meter weiter nördlich an der Spuistraat das Restaurant D'Vijff Vlieghen (*vijffvlieghen.nl*). Danach gehst du ein Stück weiter in nördlicher Richtung die Straße entlang und biegst dann links in den Raamsteeg ab. Nachdem du den Singel überquert hast, biegst du rechts in die Herengracht ab. Dort wartet noch ein Gläschen Oude Genever mit Blick auf die Gracht im *Proeflokaal* der Destille A. van Wees (*de-ooievaar.nl*), bevor du gegen 22 Uhr wieder den Westermarkt und damit den Ausgangspunkt der Tour erreichst.

- ⑪ **Café Hoppe**
- ⑫ **D'Vijff Vlieghen**
- ⑬ **Proeflokaal der Destille A. van Wees**
- ⑭ **Westermarkt**

Grachtenromantik in der blauen Stunde

Sehenswertes am Wegesrand

Für große und kleine Forscher: Wie ein kupfergrünes Schiff wirkt das NEMO Science Center

Westerkerk & Westertoren

Bei ihrer Fertigstellung 1631 war die Westerkerk, entworfen von Hendrick de Keyser, die größte protestantische Kirche der Welt. Im Inneren zeigt sie sich als lichtdurchflutete weiße Hallenkirche mit dezenten Ornamenten im Renaissancestil. Irgendwo in der Kirche ist Rembrandt begraben – da er aber ein Armengrab erhielt, ist der genaue Ort unbekannt. Berühmter als die Kirche selbst ist allerdings der *Westertoren*, ihr 85 m hoher Turm, von den Amsterdamern liebevoll „Oude Wester" genannt. Der Turm ist das Wahrzeichen des Jordaan-Viertels und wird sogar in vielen Schlagern besungen. Unter seiner Kaiserkronenkuppel hängt ein Glockenspiel mit 49 Glocken.

Grachtenring

Der komplett erhaltene historische Grachtenring ist im wahrsten Sinn des Wortes die größte Sehenswürdigkeit Amsterdams. Halbkreisförmig legen sich der alte Stadtgraben Singel sowie die Heren-, Keizers- und Prinsengracht und zahllose kleinere Quergrachten um das mittelalterliche Stadtzentrum. Im frühen 17. Jh. war Amsterdam dank des Überseehandels zu einer der wohlhabendsten Städte Europas geworden. Der Beginn des Goldenen Zeitalters ging mit einer Bevölkerungsexplosion einher: Innerhalb von nur 50 Jahren vervierfachte sich die Einwohnerzahl, der alte Stadtkern wurde zu eng, und man legte den Grachtenring an, eine der spektakulärsten städtebaulichen Unternehmungen jener Zeit. Erstaunlich ist, dass die Grachten sehr großzügig angelegt und sogar mit Bäumen bepflanzt wurden. Um 1680 war das Projekt vollendet und der Grachtenring von einem Verteidigungsgraben umschlossen.

Grachtenfahrten

Was wäre ein Amsterdambesuch ohne Grachtenrundfahrt? Entsprechend viele Anbieter solcher Touren gibt es. Die meisten Rundfahrten starten beim Hauptbahnhof oder vor dem Rijksmuseum und haben alle ein ähnliches Pro-

Einfach mal tief Luft holen: Im Begijnhof bist du weitab vom Trubel der Großstadt

gramm und ähnliche Preise. Man kann Tickets online kaufen, aber in der Regel gibt es auch an den Schaltern keine langen Wartezeiten, denn die Tagesrundfahrten starten alle halbe Stunde. Die Fahrt führt durch den Grachtenring und den Goldenen Bogen, das Jordaan-Viertel, auf das IJ hinaus, in das Hafenbecken Oosterdok und meist auch ein Stück entlang der Amstel. Erläuterungen kommen in mehreren Sprachen vom Band. Auch Abendfahrten mit oder ohne Essen gehören zum Angebot.

Rijksmuseum

Entworfen wurde der 1885 eröffnete Prachtbau vom Architekten Pierre Cuypers, aus dessen Feder auch der Hauptbahnhof stammt. Über und über dekoriert erinnert er auf den ersten Blick mehr an ein Schloss oder eine Kathedrale als an ein Museum, das heute zwei Millionen Besucher jährlich in seine Ausstellungen zieht. Der Eingang liegt in einem Fahrrad- und Fußgängertunnel unter dem Gebäude. Jenseits der modernen Foyers warten Säle mit üppigen historischen Wanddekorationen und schier unüberschaubare Mengen an Kunstschätzen, wobei die holländische Malerei des Goldenen Zeitalters im Zentrum steht. Im Grunde wurde das ganze Museum rund um Rembrandts berühmte „Nachtwache" gebaut, die in einer Art Schrein am Ende der Ehrengalerie prangt. Nicht verpassen solltest du die wunderschöne historische Bibliothek, die von Saal 1.13 aus einsehbar ist. *rijksmuseum.nl*

Tuschinski

Wenn des Königs Mutter Beatrix einmal Lust auf Kino hat, dann geht sie ins *Tuschinski*. Und sie weiß, warum. Das Lichtspielhaus von 1921 ist ein architektonisches Prachtstück im Stil des Expressionismus. Vor allem im großen Saal, aber auch im Foyer fühlt man sich in vergangene Zeiten versetzt. Kuschelig ist es in der Loge: Dort mietet man für 48 Euro einen Love Seat für zwei Personen und bekommt Häppchen und Getränk zum Film gereicht. *pathe.nl/bioscoop/tuschinski*

Begijnhof

Eine Oase der Ruhe in der betriebsamen Innenstadt – jedenfalls, wenn man unter der Woche kommt und gerade keine Busladung Touristen den Hof bevölkert. Weiß gestrichene Häuser scharen sich um ein Kirchlein und ein paar Kastanienbäume, die winzigen Vorgärten sind liebevoll bepflanzt. Als er 1346 gegründet wurde, lag der Begijnhof am Rand der Stadt. Hier wohnten alleinstehende Frauen, die in religiöser Gemeinschaft leben, aber keine Nonnen werden wollten. Sie widmeten sich v. a. der Altenpflege. Zwei Feuersbrünste zerstörten den Hof im 15. Jh. fast vollständig; die heutige Bebauung stammt größtenteils aus dem 17. Jh. Das Haus mit der Nummer 34 wurde dagegen bereits um 1470 errichtet und soll das älteste Holzhaus der Niederlande sein.

Platz mit Klasse und Geschichte: Brüsseler Traumblick vom Mont des Arts

Bunt, offen und europäisch

Kosmopolitisches, buntes Brüssel

Salut, auf dem Westentaschen-Kontinent

Schokolade, Waffeln, Manneken Pis und Europa – mit diesen Stichworten im Kopf fahren wohl die meisten nach Brüssel – und enttäuscht wird damit niemand. Wohl aber überrascht, vielleicht verzaubert vom Zusammenleben der Wallonen, Flamen, Marokkaner und Europäer. Brüssel ist ein einziger Kompromiss unterschiedlichster Kulturen – und dabei keineswegs durchschnittlich.

Belgien ist Comicland – was auch auf Brüssels Straßen deutlich zu sehen ist

Eine bunte Gesellschaft erwartet dich

Denn Brüssel lebt seine Gegensätze und Widersprüche: Trotz der vergleichsweise geringen Größe kann die Stadt mit ihren ca. 1,2 Mio. Einwohnern in puncto kultureller Vielseitigkeit mit den ganz großen europäischen Metropolen mithalten. Inklusive einer rasant wachsenden Kreativwirtschaft. Doch zunächst verwirrt Brüssel. Belgiens Hauptstadt ist offiziell zweisprachig. Zwar spricht die große Mehrheit Französisch, aber tagsüber pendeln 200 000 Flamen zur Arbeit in die Stadt. Dann erklingt viel Niederländisch. Unüberhörbar sind aber auch Arabisch und Türkisch, Kongolesisch und Polnisch, Spanisch, Japanisch und Englisch. Über 30 Prozent der Gesamtbevölkerung sind Zuwanderer, weitere 20 Prozent sind „Neue Belgier" genannte Immigrantenkinder mit belgischem Pass.

Mach Bekanntschaft mit der Brussels Bubble

Zu der ohnehin bunten belgischen Gesellschaft kommt noch der EU-Betrieb mit seinen Tausenden Beamten, Parlamentsmitarbeitern, Journalisten und Lobbyisten aus ganz Europa, viele davon zwischen 20 und 35. Unter der Woche sitzen sie in Cafés und Bars, treffen sich zum Fußballspielen im Park, netzwerken, daten, feiern, und am Wochenende besuchen sie Verwandte in der Heimat oder Freunde in den jeweils nur zwei Stunden entfernten Metropolen Paris, London oder Amsterdam. Diese Brussels Bubble, die Blase Brüsseler Expats, hat mit dem Alltag der Brüsseler Bevölkerung wenig gemein, prägt aber das Bild der Stadt, etwa im hippen Ixelles rund um die Place Flagey.

In der Stadt der tausend Zentren

In Brüssel haben die meisten Kulturkreise quasi ihr eigenes Stadtzentrum. Die Portugiesen zum Beispiel in Ixelles rund um den Bahnhof Germoir, die Kongolesen in Matongé und die Marokkaner in Schaerbeek und Molenbeek. Verwirrung stiftet auch die Teilung in Ober-

Wo Politik für (fast) einen ganzen Kontinent gemacht wird: das EU-Parlament

und Unterstadt. Die Oberstadt ist pariserisch, großbürgerlich mit exotischen Einsprengseln wie dem kongolesischen Matongé-Viertel. Die volkstümliche Unterstadt erstreckt sich diesseits und jenseits des Kanals. Vor allem in Molenbeek entsteht gerade viel Neues. Alte Fabriken und Lagerhäuser werden zu Galerien, Showrooms, Musikclubs und Lofts, schäbige Wohnkasernen weichen schicken Apartments und Bürokomplexen.

Bier? Unbedingt probieren – aber Vorsicht!

Brassage heißt diese Mischung der Gegensätze in Brüssel. Passenderweise ein Begriff aus dem Brauereiwesen. Denn beim Trinken erkennt man die echten Brüsseler. Bloß kein Pils! Brüsseler schätzen neben dem einheimischen *gueuze* die starken Abteibiere – für Besucher ist allerdings beides mit Vorsicht zu genießen, wegen des gewöhnungsbedürftigen Geschmacks beim einen und dem Alkoholgehalt beim anderen. Wer um Bier einen Bogen macht, dem sei der beliebte Aperitif *half-en-half*, eine Mischung aus Schaumwein und Weißwein, empfohlen.

Gib dich brüsselerisch, menschlich und neugierig

Dass Brüssel schon lange vor der Zeit als EU- und Nato-Sitz eine schillernde Metropole war, davon zeugt die herrliche Grand' Place mit Rathaus und prächtigen Zunfthäusern. Märkte, vom Antiquitäten- und Flohmarkt bis zu bunten Viktualien- und Biomärkten, verführen viele am Wochenende zum Flanieren. Beim Schlendern durch die Straßen offenbaren sich auch die Schätze der Stadt. Zu ihnen zählen die zahlreichen Jugendstilbauten. Sogar Schulen, Hallenbäder und Lagerhäuser wurden im Art-déco-Stil entworfen. Denn der Jugendstil wurde in Brüssel erfunden. Doch die Leichtigkeit des Brüsseler Seins wurde durch die Terroranschläge 2016 schwer erschüttert. Am Flughafen und in der Metrostation Maalbeek töteten Selbstmordattentäter 35 Menschen. Doch weil Brüssel sich so rasant verändert, heilen Narben schneller. Genieß also das kosmopolitische Flair – und gib dich brüsselerisch: etwas phlegmatisch, mit leicht ironischer Distanz, aber im Grunde genommen offen, menschlich und neugierig. „Bienvenue! Welkom!"

Im Schoko-, Bier und Kunstschatz-Himmel

Brüssels A-Z: Atomium bis Zunfthäuser

Highlights

- An der Grand' Place die schönen Häuser bewundern
- Vom Musikinstrumentenmuseum auf die Stadt hinunterschauen
- Die Zeitkapsel Atomium besteigen

Strecke & Dauer

- Von der Grand' Place zum Atomium Restaurant
- 16 km, davon 5 km zu Fuß
- 1 Tag, reine Gehzeit 2 Stunden

Beste Zeit

- Brüssel liegt nur ca. 100 km vom Ärmelkanal entfernt. Der Golfstrom bringt maritime Milde.
- Im Winter liegt selten lange Schnee, im Sommer wird es selten lange heiß, mit Regen musst du immer rechnen.

Gut zu wissen

- Metro und Tram sind die schnellsten Verkehrsmittel
- Fahrkarten für die Metro werden am Eingang der Station an Automaten erworben (per Bargeld oder EC-Karte) und dort an den Sperren in orangefarbenen Automaten entwertet.

Die Tour

1. Grand' Place
2. Kathedrale

Vom großen Platz zur großen Kathedrale

Morgens auf der Grand' Place hast du das „schönste Theater der Welt" fast für dich allein. So kannst du die zahllosen Details des herrlichen Rathauses und der prunkvollen Zunfthäuser in Ruhe genießen. Stärke dich für den Tag an der langen Theke des Corica (*corica.be*), das wohl die besten Kaffees der Stadt anbietet. Oben am Platz nimmst du links die Rue de la Colline, gehst durch die prächtige

Brüssel, das hast du toll gemacht: Gibt's etwas Schöneres als die Grand' Place?

Galerie Saint-Hubert und an deren Ende rechts in die Rue d'Arenberg. Wenige Meter weiter siehst du die Kathedrale. Im Liegestuhl in der Grünanlage vor dem Gotteshaus lässt du die harmonischen Proportionen und spitzenartigen Ornamente auf dich wirken. Dann geht's hinein: Bewunder die Buntglasfenster aus der Renaissance, die barocken Heiligenfiguren und die gewaltige Kanzel!

Panoramablicke auf die Unterstadt

❸ Place Royale
❹ Plein Publiek

An der Rückseite der Kathedrale läufst du über Treurenberg zur Rue Royale, biegst rechts ab, gehst am Park und Königspalast vorbei bis zur Place Royale. Genieß die Aussicht auf die Unterstadt und die glitzernden Kugeln des Atomiums: Von der Place Royale mit ihren weißen Palais schaust du auf den Justizpalast, die Kirche Sainte-Marie und die Kirche Saint-Jacques-sur-Coudenberg. Richtung Nordwesten lohnt ein Abstecher entlang der Rue Montagne de la Cour und vorbei am Mont des Arts zum Plein Publiek (pleinpubliek.be), wo du dich bei einer Erfrischungspause auf der herrlichen Terrasse stärken kannst.

Erst Kunst, dann Schoko genießen

❺ Musée Magritte
❻ Place du Sablon
❼ Marcolini

Gehst du nun denselben Weg zurück zum Place Royale, passierst du das Palais Altenloh. Ein Besuch lohnt sich! Denn drinnen präsentiert das Musée Magritte in raffiniert beleuchteten Räumen Meisterwerke des belgischen Surrealisten René Magritte. Nach dem Kunstgenuss

Wer sich für die Europäische Union interessiert, erhält im Parlamentarium viele Antworten

- ⑧ Musée Horta
- ⑨ Café Forcado

- ⑩ Parlamentarium
- ⑪ The Beer Factory

gehst du am Ausgang nach rechts und ein Stück an der Place Royale entlang in die Rue de la Régence. An der Kirche rechts abbiegen. Auf der hübschen Place du Sablon triffst du Brüssels Schickeria. Das Spielchen Sehen und Gesehenwerden erlebst du bei Brüseler Spezialitäten im Vieux Saint-Martin (*auvieuxsaintmartin.be*). Anschließend deckst du dich unten am Platz bei Marcolini (*eu.marcolini.com*) mit Schokoladenkreationen ein.

Jugendstil von Kopf bis Fuß

Du gehst rechts am Platz nach oben, zur Haltestelle Petit Sablon vor der Kirche, und fährst mit der Tram 92 bis Janson. An der Kreuzung überquerst du die Rue de la Victoire und Rue Moris und gehst durch die Chaussée de Charleroi bis zum Baumarktladen Brico. Genau gegenüber beginnt die Rue Américaine. Dort, im Musée Horta, fühlst du dich, als wärst du bei Victor Horta zu Gast. Auf dem Höhepunkt seines Könnens baute er sein eigenes, bis ins kleinste Detail durchgestyltes Haus. Für eine Verschnaufpause nach diesem atemberaubenden Gesamtkunstwerk setzt du dich ins portugiesische Café Forcado (*forcado.be*) an der Ecke Rue Américaine/Chaussée de Charleroi und isst eins der besten *pasteis de nata* außerhalb von Lissabon.

Auf ein Bier: Zu Gast bei der EU

Zurück an der Haltestelle Janson fährst du mit der Tram 92 bis Louise, wo du die Metro 2 oder 6 bis Trône nimmst. Am Ausgang Rue du Trône/Rue du Luxembourg oben links gehst du in die Rue du Luxem-

Im Schoko-, Bier und Kunstschatzhimmel

bourg. Am Ende überquerst du die Place du Luxembourg auf der linken Seite, dann die Rue de Trêves. Folg den gelben Pfeilen zum Parlamentarium. Im Besucherzentrum entdeckst du interaktiv die Geschichte und Arbeit der EU-Institutionen. Zum passenden Aperitif unter EU-Beamten und -Praktikanten, Lobbyisten und Journalisten geht es danach in The Beer Factory (*brasserie-beer-factory.be*) an der Place du Luxembourg. Besonders reizvoll ist das an einem Donnerstag ab 18 Uhr zur Happy Hour.

Dinner mit Aussicht in Brüssels Wahrzeichen

Zurück an der Metro-Haltestelle Trône fährst du mit der Linie 6 bis Heysel und nimmst rechts vom Ausgang die Avenue des Athlètes. Immer näher rückt Brüssels Wahrzeichen, das Atomium. Lass dich von den glänzenden Kugeln verzaubern, bevor du im Aufzug in die oberste Kugel hinauffährst. Im Atomium Restaurant (*atomiumrestaurant.be*) genießt du bei belgischen Spezialitäten das phantastische Panorama der Stadt.

12 **Atomium**
13 **Atomium Restaurant**

Ein weltbekannter Klassiker: das Atomium von 1958

SEHENSWERTES AM WEGESRAND

Auch Politiker und Bürokraten müssen mal ausspannen: im Ausgehviertel Saint-Boniface

Grand' Place

Hier pulsiert das Leben der Stadt. Junge Leute genießen die Treppen zur Maison du Roi. Von dort aus offenbart sich die elegante Pracht des Rathauses Hôtel de Ville mit seiner von Skulpturen übersäten spätgotischen Fassade. Den 91 m hohen Turm bekommt man am besten von der anderen Ecke des Platzes aufs Bild. Auch ein schönes Fotomotiv sind die nachts beleuchteten, teilweise vergoldeten Gebäude der Handwerkerzünfte, die den Platz komplettieren. Der wird dominiert von der einheitlichen, harmonischen Fassade des sogenannten Hauses der Herzöge von Brabant. Im L'Arbre d'Or (Nr. 10) (Goldener Baum) laden heute noch die Brauer zum Umtrunk ein. Nebenan im Restaurant Le Cygne (Der Schwan) müssen die Tische mit Aussicht lange im Voraus reserviert werden. Im Sommer und im Dezember ist der Platz Kulisse für kostenlose Chanson-, Jazz-, Pop und Rockkonzerte.

Cathédrale Saint-Michel

Beim ersten Blick auf diese prächtig restaurierte Kathedrale am Hang zwischen Ober- und Unterstadt mögen sich manche fragen, ob Brüssel ein Notre-Dame-Plagiat besitzt. Die gotische Fassade, Fenster und Zinnen und vor allem die großen Doppeltürme erinnern stark an das Pariser Vorbild. Allerdings nur äußerlich, drinnen ergeben die Elemente aus Renaissance und Barock ein ganz eigenes Bild: Die meisten der bunten Kirchenfenster haben die Kriege unbeschadet überstanden, und so strahlt im nördlichen Teil des Querschiffs noch immer das Werk des Antwerpener Glasmalers Jean Heck von 1537. Nicht nur sehr sehens-, sondern auch hörenswert ist die im Jahr 2000 eingeweihte monumentale Orgel von Gerhard Grenzing gegenüber der Kanzel. Regelmäßig erklingen die majestätischen Glocken und das Carillon, das liebliche Glockenspiel. Im April und Mai nisten in den Türmen Falken. Ihr Leben wird von Webcams auf zwei Bildschirme übertragen (*fauconspelerins.be*).

Das Vermächtnis eines genialen Architekten: Musée Horta

Musée Magritte

Die Innenräume des klassizistischen Altenloh-Palais sind in dem Blau-Schwarz gehalten, das der Maler mysteriöser Szenen liebte. Rund 200 Werke René Magrittes (1898–1967), von den ersten fauvistischen Gehversuchen bis zum weltberühmten Spätwerk, illustrieren auf sechs Etagen das Schaffen des surrealistischen Meisters. Fotos, Filme, Dokumente zeigen ihn im Familien- und Freundeskreis und in seiner Zeit. *musee-magritte-museum.be*

Place du Sablon

Zum Pflichtprogramm aller Besucher Brüssels gehört dieser Doppelplatz. Der Petit Sablon wird umsäumt von pittoresken Handwerker-Plastiken. Der Grand Sablon ist das Mekka der Antiquitätenhändler und bildet am Wochenende die Kulisse für ihren Markt. Effektvoll steht die reich verzierte spätgotische Kirche Notre-Dame du Sablon zwischen dem kleinen und großen Sablon. Der Platz ist auch Laufsteg für alle, die mit viel Schick und reichlich Schecks glänzen können. Jedes Café hat sein eigenes Publikum – außer dem unverwüstlichen Au Vieux Saint-Martin, das alle lieben.

Musée Horta

1898 baute sich Victor Horta, der berühmte Jugendstilarchitekt, sein eigenes Wohnhaus und Atelier. Er betrachtete es als Höhepunkt seines Schaffens. Überall fallen die flammenartig gekrümmten Linien auf. Typisch für Hortas Baukonzept ist das zentrale Treppenhaus, dem eine doppelte Glaskuppel mildes Licht spendet. Offen und organisch, mit kleinen Höhenunterschieden zweigen davon die anderen Räume ab. Bis zu den Türgriffen ist jedes Element gestylt und maßgearbeitet – ein atemberaubendes Gesamtkunstwerk. *hortamuseum.be*

Parlamentarium

An der Rue Wiertz ragt der gigantische Bürokomplex für die Mitarbeiter des Europäischen Parlaments auf. Gelbe Pfeile führen zum Besucherzentrum, dem Parlamentarium, das in einem Seitenflügel des Gebäudes liegt. Eine Vielzahl an Dokumenten, Fotos, Filmen und Tonaufnahmen veranschaulicht die europäische Integration seit 1945. Einen Besuch wert ist auch der tolle Shop mit geschmackvollen Andenken und pfiffigen Spielen. *europarl.europa.eu/visiting/de*

Atomium

Rundum erneuert worden ist in den letzten Jahren das Wahrzeichen der Weltausstellung 1958. Sogar bei Nieselregen glänzen die Kugeln, ein 165 Milliarden Mal vergrößertes Eisenkristall, dank einer Inoxstahlverkleidung. Nach Einbruch der Dunkelheit beeindruckt ein aufregendes Lichterspiel. In den Kugeln gibt es wechselnde Ausstellungen über die Fifties und zeitgenössische Kunst zu sehen, in der obersten lockt ein Restaurant mit belgischen Spezialitäten, atemberaubendem Panoramablick – und stolzen Preisen. *atomium.be*

Schöner kann man die Seine nicht überqueren: das Kunstwerk Pont Alexandre III

Funkelnd wie das Leben

Welthauptstadt Paris

Salut, die Boulevards warten schon!

Paris war schon immer eine Metropole der Superlative, schneller, schöner, größer, glänzender als andere. Es genügt schon, an einem Dezemberabend den dann von mehreren Hunderttausend Glühbirnen erleuchteten, 2,5 km langen Prachtboulevard Champs-Élysées entlangzuschlendern oder in dem quirligen Studenten- und Vergnügungsviertel Saint-Germain-des-Prés von einem Straßencafé aus das bunte Treiben zu beobachten, um den Zauber dieser Stadt zu spüren.

Lost in fashion: Lust auf wilde Muster beim Kleidermarkt im Montmartre-Viertel

Ein Überblick aus der Vogelperspektive

Wer aus der Vogelperspektive auf die Stadt schaut, etwa vom Zentrum aus, erkennt die Türme der berühmten Kathedrale Notre-Dame auf der Île de la Cité, der eigentlichen Keimzelle der Stadt, auf der sich im 3. Jh. v. Chr. die Parisii ansiedelten. Man erkennt den riesigen Komplex des Louvre, der das größte Museum der Welt beherbergt. Dahinter funkelt die goldene Kuppel des Invalidendoms, in dem Napoleon seine letzte Ruhestätte gefunden hat. Nicht weit davon entfernt ragt das Symbol der Stadt, der Eiffelturm, in die Höhe. Und weit im Westen erheben sich die Wolkenkratzer von La Défense, der größten Bürostadt Europas. In Richtung Norden krönt die weiß blendende Kirche Sacré-Cœur den höchsten Punkt des einstigen Künstlerhügels Montmartre.

Entdeckungen links und rechts der Seine

Paris besteht aus insgesamt 20 Bezirken, Arrondissements genannt, die schneckenförmig um das 1. Arrondissement im Herzen der Stadt angeordnet sind. Mit 105,4 km² umfasst Paris weniger als ein Achtel der Fläche von Berlin. Viele Entfernungen lassen sich daher bequem zu Fuß oder mit dem Fahrrad zurücklegen. Die Seine teilt die Stadt in *rive gauche* im Süden und *rive droite* im Norden. Eine gesellschaftliche Trennlinie verläuft zwischen den gutbürgerlichen Bezirken im Westen und den weniger wohlhabenden Stadtteilen im Osten.

Über Boulevards bummeln oder am Kanal picknicken?

Seit vielen Jahrhunderten ist Paris lebendiger politischer, wirtschaftlicher und kultureller Mittelpunkt Frankreichs und eine der großen Metropolen dieser Welt. Aber was macht ihr besonderes Flair aus? Für die einen sind es die großen Boulevards, andere bummeln durch die Rue du Faubourg Saint-Honoré mit ihren Luxusboutiquen oder kaufen in weltberühmten Kaufhäusern wie den Galeries Lafayette oder Prin-

Nachbarschaftlicher Montmartre-Trubel: Paris ist eben auch nur ein Dorf

temps ein. Wieder andere erkunden die schier unglaubliche Vielzahl der Museen, schlendern an der Seine entlang, sitzen in einem Straßencafé oder in einem der vielen Parks, picknicken am Canal Saint-Martin oder lassen sich einfach treiben. Auch das alte, das kleinstädtische, oft dörfliche, ungeschminkte Paris gibt es noch immer, mit seinen hübschen Gassen, windschiefen, niedrigen Häusern mit kleinen Cafés oder gemütlichen Restaurants, Geschäften mit bunten Auslagen, vor denen geplauscht wird, die faszinierenden Märkte mit ihren bunten Auslagen – du findest es im Nordosten der Stadt. In Belleville zum Beispiel, wo viele Immigranten, aber auch Künstler und junge Familien leben, da der Wohnraum noch bezahlbar ist.

Die Menschen prägen die Stadt

Es ist kein Zufall, dass wichtige Strömungen der Malerei wie Impressionismus oder Kubismus gerade hier ihren Anfang nahmen. Maler wie Auguste Renoir, Vincent van Gogh und Pablo Picasso, Schriftsteller wie Heinrich Heine, Voltaire, Victor Hugo, Honoré de Balzac, Charles Baudelaire, Marcel Proust, Ernest Hemingway und Jean-Paul Sartre lebten und arbeiteten hier.

Paris bestand aber auch schon immer aus einem bunten Gemisch von Menschen verschiedener Herkunft. Früher waren dies Bretonen, Auvergnaten, Elsässer und Basken, später kamen Afrikaner dazu, die heute an der Goutte d'Or täglich einen herrlich bunten Markt abhalten, oder Chinesen, die um die Place d'Italie ihre Märkte, Geschäfte und Restaurants eröffnet haben.

Paris öffnet seine Arme weit

Die kapriziöse Schöne, die über Jahrhunderte Platz für alle gesellschaftlichen Schichten bot, ist zunehmend zu einer Kapitale der Wohlhabenden geworden. Eine gesetzliche Mietobergrenze soll zumindest den Wohnraum wieder erschwinglich, ehrgeizige Vorhaben die Stadt wieder lebenswerter machen. Das aktuelle Großprojekt heißt Le Grand Paris. Die zu eng gewordene Museumsstadt hat ihre Arme geöffnet, um sich mit den Vorstädten zusammenzuschließen. Bis 2030 sollen zu den 14 bestehenden Métrolinien vier weitere hinzukommen, um Paris mit den umliegenden Kommunen zu verbinden. Das erklärte Ziel ist kein geringeres, als den Rang als Welthauptstadt – neben Megacitys wie London, Tokio oder New York – zu verteidigen.

ET VOILÀ, EIN ROTER TEPPICH!

Wofür Paris berühmt ist

Highlights

- Auf den Champs-Élysées flanieren
- Der Eiffelturm aus Sicht der Seine
- Ein traumhafter Blick über die Stadt

Strecke & Dauer

- Von der Brasserie Fouquet's zum Caveau de la Huchette
- 27,5 km
- 1 Tag, reine Gehzeit 3 Stunden

Beste Zeit

- Im Sommer kann es in Paris sehr heiß werden, im Juli und August sind viele Restaurants und Läden geschlossen.
- Das Frühjahr und der Herbst sind eher mild, in der Nebensaison ist es nicht so voll und die Preise sind niedriger.

Gut zu wissen

- Wenn es schnell gehen soll, nimmst du am besten die Métro oder die im Stadtgebiet unterirdisch fahrende S-Bahn (RER).
- Mit den Buslinien 73 und 21 kannst du eine kleine Stadtrundfahrt für gerade mal 1,90 Euro machen!

Die Tour

1. **Fouquet's**
2. **Place de la Concorde**
3. **Musée d'Orsay**

Von der Edel-Avenue zum Eiffelturm

Starte den Tag mit einem Frühstück an den Champs-Élysées. Eine ganz edle Adresse dort ist das Fouquet's (hotelsbarriere.com/fr/collection-fouquets/paris/restaurants-et-bars/fouquets.html). Hier feiern die Stars der Filmbranche alljährlich die Verleihung des französischen Filmpreises „César". Geschäftiges Treiben auf dem Boulevard mit dem Triumphbogen im Hintergrund ist die beste Einstimmung auf einen Paris-Bummel.

Mit dem Bus Nr. 73 fährst du danach die Prachtstraße hinunter, vorbei an den Glaspalästen Grand & Petit Palais. Während du die Place de la Concorde mit dem repräsentativen Obelisken und den riesigen Brunnendenkmälern überquerst, ermisst du erst die Größe dieses Platzes. Bevor der Bus abbiegt, wirf noch einen Blick auf den Jardin des Tuileries, den ältesten Park der Stadt, der den Platz mit dem

Und immer wieder läuft einem unverhofft der Eiffelturm über den Weg

Louvre verbindet. Jetzt geht es über die Seine und du steigst an der Endhaltestelle Musée d'Orsay aus. Du wirst begeistert sein von der Architektur dieses umgebauten Bahnhofs und von der Sammlung französischer Impressionisten. Nach einem kleinen Imbiss im Museum steigst du nun an der Haltestelle Musée d'Orsay in den RER C, schon drei Stationen weiter bist du am Eiffelturm angekommen.

Stadtbummel bequem per Schiff

Zu seinen Füßen an der Brücke Pont d'Iéna wartet ein Schiff der Batobus-Linie auf dich. Von der Seine aus betrachtest du die Stadt aus einem ganz anderen Blickwinkel. Während der Fahrt gleitest du unter zahlreichen Brücken hindurch – darunter der mit viel Gold dekorierte Pont Alexandre III und der berühmte Pont Neuf – und kommst zum Herzen der Stadt, den Inseln. Links von dir erstrecken sich die langen Gemäuer des ehemaligen Königssitzes, der als Louvre zum größten Museum der Welt geworden ist. Während du die Inseln umrundest, kannst du schauen, ob die Renovierungsarbeiten an Notre-Dame schon abgeschlossen sind. Verlass das Schiff an der Haltestelle beim Hôtel de Ville. Von hier ist es zu Fuß über die Rue de Rivoli und die Rue Vieille du Temple nicht weit ins quirlige Viertel Marais. Zahlreiche kleine Läden laden hier zum Shoppen ein, z. B. die Filiale von

❹ **Pont d'Iéna**
❺ **Hôtel de Ville**
❻ **Marais**
❼ **Café Hugo**

Brunnenspiele vor dem Obelisken von Luxor: die riesige Place de la Concorde

ET VOILÀ, EIN ROTER TEPPICH!

Uniqlo in der Rue des Francs-Bourgeois (Nr. 39) mit ihren günstigen Modekollektionen. Für eine Pause bieten sich die nostalgischen Cafés des Viertels an, besonders schön sitzt man dabei am ehemaligen Königsplatz, der Place des Vosges, im Café Hugo (Nr. 22).

8 Arc de Triomphe

Durchzählen – aus zwölf Avenuen wird ein Stern

Ab in die Métro: Von der Station Saint Paul, die du über die Rue de Birague und die Rue Saint-Antoine erreichst, fährst du mit der M1 zur Station Charles de Gaulle-Étoile, also diesmal unterirdisch, zurück zum Ausgangspunkt deiner Stadttour und noch ein Stück weiter: nämlich zum Arc de Triomphe und seiner Aussichtstribüne. Hier, wo an der Place Charles de Gaulle-Étoile zwölf Avenuen zu einem Stern (étoile) zusammenlaufen, bekommt man den besten Eindruck von der Anlage der Stadt. Sicher hast du nun längst Appetit aufs *diner* bekommen und hoffentlich schon reserviert in einem der stimmungsvollen Belle-Époque-Restaurants, für die Paris so bekannt ist.

9 Bouillon Racine
10 Caveau de la Huchette

Und zum Dessert ein Jazzkonzert ...

Dafür bietet sich das Bouillon Racine (*bouillonracine.fr*) im alten Intellektuellenviertel Saint-Germain-des-Prés an. Am zügigsten erreichst du es mit dem RER A ab Charles de Gaulle-Étoile: Steig an der Station Châtelet-Les Halles in den RER B um und fahr bis zur Station Saint-Michel. Im Restaurant schwelgst du in den floralen Formen des Jugendstils, und auch dein Menü wird dekorativ angerichtet sein. Lass dir ruhig Zeit: Vor der Haustür tobt das Nachtleben. Einer der urigsten Jazzclubs des Viertels ist der Caveau de la Huchette (*caveaudelahuchette.fr*) – der richtige Ort für einen stilvollen Abschluss deines Paris-Tages.

Ja, ist denn das noch ein Wahrzeichen? Der Arc de Triomphe

Wie ein Traum in Gold: die Kuppel des Invalidendoms

Sehenswertes am Wegesrand

Manchmal muss es französische Café-Lebensart sein – da kann Notre Dame noch so locken

Avenue des Champs-Élysées

Die angeblich schönste Straße der Welt wird von den meisten Parisern nicht besonders geschätzt. Zwischen Triumphbogen und der Place de la Concorde bewegen sich deshalb vor allem Touristen. Vor den großen Erstaufführungskinos stehen abends, besonders an den Wochenenden, aber auch die Einheimischen Schlange. Während der obere Teil der Avenue vielfach von Imbissketten und anderem Kommerz in Beschlag genommen wurde, lässt sich weiter unten noch eher die Pracht der Belle Époque nachvollziehen. Bekannte Adressen an der 2 km langen Prachtstraße sind die elegante Parfümerie Guérlain (Nr. 68), das berühmte Tanztheater Lido (Nr. 116 bis) und die exklusive Boutique von Louis Vuitton (Nr. 101).

Musée d'Orsay

In den lichtdurchfluteten Sälen des 1986 umgebauten Bahnhofs stehen die Maler des Lichts, die Impressionisten, im Mittelpunkt. Daneben sind aber auch Werke von Wegbereitern der Moderne wie Vincent van Gogh, Paul Gauguin und Paul Cézanne zu sehen. Beeindruckend ist nicht nur das reiche Angebot des Museumsbuchladens, sondern auch der elegante Speisesaal, dessen moderne Bestuhlung sehr schön mit dem Glanz der Belle Époque harmoniert. *musee-orsay.fr*

Eiffelturm (Tour Eiffel)

Ohne den Eiffelturm wäre Paris nicht Paris. Das 300 m hohe Wahrzeichen war lange das höchste Bauwerk der Welt. Von Gustave Eiffel anlässlich der 100-Jahr-Feier zur Französischen Revolution und der Weltausstellung 1889 errichtet war das Stahlgebilde zunächst heftig umstritten. Von der zweiten Plattform in 115 m Höhe bietet sich dir eine eindrucksvolle Panoramasicht über Paris, von der obersten Ebene in 274 m Höhe reicht der Blick an klaren Tagen bis weit in das Pariser Becken. Wenn du den Eiffelturm nicht nur von unten sehen willst, solltest du unbedingt vorher über die Internetseite buchen. *toureiffel.paris*

Musée du Louvre

Hingucker mit Klasse: die Glaspyramide am Eingang des Louvre

Für das weitläufigste Museum der Welt bedarf es einer überlegten Besuchsstrategie. Denn im Louvre gibt es weit mehr als ehrwürdige Damen wie die „Venus von Milo" (2. Jh. v. Chr.), Leonardo da Vincis „Mona Lisa" (16. Jh.) und Jan Vermeers „Spitzenklöpplerin" (17. Jh.) zu bewundern. Sehr nützlich: der Übersichtsplan (den es am Informationsschalter auch auf Deutsch gibt) und die Wochenübersicht über die turnusmäßigen Schließungen bestimmter Sammlungen. Kulturhungrige können aus einem reichhaltigen Menü auswählen, das zurückreicht bis ins 7. Jh. v. Chr.: Auf die drei Gebäudekomplexe verteilt (Denon, Sully, Richelieu) stellen sich die orientalische, ägyptische und griechisch-römische Hochkultur vor. Du kannst den Museumsbesuch auch mit einem Bummel durch die Einkaufspassage Carrousel du Louvre verbinden. Tickets unbedingt online kaufen, da bei großem Andrang keine Eintrittskarten an den Ticketautomaten vor Ort verkauft werden. *louvre.fr*

Notre-Dame

Die Bilder der brennenden Kathedrale und ihres einstürzenden Vierungsturms am 15. April 2019 sind um die Welt gegangen. In einem stundenlangen Einsatz konnte die Feuerwehr die Kathedrale retten. Pünktlich zu den Olympischen Spielen 2024 soll sie wieder in neuer, alter Pracht stehen. Das Meisterwerk der Gotik wurde zwischen 1163 und 1345 errichtet, auf dem Platz stand schon vor 2000 Jahren ein römischer Tempel. Im Innenraum des fünfschiffigen Langhauses finden 9000 Personen Platz. Besonders beeindruckend sind die drei großen Eingangsportale, die gewaltigen Strebebögen um den Chor und die Rosetten, die einen Durchmesser von über 10 m haben und nach dem Brand aufwendig restauriert werden müssen. *notredamedeparis.fr*

Arc de Triomphe

Auf der eindrucksvollen Sichtachse zwischen dem kleinen Bogen am Louvre und dem großen Bogen von La Défense erhebt sich das 50 m hohe Pariser Wahrzeichen, das Jean François Chalgrin nach antikem Vorbild gestaltete. Nachdem Napoleon den Bau 1806 zu Ehren seiner „Großen Armee" und seines Siegs in der Schlacht von Austerlitz in Auftrag gegeben hatte, sollte es bis zu dessen Fertigstellung noch 30 Jahre dauern. Unter dem Bogen, der mit bedeutenden Reliefs wie „La Marseillaise" versehen ist, befindet sich das *Tombe du Soldat Inconnu*, das „Grabmal des unbekannten Soldaten". Eine unterirdische Passage nahe der Métrostation an der Place Charles de Gaulle-Étoile führt zum Zugang zur Aussichtsplattform. Der Blick von dort oben ist phänomenal, zumal an diesem Platz ein ganzes Dutzend Avenuen sternförmig zusammenlaufen!

Wie unterschiedlich sie doch alle sind! In Köln wird man im Karneval jeck, in Prag streift die Geschichte durch jede Gasse und Krakau erträumt sich seine ganz eigenen Märchen. Lieber nach Wien, Balkanluft schnuppern? Oder in Leipzig über die Kanäle paddeln? Du hast die Qual der Wahl.

Deutschland und Mitteleuropa

Der Rhein. Der Dom. Die Hohenzollenbrücke. Das Trio der Kölner Stadtansicht.

Lebenslust am Rhein
Unverwechselbares Köln

HALLO, JETZT TRINKST DU EINFACH MAL EINEN MIT!

Köln erschließt sich nicht auf den ersten Blick. Doch wer sich auf die Stadt einlässt, entdeckt eine lebensfrohe Metropole mit einem unverwechselbaren Charakter, die nicht auf die Klischees angewiesen ist, die über sie kursieren. Aufgrund ihrer Kompaktheit eignet sich Köln wie keine andere deutsche Millionenstadt für die unkomplizierte Erkundung zu Fuß oder per Fahrrad.

Kölsch trinkt man im Brauhaus. Und ein Kranz entlastet den Köbes, den Kellner

Das Köln-Bild hinter dem Image entdecken

Der Dom. Der Rhein. Ein paar Kölsch. Und natürlich der Karneval. Auf diese vier Grundpfeiler beschränkt sich Köln in seiner Außendarstellung gern. Anschließend kommt lange nichts – zumindest aus der Sicht von Traditionalisten. Höchstens der „Effzeh" noch, der Fußballverein 1. FC Köln. Doch die Realität ist zum Glück deutlich vielseitiger. Zwar ist unbestritten, dass der mächtige Sakralbau, der träge vor sich hin fließende Strom, das spärlich portionierte Bier und das wilde närrische Treiben für das Selbstverständnis der Stadt unverzichtbar sind. Doch der wahre Reiz ist ein anderer: Köln ist eine der kompaktesten Millionenstädte überhaupt. Die Stadt ist über 2000 Jahre alt – und doch liegen zwischen den Romanischen Kirchen der Altstadt und den Industriebrachen Ehrenfelds kaum mehr als fünf Kilometer. Überhaupt zeigt sich in Ehrenfeld ein Köln, das der Flusskreuzfahrer und der Bustourist nie zu sehen bekommen. Vor allem am Wochenende, wenn die verschiedenen Subkulturen der Gegenwart Gesellschaft erhalten von jungen Menschen aus der ganzen Welt. Auf Clubs wie das Bumann & Sohn sind sie nicht nur in Berlin neidisch, nein, im ultrahippen Ehrenfeld wird auch immer mehr Englisch, Spanisch und Niederländisch gesprochen.

Die coolsten Läden durchstöbern

Auch das Belgische Viertel kann sich sehen lassen in dieser Hinsicht. Hierhin hat sich Köln Ende des 19. Jhs. ausgedehnt, nachdem die Stadtmauern gefallen waren. Und zwischen Venloer, Brüsseler und Aachener Straße besitzt Köln auch noch etwas von der gründerzeitlichen Anmut, die durch die Zerstörungen des Krieges vielerorts verloren gegangen ist. Im Belgischen Viertel findest du die coolsten Geschäfte der Stadt: Plattenläden, eigentümergeführte Boutiquen mit liebevoll ausgesuchten Klamotten, Vintage-Stores, Designspezialisten. Die global agierenden Ketten haben es bisher nicht über die Ringe hinübergeschafft. Auch die bildende Kunst ist ein Argument, Köln zu besuchen: Mit dem Museum Ludwig und dem Wallraf-(Richartz-)Museum besitzt die Stadt zwei Top-Museen.

Schmal, bunt, spitzgiebelig und vielgeliebt: die **Stapelhäuschen am Fischmarkt**

Kölsch über alles

In der Innenstadt, in unmittelbarer Nähe zu Dom und Rhein, kann auch die Geburtsstätte der kölschen Seele lokalisiert werden. Am besten geht das wohl in den Brauhäusern der Altstadt, wo das Kölsch in Strömen fließt, und wo obskure – aber gute – Speisen wie „Himmel un Äd", „Halve Hahn" und „Hämchen" serviert werden. Zur kölschen Seele freilich gehört auch das heimische Liedgut, dessen Kanon beständig wächst, vor allem durch den Karneval. Die einzige Botschaft der Lieder lautet: Köln ist mit großem Abstand die schönste, lebenswerteste und toleranteste Stadt des Planeten. Viele Kölner erfreuen sich an dem Gedanken, mit diesem Liedgut einen Beitrag zum Erbe der Nation zu leisten. Überhaupt sind Forschung, Technik und Modernität stark ausgeprägt. Allein die Uni zählt 50 000 Studierende, hinzu kommen diverse andere Hochschulen. Firmen wie Microsoft oder Electronic Arts haben ihre Deutschlandsitze im gelungensten Stück Kölns, dem Rheinauhafen.

„Drink doch ene met"

Die Vielfalt zieht eine gewisse räumliche Beengtheit nach sich. Doch auch darauf hat Köln eine Antwort gefunden: Die Stadt wird von zwei Grüngürteln eingerahmt, dem inneren und dem äußeren. Und wer die entsprechenden Wege sucht, kann sich einen ganzen Tag lang innerhalb der City bewegen, ohne größere Mengen an Asphalt zu sehen. Genieß einfach die Vorzüge der Stadt: ein aufregendes Nachtleben, die hohe Dichte an Restaurants, das große Angebot an etablierter Kultur und die sich immer wieder neu erfindenden Subkulturen. Lass den Tag entspannt vor sich hinplätschern im Grüngürtel oder in den Cafés des Belgischen Viertels. Sing während der Session all die kölschen Lieder mit, spaziere am Rhein und geh zu einem Spiel des „Effzeh". Vielleicht ziehst du ja sogar in Erwägung, dich nicht so anzustellen und einfach einen mitzutrinken – so wie es die Bläck Fööß in ihrem Evergreen „Drink doch ene met" fordern.

ZU WASSER, ZU LAND, BEIM KARNEVAL

Eckpunkte kölschen Lebens

Highlights

- Köln von oben nach dem Aufstieg zum Dom
- Moderne Architektur in einer alten Stadt: der Rheinauhafen
- Von Rembrandt bis Renoir im Wallraf

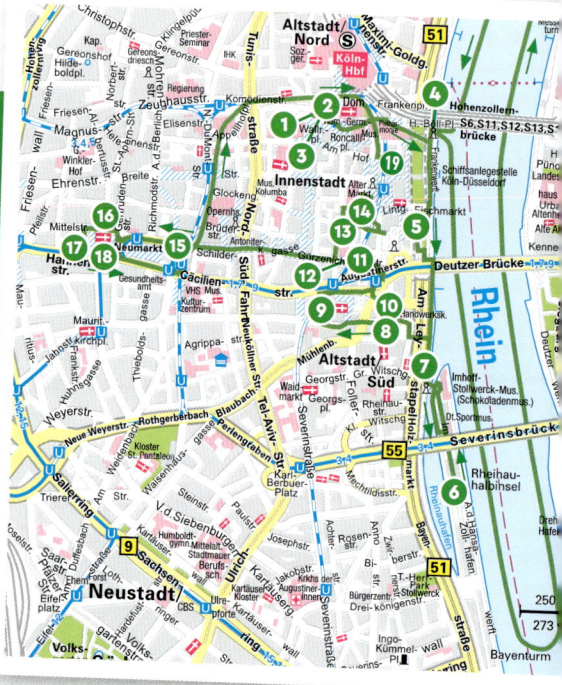

Strecke & Dauer

- Vom Café Reichard zum Senftöpfchen
- 6,5 km
- 1 Tag, reine Gehzeit 2 Stunden

Beste Zeit

- Die Kölner Winter sind relativ mild, Schnee bleibt selten länger liegen.
- Im Sommer ist es in der Kölner Bucht oft drückend schwül.

Gut zu wissen

- Tickets in der Region Köln-Bonn-Düsseldorf gelten für den DB-Regionalexpress, S-Bahn, Bahnen und Busse der Kölner Verkehrs-Betriebe (KVB), der Stadtwerke Bonn (SWB) und den Regionalverkehr Köln GmbH.
- Mit den Apps der Verkehrsbetriebe sparst du bis zu 10 Prozent des Fahrpreises.

Die Tour

1. Café Reichard
2. Domturm
3. Domplatte

Rauf geht's auf den Dom!

Alle Wege beginnen am Wahrzeichen der Stadt: am Dom. Einen spektakulären Blick auf die Außenfassade hast du vom Café Reichard (*cafe-reichard.de*) aus. Hier stärkst du dich am besten mit einem ausgiebigen Frühstück für den Aufstieg auf den Domturm: Köln von oben, ein sagenhafter Anblick! Doch auch am Boden gibt es genug zu sehen. Die Domplatte rahmt die Kathedrale ein, hier eine Demo, da ein Straßenmusiker und immer wieder: Touristen beim Selfie-Versuch im meist strammen Wind.

Lebenslust am Rhein

Im Rheingarten: Wo früher der Verkehr tobte, ist heute Sonnenpäuschenzeit

Väterchen Rhein wartet zur Bootsfahrt auf dich

❹ **Rheingarten**
❺ **Schiffsanlegestelle Hohenzollernbrücke**

Vom Heinrich-Böll-Platz am Museum Ludwig bringen dich die Treppenstufen direkt ans Rheinufer. Auf dem Tunneldeckel liegt der Rheingarten. Jetzt bist du im Herzen Kölns angelangt. Hier spazierst du bis zur Schiffsanlegestelle Hohenzollernbrücke, von wo aus du mit einem der Ausflugsschiffe unbedingt eine Rheinfahrt unternehmen solltest – Panoramablicke inklusive!

Was fürs Auge: Architekturpracht

❻ **Haxenhaus zum Rheingarten**
❼ **Kranhäuser**

Zurück an Land gehst du an den Giebelhäusern der Altstadt vorbei Richtung Deutzer Brücke. Im Haxenhaus zum Rheingarten (Frankenwerft 19) hat man an den Wänden die Hochwasserstände der Vergangenheit markiert. Du gehst weiter auf der Uferpromenade zum Rheinauhafen, hinterm Malakoffturm links über die historische Drehbrücke auf die Rheinauhalbinsel, am Schokoladenmuseum vorbei, dann erreichst du die drei Kranhäuser. Sie nehmen die Form der alten Lastkräne auf, ein Stückchen weiter stehen noch zwei historische Exemplare auf der

Pop-Art und viel mehr: Das Museum Ludwig ist top in Europa

Wenn die ganze Stadt jeck wird, dann ist wieder Karneval in Köln

- ⑧ St. Maria Lyskirchen
- ⑨ Overstolzenhaus
- ⑩ St. Maria im Kapitol

Promenade. Zurück an der Drehbrücke überquerst du die Rheinuferstraße zur Besichtigung einer der zwölf romanischen Kirchen Kölns, St. Maria Lyskirchen. Über die Lyskirchenuferstraße gelangst du zum ältesten noch genutzten Gebäude der Stadt, dem prächtigen Overstolzenhaus, dessen flämische Giebelkunst seit 1230 beeindruckt. Von dort ist es über die Straße An der Malzmühle nur ein Katzensprung zum Lichhof, dem Vorplatz an der Chorseite von St. Maria im Kapitol mit der Dreikönigspforte (im Volksmund „Dreikünningspöözje").

- ⑪ Brauerei zur Malzmühle
- ⑫ Deiters
- ⑬ Ballhaus Gürzenich
- ⑭ Wallraf-Richartz-Museum & Fondation Corbou
- ⑮ Historisches Rathaus

Jetzt wird's karnevalesk!

Zur Mittagspause in der Brauerei zur Malzmühle (*brauereizurmalzmuehle.de*) bekommst du kölsche Lebensart geboten. An der Augustinerstraße nimmst du den Fußgängerüberweg an den Straßenbahngleisen, gelangst so auf den Heumarkt mit dem Reiterdenkmal und biegst nach links in die Gürzenichstraße ein. Hast du Lust, bei Deiters (*deiters.de*) in den Karnevalskostümen zu stöbern? Das Ballhaus Gürzenich eine Ecke weiter ist Kölns gute Stube: Hier treffen sich im Karneval alle, die in Köln Rang und Namen haben. Am Quatermarkt an der Westseite des Gürzenich passierst du die Ruine von Alt St. Alban. Zerstört im Zweiten Weltkrieg, hat man sie als Mahnmal so belassen. Im Wallraf-Richartz-Museum & Fondation Corboud kannst du die Meisterwerke der Kunstgeschichte von Rembrandt bis Renoir bewundern und schräg gegenüber im Historischen Rathaus die geräumige Piazetta (Foyerhalle) mit dem Baldachin-Kunstwerk, „Wolke" genannt, des Malers Hann Trier.

Zu Wasser, zu Land, beim Karneval

„Shop till you drop!"

16 Neumarkt

Die jüdische Gemeinde Kölns ist die älteste nördlich der Alpen. Im Mittelalter schloss sich ihr Viertel an das Rathaus an, dort, wo man auf dem Rathausvorplatz bis voraussichtlich 2026 das Jüdische Museum baut. Die Straße Obenmarspforten bringt dich zur Hohen Straße. Biege nach links ab und dann auf die Schildergasse, über die du zum Herz der Shoppingzone, dem Neumarkt, gelangst. In der Neumarkt-Galerie (neumarktgalerie.com) heißt es nun: „Shop till you drop."

Das Senftöpfchen gibt den Kick

17 St. Aposteln
18 Kölnischer Kunstverein
19 Riphahn
20 Theater Senftöpfchen

Wenn du schon mal hier bist, solltest du dir die Kunstschätze in St. Aposteln (romanische-kirchen-koeln.de) nicht entgehen lassen. Direkt gegenüber der Kirche residiert im Amerika-Haus der Kölnische Kunstverein (koelnischerkunstverein.de), in dessen Räumen jüngere internationale Künstler Installationen zeigen. Auf dem Platz lädt bei schönem Wetter die Terrasse des Riphahn (riphahn.com) ein. Vom Neumarkt bringen dich die Linien U 5, 16, 18 zwei Stationen zurück zur Haltestelle Dom/Hauptbahnhof. Dort lässt du den Abend mit Kabarett ausklingen, vorausgesetzt, du hast für das Theater Senftöpfchen (senftoepfchen-theater.de) rechtzeitig Karten besorgt. Es liegt nur wenige Minuten Fußweg von der U-Bahn-Haltestelle Richtung Altstadt entfernt.

Nie wieder Krieg: Die Ruine der Kirche Alt St. Alban ist ein Mahnmal

Sehenswertes am Wegesrand

Himmelsleichte Steinschönheit: 600 Jahre lang wurde am Kölner Dom gebaut, bis er fertig war

Dom

Zwei Türme von 157 m Höhe, ein mächtiger Körper und die enorme Detailfreudigkeit machen den Kölner Dom zu einem Bauwerk, das jeder einmal gesehen haben muss. Egal ob katholisch oder nicht: Die ganze Stadt identifiziert sich mit ihrem Dom und besingt ihn wenigstens während der Karnevalssession lauthals. Die Kirche wird jährlich von mehr als 6 Mio. Menschen aufgesucht und ist damit eine der meistbesuchten Sehenswürdigkeiten Deutschlands. Seine Existenz verdankt das Bauwerk den Legenden um St. Gereon und St. Ursula, die im frühen Mittelalter den Ruf des „hillige Kölle" (heiliges Köln) als Pilgermetropole begründeten. 1164 gelangten aus Mailand die Gebeine der Heiligen Drei Könige nach Köln, für die man einen Schrein anfertigte. Dafür bedurfte es dann natürlich auch einer angemessenen Kathedrale. 1248 erfolgte die Grundsteinlegung. Meister Gerhard, der erste Dombaumeister, favorisierte den hochgotischen Stil französischer Krönungskirchen. Doch der Dom wurde und wurde nicht fertig, und 1560 musste man die Bauarbeiten wegen der Pest und des wirtschaftlichen Niedergangs für mehr als 250 Jahre einstellen. Ausgerechnet die protestantischen Preußen vollendeten den Dom 1880, zu diesem Zeitpunkt war er das höchste Bauwerk der Welt. Der Aufstieg auf den Domturm geht über 533 Stufen und dauert knapp eine halbe Stunde. Die Belohnung? Ein vorzüglicher Ausblick. Rings um den Dom wurde 1969 nach Plänen des Architekten Fritz Schaller die Domplatte angelegt.
koelner-dom.de, domforum.de

Rheinauhafen

Der einstige Preußische See- und Zollhafen wird heute nur noch von Yachten angelaufen. Ringsherum haben sich im gelungensten Bauensemble der jüngeren Vergangenheit Museen, Galerien und Restaurants niedergelassen. Der Biergarten der Hafenterrasse am Malakoffturm (1855) gestattet einen schönen Ausblick auf die alte Drehbrücke und das Schokoladenmuseum.

Schokoladenmuseum

Ein Gewächshaus für Kakao, ein nie versiegender Schokoladenbrunnen, allerlei Apparaturen zur Herstellung und Verfeinerung der Ware – und natürlich eine Probierstube, in der auch Schoko-Kurse angeboten werden. Mit diesen Vorzügen hat es das mittlerweile zum Lindt-Konzern gehörende Schokoladenmuseum zum Publikumsfavoriten gebracht. Die Außentreppe hinauf aufs Dach erlaubt einen vorzüglichen Rundumblick auf Rhein, Dom und Altstadt. *schokoladenmuseum.de*

St. Maria im Kapitol

Pause von der Großstadt gefällig? Da bietet sich ein Besuch dieser herrlichen romanischen Kirche an. Genieß für einen Moment die Stille im zauberhaften Rosengarten am Kreuzgang der Kirche. Der 1065 geweihte Bau gilt wegen seines Grundrisses (Drei-Konchen-Chor) und seiner Mischung aus Zentralbau und Langhausbasilika als einzigartig. Als bauliches Vorbild diente die Geburtskirche in Bethlehem. *romanische-kirchen-koeln.de*

Overstolzenhaus

Der Standort der Kunsthochschule für Medien ist das älteste noch genutzte Haus der Stadt und wurde 1230 von der Weinhändlerfamilie Overstolz errichtet. Mit seinem Stufengiebel ist es zugleich das einzige erhaltene Patrizierhaus im romanischen Stil.

Festungen zu Biergärten – das hat mit der Hafenterrasse am Malakoffturm prima geklappt

Gürzenich

Der Gürzenich ist heute vor allem dafür bekannt, dass hier das Kölner Dreigestirn inthronisiert wird. Ursprünglich aber wurde es zu Ehren anderer Würdenträger gebaut. So wurden im Mittelalter die Kaiser im 70 km entfernten Aachen gekrönt, um anschließend oft in Köln Station zu machen. Zu ihrem Empfang benötigte die Stadt ein angemessenes Festhaus, und so beschloss der Rat 1437 den Bau eines prächtigen Bankett- und Tanzsaals für 4000 Gäste.

Wallraf-Richartz-Museum & Fondation Corboud

Architektonisch macht das Museum mit einem ebenso modernen wie funktionalen Bau des Kölners Oswald Mathias Ungers (1926–2007) auf sich aufmerksam. Der Besuch lohnt sich u. a. für den van Gogh und den tollen Ausblick auf Kölns Wahrzeichen. Die Sammlung des Museums umfasst mit Kunst vom Mittelalter bis zum Impressionismus viele Epochen, darunter Rembrandts Selbstbildnis im Alter (um 1668). Publikumsträchtiges Highlight ist die dicht gehängte Abteilung für Impressionismus mit Werken von Claude Monet, van Goghs „Zugbrücke" bis hin zu Lovis Corinth. *wallraf.museum*

Wo selbst Könige gerne mal 132 Stufen steigen: die Treppe am Schloss Sanssouci

In der Traumfabrik

Königsschlösser und Filmstudios in Potsdam

Hallo, königliche Momente (und Bauten) warten auf dich!

Nein, vergiss es! Wenn du meinst, es reicht, vom Berlin-Urlaub mal einen halben Tag für Potsdam abzuzwacken: Das wird der Stadt nicht gerecht, die schon Friedrich der Große dem Nachbarn Berlin an der Spree vorzog. Ein Wochenende darf es mindestens sein. Es lohnt sich, versprochen!

Hinreißend schön dank Eiszeit

Andere Städte sind betongrau. Potsdam, Brandenburgs Hauptstadt, hingegen ist grasgrün und wasserblau. Dieses Erscheinungsbild ist eine Folge der Eiszeiten, die ihre Gletscher über die Landschaft schoben und dabei ein Seenreich hinterließen. So wirkt Potsdam eher wie ein Naherholungsgebiet und weniger wie eine Landeshauptstadt. Den Eindruck verstärkt die ungemeine Aufgeräumtheit der Stadt – die Rasenkanten scheinen mit der Nagelschere geschnitten zu sein, Graffiti sucht man vergebens. Es war das preußische Königshaus der Hohenzollern, das Potsdam überhaupt erst zur Stadt gemacht hat. Erwähnt wurde die Siedlung an einem Havelübergang zwar schon 993. Richtig rund ging es aber erst Mitte des 17. Jhs., als die Wahl des Großen Kurfürsten Friedrich Wilhelm für eine Residenz neben Berlin auf Potsdam fiel. Sein Enkel Friedrich Wilhelm I. setzte noch einen drauf und ließ Potsdam zur Garnisonsstadt ausbauen.

Dem neuesten Architekturschrei hinterherlauschen

Eine Generation später prägte Friedrich der Große die Stadt. Er liebte Musik und seine Hunde und sprach angeblich besser Französisch als Deutsch, gern auch mit dem Philosophen Voltaire. Doch seinen Beinamen verdiente sich Fritz, indem er Preußen durch Kriege einige neue Gebiete verschaffte. Zu Hause in Potsdam wurde der Aufstieg seines Landes sowie sein Kulturinteresse mit großartigen Neubauten gefeiert, etwa dem hübschen Rokokoschlösschen Sanssouci. In den folgenden Jahrhunderten ließen Preußens Könige Potsdam immer wieder dem neuesten Architekturschrei gemäß ergänzen und umbauen. Barock? Neuer Markt! Klassizismus? Marmorpalais! Englischer Landhausstil? Schloss Cecilienhof! Einflüsse aus aller Herren Länder wurden dabei ebenso gern genommen wie deren Bewohner. Protestantische Hugenotten belebten das vom Dreißigjährigen Krieg ausgeblutete Land, Holländer bekamen ihr eigenes Viertel und legten den sumpfigen Untergrund trocken. Kulturell vielfältig geht es immer noch zu. Aktuell leben Menschen aus fast 150 Nationen in der Stadt.

Ist das Königsarchitektur oder kann das weg?

Kurz vor Ende des Zweiten Weltkriegs legten Bombergeschwader der britischen Royal Air Force große Teile des Zentrums in Schutt und

Im Potsdamer Stadtschloss wartet eine Traumwelt: das Filmmuseum Potsdam

In nebligen Nächten trafen sich Spione auf der Glienicker Brücke zum Agentenaustausch

Asche. Auch wenn bis 1989 große bauliche Lücken blieben – ihren Beitrag zum Stadtbild hat die DDR durchaus geleistet. Seit dem Mauerfall werden diese Zeugnisse jedoch nach und nach zugunsten des Wiederaufbaus historischer Gebäude aus königlichen Zeiten beseitigt, was nicht alle Potsdamer dufte finden. Schließlich gehören der Sozialismus und die Zeit als Verwaltungssitz des Bezirks Potsdam auch zur Geschichte der Stadt. Die Unesco hat 1990 die Schlösser und Parks diverser Generationen von Hohenzollern zum Weltkulturerbe ernannt. Doch die neuere Geschichte ist nicht wegzureden und wird erhalten.

Seit 1911 laufen hier die Bilder von der Rolle

Auch Regisseur Steven Spielberg war schon in Potsdam. Er ließ seinen Hauptdarsteller Tom Hanks bei den Dreharbeiten zum Hollywood-Thriller „Bridge of Spies" 2014 am Originalschauplatz der Glienicker Brücke herumturnen. Manche mag so ein Staraufgebot beeindrucken. Potsdamer sind an Filmbetrieb jedoch gewöhnt, und zwar seit 1911, als das erste Filmstudio entstand. Was an Kulissen und Requisiten nicht mehr gebraucht wurde, lässt sich im Filmmuseum sowie im Filmpark Babelsberg besichtigen.

Auf in die Schiffbauergasse!

Präsent, und zwar weltweit, sind die Forscher des Potsdam-Instituts für Klimafolgenforschung, die genau wissen wollen, wie das mit dem Klimawandel läuft. Für ihren Standort, bislang Typ „gemäßigtes Klima der mittleren Breiten", prophezeien sie höhere Temperaturen und weniger Regen. Schlechte Nachrichten für die Rasen- und Rabatten-Beauftragten von Sanssouci. Wandel an sich kann auch eine gute Sache sein – Kulturwandel bringt Innovatives hervor. Etwa das Areal um die Schiffbauergasse: Im Waschhaus gibt es Partys, Comedy und Konzerte, im T-Werk wird getanzt und Theater gespielt, und auch die Potsdamer Institution Hans-Otto-Theater hat ihre Hauptspielstätte im Kunst- und Kulturquartier. Man muss also nicht das große Berlin sein, um alles zu haben, was man zum Wohlfühlen braucht.

ZICKZACK ROYAL

Auf den Spuren von Königen und Zaren

Highlights

- Von Russland nach Holland in zehn Gehminuten
- Schlosskantine mit bester Aussicht
- Sorglose Residenz des preußischen Königshauses

Strecke & Dauer
- Vom Café Kieselstein zur Waschbar
- 9 km
- 1 Tag, reine Gehzeit 2,5 Stunden

Beste Zeit
- Von April bis Oktober sind die Tage meist mild und schön.
- Das Frühjahr mit den blühenden Gartenanlagen von Sanssouci und die bunten Blätter des Herbstes sorgen für besonderes Flair.

Gut zu wissen
- Die Sanssoucilinie (Busse 695) oder die Cecilienhof-Linie (Bus 603) sind als touristische Buslinien deklariert. *vip-potsdam.de*
- Das Potsdamer Wassertaxi (*potsdamerwassertaxi.de*) fährt von April bis Oktober nach einem festen Fahrplan mit 13 Haltepunkten.

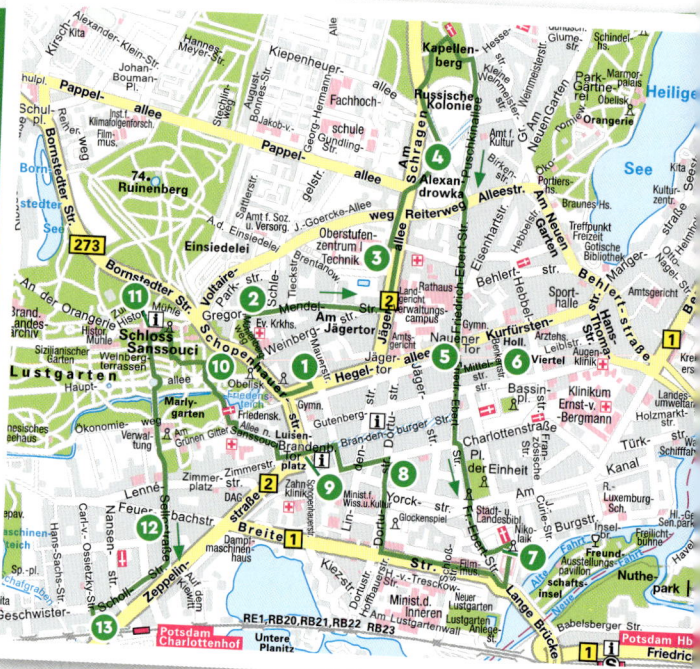

Die Tour

1. Café Kieselstein
2. Belvedere auf dem Mühlenberg
3. Kaserne der Garde-Ulanen

Erstmal die schöne Aussicht genießen

Potsdam an einem Tag zu erkunden ist ein Unterfangen, das gut gestärkt anzugehen ist. Im Café Kieselstein (*cafe-kieselstein.de*) stellst du dir ein leckeres Biofrühstück mit Brötchen, regionalem Käse und Obst zusammen. Danach bist du bereit, zweimal rechts abzubiegen und den Mühlenberg zu besteigen. Von der Weinbergstraße geht's die Treppe hoch. Oben angekommen öffnest du das Eisentor – und nun Aussicht genießen! Dieser Ort heißt nicht umsonst Belvedere auf dem Mühlenberg. Du folgst dem Mühlenbergweg zur Georg-Mendel-Straße bis zur Jägerallee, in die du links einbiegst. Der bald links auftauchende bombastische Backsteinbau war früher die Kaserne der Garde-Ulanen (berittene Soldaten). Heute befinden sich darin Unternehmen und eine Schule. Mach einen kleinen Abstecher durch das Tor und wirf einen Blick in den Hof. Beeindruckend, nicht?

Grüne Wälder und rote Dächer unter weitem Himmel: Blick vom Mühlenberg

Die Abkürzung nach Russland nehmen

❹ Russische Kolonie Alexandrowka

Beim Weg „Russische Kolonie" biegst du rechts ab in die Russische Kolonie Alexandrowka. Die Siedlung mit den zwischen Obstwiesen verstreuten Holzhäusern ließ Friedrich Wilhelm III. ab 1826 zu Ehren seines verstorbenen Freundes Zar Alexander I. errichten. Sieh dich um und vergiss nicht, einen Blick in die kleine, aber pompös geschmückte Alexander-Newski-Gedächtniskirche auf dem Hügel im Zentrum des Viertels zu werfen.

Zeitreise nach Amsterdam

❺ Nauener Tor
❻ Holländisches Viertel

Zurück in die Innenstadt geht es über Puschkinallee und Friedrich-Ebert-Straße durch das Nauener Tor. Es ist eins der drei erhaltenen historischen Stadttore. Entworfen hat es Friedrich der Große höchstselbst. Die nächste Straße links, und du stehst zwischen den roten Backsteinfassaden des Holländischen Viertels, das wie das Tor aus der Mitte des 18. Jhs. stammt. Es sollte holländische Handwerker anziehen, damit sie sich hier wie zu Hause fühlen konnten. Tatsächlich fühlt man sich beim Bummeln durch Kopfsteinpflastergassen zwischen

Vom großen Friedrich höchstselbst entworfen: das Nauener Tor

In der Windmühle im Park Sanssouci wird heute noch gemahlen

7 Alter Markt

8 Konditorei Schröter

9 Brandenburger Tor

10 Park Sanssouci

11 Schloss Sanssouci

den schmalen Häusern mit den markanten Giebeln und großen Fenstern ein wenig wie in Amsterdam. Die Geschichte des Viertels vermittelt dir nun ein Besuch im Jan-Bouman-Haus.

Abgeordneten aufs Dach steigen

Danach gelangst du über die Mittelstraße zurück auf die Friedrich-Ebert-Straße, der du nach Süden folgst, bis links der Alte Markt mit Nikolaikirche und Stadtschloss auftaucht. Letzteres beherbergt nicht nur den Brandenburger Landtag, sondern auch dessen Kantine (*widynski-roick.de*) mit Dachterrasse. Sie steht Besuchern und damit dir für den Mittagshunger offen.

Mit einer Eierschecke in den Park

Über die Breite Straße gelangst du zur Baustelle der Garnisonkirche, danach biegst du rechts in die Dortustraße ab. Im Haus Nr. 51 residiert mit der Konditorei Schröter (*konditorei-schroeter.de*) eine der letzten Handwerksbäckereien der Stadt. In dritter Generation werden hier traumhafte Torten, Kuchen wie die Eierschecke, ehrliche Kekse und im Winter Dominosteine hergestellt. Du bevorratest dich für ein späteres Picknick im Schlosspark. Der Weg dahin führt von der Dortustraße links über die Brandenburger Straße zum Brandenburger Tor. Mit dieser barocken Pracht (übrigens älter als der Vetter in Berlin) zelebrierte

In der Traumfabrik

ZICKZACK ROYAL

Wo die Welt 1945 neu geordnet wurde: Schloss Cecilienhof

Friedrich II. das Ende des Siebenjährigen Kriegs. Du gehst durch das Tor, überquerst den Luisenplatz und hältst dich schräg rechts. Nun stehst du vorm Eingang in den Park Sanssouci. Durch Alleen wandelnd erreichst du bald die Sohle der beeindruckenden Terrassen des Schlosses Sanssouci. Auf einer der Bänke legst du ein Picknick ein. Danach steht die Schlossbesichtigung an. Die Karten hast du vorher online besorgt.

Erst genießbar, dann Waschbar

Pompöse Pracht macht hungrig. Zum Glück musst du jetzt nur die Terrassenstufen wieder hinuntergehen und an der großen Fontäne vorbei immer geradeaus, raus aus dem Park, bis du auf die Sellostraße stößt. Dieser folgend landest du beim georgischen Restaurant Tamada (*tamada-potsdam.de*), wo es leckerste Teigtaschen und Eintöpfe gibt. Ein Absacker wartet in der Waschbar (Geschwister-Scholl-Str. 82), die du auf einem kleinen Verdauungsgang die Straße hinunter und dann rechts erreichst. Zurück ins Zentrum geht's mit Bus und Tram. Die Haltestelle Charlottenhof/Geschwister-Scholl-Straße ist direkt vor der Tür.

12 Tamada
13 Waschbar

Sehenswertes am Wegesrand

Perfekt inszenierter Thrill: Bei der Stuntshow im Filmpark Babelsberg geht's heiß her

Belvedere auf dem Mühlenberg

50 Meter Höhe reichen in Potsdam für den Begriff „Berg". Wo sich früher vier Windmühlen drehten, schmiegen sich heute schmucke Stadtvillen an den Hang. Über eine von der Weinbergstraße abzweigende Treppe und ein Eisentor erreichst du einen kleinen öffentlichen Garten. Die Bänke, von denen du beste Sicht auf das Potsdamer Altstadtpanorama hast, stehen schon bereit.

Russische Kolonie Alexandrowka

Mit den Weiten der Tundra kann es Potsdam natürlich nicht aufnehmen. Aber für hiesige Verhältnisse ist das Dutzend Holzhäuser sehr großzügig in einer Parklandschaft verteilt. 1826/27 ließ Friedrich Wilhelm III. die Siedlung als neue Heimat für zwölf Sänger eines russischen Chors errichten. Der Park in Form eines Andreaskreuzes glänzt heute mit über 800 verschiedenen Obstsorten, darunter allein 365 unterschiedliche Äpfel. Noch mehr Details vermittelt das kleine Museum Alexandrowka (alexandrowka.de) in einem der Häuser.

Holländisches Viertel

Kaum vorstellbar, aber in den 1970er-Jahren wären die bezaubernden Backsteinbauten mit dem quirligen Café- und Einkaufsbetrieb beinahe abgerissen worden. Der Zustand der Häuser war bemitleidenswert. Dank des Engagements der Potsdamer wurde das Viertel jedoch unter Denkmalschutz gestellt. Friedrich Wilhelm I. ließ die 134 Häuser zwischen 1734 und 1740 entwerfen, um niederländische Siedler anzulocken. Noch mehr über die Geschichte erfährt man im Museum Jan-Bouman-Haus (jan-bouman-haus.de). hollaendischesviertel-potsdam.de

Alter Markt

„Brandneuer Markt" wäre für den Platz in Havelnähe ein ebenso guter Name. Auch wenn hier alles historisch aussieht: Das ist (oder wird gerade) rekonstruiert. Alles Wichtige in einem Stadtzentrum – Rathaus, Schloss, Kirche, Wochenmarkt – war im Zweiten Weltkrieg zerstört und danach nur halbherzig saniert worden. 1990 wurde entschieden, den Wiederaufbau nachzuholen. Auf der Großbaustelle im Schatten der Nikolaikirche entsteht nun ein neues Quartier mit Wohnungen und Geschäften, natürlich mit historisierenden Fassaden aus preußischen Zeiten.

Museum Barberini

SAP-Gründer Hasso Plattner ist nicht nur Software-Milliardär, sondern auch Kunstsammler. Was der Wahl-Potsdamer in den vergangenen Jahrzehnten zusammentrug, stellt er im Palais Barberini aus, das mit seinem Geld rekonstruiert wurde. Der ursprüngliche Bau war 1771/72 dem Palazzo Barberini in Rom nachempfunden worden. Die Ausstellungen wechseln und werden um Leihgaben aus aller Welt ergänzt. Ein Schwerpunkt ist der Impressionismus. Perfekte Orientierung und viele Infos bietet die Barberini-App. musem-barberini.de

Schloss Sanssouci

Potsdamer hören das nicht gern, aber ihr berühmtestes Schloss ist ein Scheinriese. Wer am Fuß der Weinbergterrassen auf den gelb leuchtenden Bau im Rokokostil mit der kleinen Kuppel schaut, staunt angesichts des beeindruckenden Zusammenspiels aus Architektur, Landschaftsplanung und Perspektive

Mal eben in die Niederlande spazieren: Backsteinromantik im Holländischen Viertel

nicht schlecht. Doch schon beim Aufstieg über die Freitreppe sollte man sich lieber nicht umdrehen. Der Rasen auf den Terrassenstufen hat schon bessere Zeiten gesehen. Oben angekommen ist das einstöckige Schloss zwar immer noch bezaubernd, allerdings überraschend klein. Es sollte ja auch nur seine Sommerresidenz sein, die Friedrich der Große 1744 höchstselbst skizzierte und von seinem Freund und Architekten Georg Wenzeslaus von Knobelsdorff umsetzen ließ. Nach zwei Jahren Bauzeit konnte Fritz 1747 seinen Traum vom sorglosen Leben beziehen (frz. sans souci = ohne Sorge). Das gefiel ihm so gut, dass er von nun an möglichst viel Zeit in seinem Potsdamer Lustschloss verbrachte, um Flöte zu spielen, zu komponieren und mit Geistesgrößen wie Voltaire zu diskutieren. Zutritt zum Schloss erhält man heute wie damals über die andere, dem Garten abgewandte Seite. spsg.de

Filmpark Babelsberg

Es gibt viel zu sehen im 1911 gegründeten Filmpark mit angeschlossenen Filmstudios: diverse Kulissen, von „Lummerland" bis „Monuments Men". Dazu das „Sandmännchen"-Abenteuerland, die Stunt-Show in der Vulkan-Arena, eine Westernstraße, eine Mittelalterstadt, 4D-Kino. Die Besucher erfahren außerdem, wie es hinter den Kulissen zugeht, wo die Requisiten herkommen und wie z. B. ein Green Screen funktioniert. filmpark-babels berg.de

Am riesigen August-platz tummelt sich Leipziger Architektur-geschichte

BOOMTOWN AM KANAL
Leipzig lockt und lockt

Hallo, hier pocht ein wildes Herz für Natur und Kultur

Leipzig ist kompakt. Der Stadtkern bietet auf einer Fläche von gut 700 mal 900 Metern Hochkultur, Geschichte, Universitätsleben. Außerhalb des Innenstadtrings sind weitere eindrucksvolle Zeugnisse der reichen Gründerzeit Leipzigs zu sehen: Hauptbahnhof, Bundesverwaltungsgericht, Nationalbibliothek und Völkerschlachtdenkmal.

Boomtown Leipzig – einfach mal schauen!

Leipzig hat sich gemausert. Vor ein paar Jahren gab es 30 000 leer stehende Wohnungen, so viele Arme wie nirgends sonst in Deutschland. Und jetzt? Jetzt verzeichnet Leipzig jedes Jahr so viele Zuzüge, dass Eltern Probleme haben, für ihren Nachwuchs einen Platz in der Kita zu finden. Bis 2040 könnte sich die Stadt von derzeit 625 000 auf 700 000 Menschen vergrößern, prognostizieren kommunale Statistiker. Schon jetzt steigen die Mieten in den angesagten Vierteln im Jahresrhythmus. Und Leipzigs Kreative läuten Endzeitstimmung ein. „Der Hype frisst seine Kinder", titelte das Stadtmagazin „Kreuzer". Willkommen in der Boomtown, Vorhang auf für Hypezig, wie böse Zungen lästern.

Wasser und viel Grün verlocken zum Paddeln

Was macht den Reiz dieser Stadt aus, die zum Top-Reiseziel in Deutschland gekürt wurde? Leipzig ist grün. Im Sommer verlagern vor allem junge Leute ihren Lebensmittelpunkt in die Parks. Auch der Promenadenring ist ein Grünstreifen, auf dem man einmal die City umrunden kann. Leipzig besitzt den (als Institution) ältesten botanischen Garten Deutschlands und die älteste noch bestehende Schreberanlage. Leipzig ist wasserreich – das Stadtgebiet durchziehen Flüsse, Kanäle, Gräben und Bäche von über 250 km Länge. Wer mag, kann sich ein Kanu leihen und durch den naturgeschützten Auwald zu den Sandstränden des Neuseenlands paddeln.

Vorhang auf – Kultur!

Leipzig hat ein reiches Kulturleben, und das Spektrum ist riesig: ein Konzerthaus von Weltrang und kleine Off-Bühnen, hochkarätige Museen und Künstlerateliers in alten Fabrikhallen – Subkultur trifft Hochkultur. Oper und Gewandhaus, Kunsttempel wie das Grassimuseum oder das Museum der Bildenden Künste – Leipzigs kulturelle Wallfahrtsorte finden das ganze Jahr über regen Zuspruch. Für die Buchstadt Leipzig stehen die prächtige Nationalbibliothek und das Literaturinstitut, das prominente Absolventen wie Juli Zeh und Clemens Meyer hervorbrachte. Die Begeiste-

Weil sich seine Tochter das Leben nahm, stiftete ein Bankier zur Erinnerung 1858 den Johannapark

Traumziel für Nachtflugpiloten: Kneipe reiht sich an Kneipe im Barfußgässchen

rung der Stadtbewohner für die Vielfalt des kulturellen Angebots hat die Diktatur überdauert. Die Leipziger sind stolz auf ihren Beitrag zum Sturz des SED-Regimes – während der Montagsdemos auf dem Ring forderten sie friedlich ihre Bürgerrechte ein und ließen sich von den Sicherheitskräften nicht den Schneid abkaufen. Von ihrer Zivilcourage erzählen das Zeitgeschichtliche Forum und das Museum in der „Runden Ecke".

Triff junge Kreative in alten Fabrikhallen

Im 19. Jh. schuf der Visionär Karl Heine zwischen Lindenau und Plagwitz einen damals hochmodernen Industriepark samt Wasserwegen. Damit legte er den Grundstein für Leipzigs Entwicklung zur Boomtown: In den 1920er-Jahren hatte die Stadt die welthöchste Fabrikdichte und für die 700 000 Einwohner gab es reichlich Arbeit. Doch in den 1950er-Jahren wanderten viele Unternehmer in den Westen ab, der Wohlstand schrumpfte. Nach der Wende wurden viele Betriebe zerschlagen oder abgewickelt, Zehntausende Arbeitsplätze gingen verloren – Leipzig musste sich neu erfinden. In die alten Fabrikhallen sind Galerien und Ateliers eingezogen, kleine freie Theater und Szenekneipen ziehen ein alternatives Publikum an. Andere wurden zu schicken Lofts umgebaut oder beherbergen innovative Start-ups.

In Leipzig geht noch was ...

Industriestadt, Kulturstadt, Bürgerstadt mit zivilgesellschaftlichem Engagement – Leipzig bleibt sich treu, bietet aber auch noch viel Raum für Entwicklung. Ein Beispiel ist die Eisenbahnstraße, die als gefährlichste Straße Deutschlands Schlagzeilen schrieb: Schießereien zwischen Biker-Gangs führten dazu, dass sie 2018 zur Waffenverbotszone erklärt wurde. Doch inzwischen hat die Gegend ihr Gesicht verändert: Vor einem Vinyl-Coffeeshop plaudern Hipster mit sorgfältig frisierten Bärten, weiter hinten werden leer stehende Wächterhäuser von Kreativen genutzt. In den Altbauten des Leipziger Ostens leben viele Studierende; Imbisse, Shops und subkulturelle Einrichtungen schießen wie Pilze aus dem Boden. Vieles ist noch im Entstehen und man darf gespannt sein, ob sich dort ein zweites Plagwitz oder Connewitz entwickelt ...

INDUSTRIESTADT AUS DER ENTEN-PERSPEKTIVE

Mit dem Kanu durch die Kanäle

Highlights

- Paddeltour durch den Stadtdschungel
- Docklands-Gefühl
- Pause auf der Flussterrasse

Strecke & Dauer

- Vom Wilhelm-Leuschner-Platz und zurück
- 17 km
- 5 Stunden, reine Fahrzeit 2,5 Stunden

Beste Zeit

- Im Frühjahr sind die Leipziger Buchmesse und das Festival „Leipzig liest" in der ganzen Stadt, zu Pfingsten gibt es das Wave-Gotik-Treffen.
- Leipzig ist auch im Winter attraktiv: Der Weihnachtsmarkt rund um das Alte Rathaus ist einer der schönsten in Deutschland.

Gut zu wissen

- Die App LeipzigMove lädt LVB-Fahrplan, Abfahrtszeiten, Reiseinfos, Verbindungen und Tickets auf dein Smartphone.
- Beim Paddeln Abstand zum Palmenwehr halten – Lebensgefahr!

Die Tour

1. Wilhelm-Leuschner-Platz
2. Bootsverleih Herold

In aller Stille unterwegs auf der Weißen Elster

Vom Wilhelm-Leuschner-Platz – in dessen Nähe du im Café Bigoti (*cafe-bigoti.de*) den Tag mit dem besten Espresso der Stadt beginnen kannst – fährst du mit der Straßenbahnlinie 2 Richtung Lausen bis zur Haltestelle Rödelstraße. Von hier aus sind es nur ein paar Schritte bis zum Bootsverleih Herold (*Antonienstr. 2, bootsverleih-herold.de*) an der Weißen Elster. Gleich nach dem Ablegen verebbt der Straßenlärm. Das Boot gleitet an Kleingartenanlagen und dicht

Stadtrundfahrt mit Wellengang: mit dem Kanu auf der Elster

Industriestadt aus der Entenperspektive

bewachsenen Ufern entlang. Ufernahe Grundstücke wurden mit schicken Eigentumswohnungen bebaut. Mit jedem Ruderschlag näherst du dich Plagwitz, das sich Mitte des 19. Jh. vom verschlafenen Dorf zum ersten Industriestandort Leipzigs mauserte.

❸ Karl-Heine-Kanal
❹ Stelzenhaus

Ganz gechillt am Kanal

Wenn du die Industriestraße unterquert hast, näherst du dich dem riesigen Komplex der Buntgarnwerke. Vorher lohnt ein Abstecher: Der Kanal, der gleich hinter der Brücke Industriestraße abzweigt, wurde vom Industriepionier Karl Heine Mitte des 19. Jh. angelegt. Du fährst unter der kurzen Nonnenbrücke von 1893 hindurch und manövrierst das Boot durch die mit 5,50 m schmalste Stelle des Kanals. Dahinter öffnet sich der Blick in den Karl-Heine-Kanal. Das 2,5 km lange Teilstück präsentiert sich wildromantisch. Seit der Entschlammung ist der üble Geruch aus dem Kanal verschwunden, typische Pflanzen blühen am Uferrand und die ehemalige Verladestation oberhalb des Südufers wurde zum Stadtteilpark umgestaltet. An der ersten Biegung steht das Stelzenhaus. Wo früher Wellblech gewalzt wurde, tüfteln heute findige junge Leute an Innovationen. In der Gründerstadt Leipzig sind vielerorts Start-ups in alte Industriegebäude gezogen und haben technologisch gleich den übernächsten Schritt gemacht.

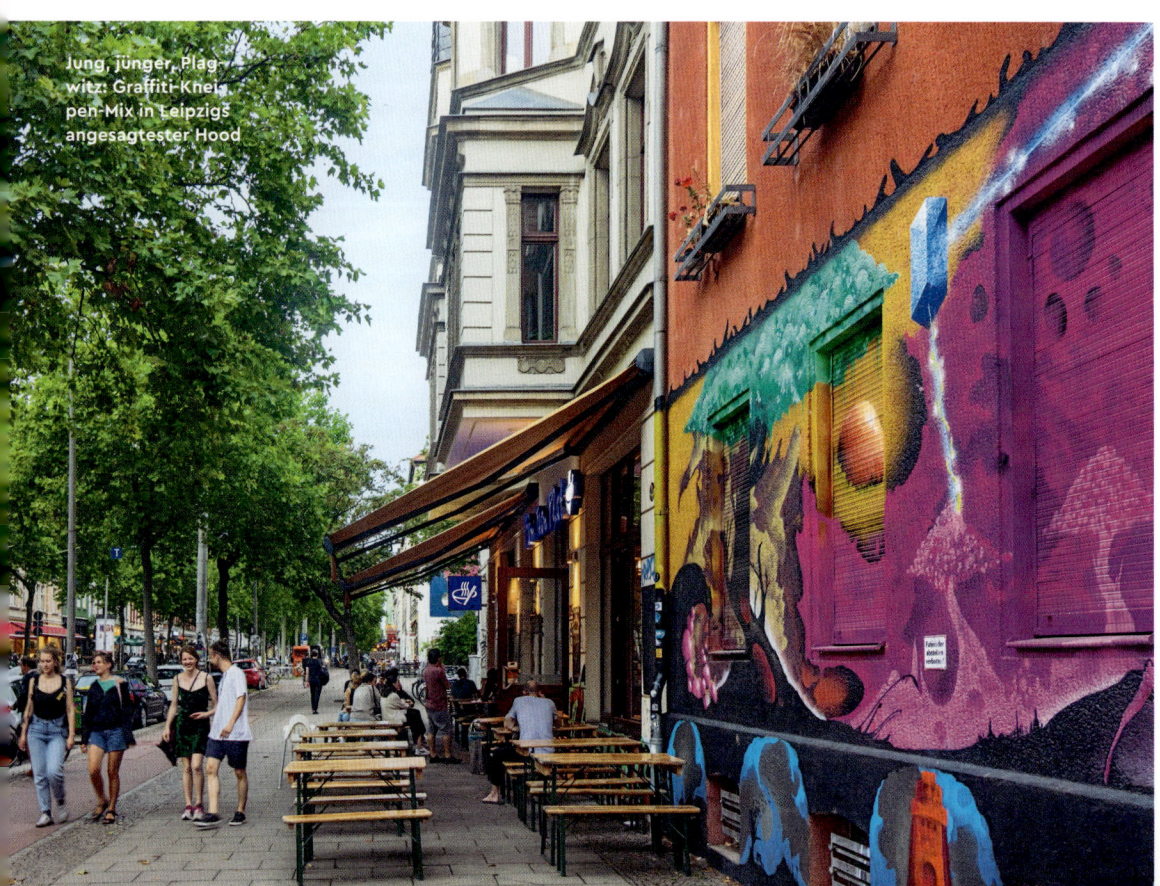

Jung, jünger, Plagwitz: Graffiti-Kneipen-Mix in Leipzigs angesagtester Hood

An manchen Tagen hat Leipzig den Kanal ziemlich voll: Kanuten im Bezirk Plagwitz

Genieß das urbane Leben mit altem Industrie-Flair

Zurück auf der Weißen Elster geht es jetzt an den Ziegelfassaden der Buntgarnwerke (1879–1925) vorbei. Das größte Gründerzeit-Industriedenkmal Deutschlands ist ein Paradebeispiel für den Wandel des Viertels: Wo einst Maschinen wummerten und Menschen für die Sächsischen Wollgarnwerke schufteten, sind an der Nonnenstraße Restaurants, Arztpraxen, Post und Verwaltung eingezogen. Zum Kanal und zur Holbeinstraße hin entstanden großzügige Lofts. Wenn du unter der bei Malern beliebten Stahlkonstruktion der Könneritzbrücke hindurchgefahren bist, ist es Zeit für eine Pause, zum Beispiel im Kaiserbad (kaiserbad-leipzig.de), das in die alte Eisengießerei vom Westwerk-Fabrikgelände eingezogen ist. Der große Gastraum ist Wohn- und Esszimmer der Plagwitzer Kreativszene. Die Cafés und Restaurants rechts und links vom Kanal haben oft eigene Anleger. Wenn du wieder Puste hast, paddel noch ein Stück weiter Richtung Palmengartenwehr und durch das Elsterflutbett bis zum Rennbahnsteg an der Galopprennbahn Scheibenholz. Zurück musst du in jedem Fall, denn durch die Wehre ist kein Rundkurs möglich. Wenn du das Boot beim Bootsverleih Herold wieder abgegeben hast, bringt dich die Straßenbahn zurück zum Wilhelm-Leuschner-Platz. Hier kannst du den Tag im Beyerhaus (beyerhaus.de) ausklingen lassen.

❺ Buntgarnwerke
❻ Könneritzbrücke
❼ Rennbahnsteg
❽ Bootsverleih Herold
❾ Wilhelm-Leuschner-Platz

Sehenswertes am Wegesrand

Goethes „Faust"-Spielort: Mephisto weist in der Mädlerpassage den Weg in Auerbachs Keller

Nikolaikirche

Friedensgebete, Lichterketten, Demonstrationen – seit dem Wendeherbst 1989 ist St. Nikolai als Keimzelle der friedlichen Revolution bekannt. Schon immer spielte die älteste erhaltene Kirche Leipzigs eine wichtige Rolle im politischen Leben. In der Nähe der Kirche siedelten sich im 12. Jh. verstärkt Kaufleute an – ihrem Schutzpatron Nikolaus ist sie geweiht. In der Nikolaikirche bestand J. S. Bach seine Probe fürs Kantorenamt. Den romanischen Ursprung erkennt man noch an der Westfassade. Innen betört die größte Kirche der Stadt durch ihre lichte Gestaltung. *nikolaikirche.de*

Mädlerpassage

Wie keine andere Verkaufsmeile der Stadt strahlt die elegante Mädlerpassage weltstädtisches Flair aus. Kofferfabrikant Anton Mädler ließ den lichten Durchgang 1912 nach dem Vorbild der Mailänder Galleria Vittorio Emanuele II bauen. Blickfang ist in der Weihnachtszeit der ausladend geschmückte Baum, der in der Rotunde der Passage steht und ein beliebtes Fotomotiv abgibt. Neben Geschäften für Mode und Wohnaccessoires findet sich in der Passage auch das Kabarett Sanftwut (*kabarett-theater-sanftwut.de*). *maedlerpassage.de*

Museum der Bildenden Künste

Schon die Architektur ist einen Besuch wert: Im modernen Kunsttempel sind gängige Raumkategorien aufgehoben, die Ebenen überschneiden sich. Lichthöfe, gewaltige Treppenhäuser, überdimensionale Türen, nackter

Anlauf nehmen, reinspringen: Der Cospudener See ist Leipzigs Sommersehnsuchtsziel

Beton führen zum radikalen Bruch mit Sehgewohnheiten. Zu den berühmten Bildern zählen „Adam und Eva" von Lukas Cranach d. Ä. oder „Das Schiffswunder" von Peter Paul Rubens. Den Weg ins 20. Jh. markieren Werke von Max Klinger oder Max Liebermann, ein Schwerpunkt liegt heute auf der Leipziger Schule, zu DDR-Zeiten und nach der Wende, zu der auch Neo Rauch zählt. *mdbk.de*

Museum in der „Runden Ecke"

Den Schrecken der SED-Diktatur hautnah erleben: In der Nacht zum 5. Dezember 1989 besetzten engagierte Bürger nach einer Montagsdemonstration das Stasigebäude am Dittrichring und setzten der Angstherrschaft des Ministeriums für Staatssicherheit in Leipzig ein Ende. In dem bedrückenden Ambiente bewahren die Dokumente von Bespitzelung und die Plakate ihren Charakter als „Indizien des Verbrechens". Der Nachbau einer Zelle für politische Gefangene und Infos zum Gefängnisalltag lassen die Pein der Betroffenen ahnen. *runde-ecke-leipzig.de*

Zoo Leipzig

Hast du schon einmal Elefanten beim Tauchen beobachtet? Die Unterwasserscheibe im Elefantentempel des Leipziger Zoos macht's möglich. Mitten in der City erlebst du ferne Kontinente mit ihren exotischen Bewohnern: Zebras, Antilopen und Giraffen, die Menschenaffenanlage „Pongoland", Asien mit dem Elefantentempel, die Tigertaiga oder die Lippenbärenschlucht. In der charmanten Anlage aus dem 19. Jh. finden mehr als 620 Arten Platz. Im Gondwanaland, einer überdachten Tropenhalle, erlebst du die Tierwelt entspannt bei einer Bootsfahrt auf dem Urwaldfluss, während zu beiden Seiten die Entstehungsgeschichte der Welt im Zeitraffer an dir vorbeizieht. Die günstigere Abendkarte gibt es ab 3 Stunden vor Schließung; um diese Zeit sind auch die Tiere besonders aktiv! *zoo-leipzig.de*

Cospudener See

Aus dem Tagebau entstandenes Freizeitparadies: seidenweiche Sandstrände, beste Wasserqualität; Sport und Gastronomie machen den See im Sommer zum Mekka der Sonnenanbeter. Schön ist die Radtour rund um den See (11 km). Mehrere Restaurants stehen zur Wahl. Daneben beginnt die Costa Cospuda: Am aufgeschütteten Sandstrand trifft sich im Sommer ganz Leipzig. Das Th!nk?-Festival am Nordstrand (Juli) ist über die Stadtgrenzen hinweg legendär, die coolsten DJs und lässigsten Bands sind mit dabei. Im Freizeitpark Belantis (*belantis.de*) mit Themenwelten, Wasserspaß und Achterbahn kannst du auf Welt- und Zeitreise gehen.

Beyerhaus

Eine Kneipe wie ein knarziger Alter, der unverwüstlich und unverwechselbar alle Wirren der Zeit an sich abtropfen lässt. Das Beyerhaus gibt es der Legende nach seit 1885, es hat die DDR und die wilde Nachwendezeit überlebt und ist immer noch Lieblingslocation aller Leipziger Studenten. Im urigen Saal gibt's Billard und Bier, Party und Comedy, im Gewölbe legen an den Wochenenden DJs auf. Legendär ist der monatliche Topic Slam mit wechselnden Themen. *beyerhaus.de*

Blaue-Stunde-Liebe: Stuttgarts goldenes Herz schlägt am Schlossplatz

Benztown, Baby!

Stuttgart – cooler als gedacht

Hallo, im Schwabenkessel wird's mediterran leicht

Ein Sommerabend am Teehaus im Weißenburgpark. Es duftet südlich, der Wein schmeckt hiesig. Der Blick geht über rotes Dächermeer und grüne Hügel, über Höhen und den Talkessel. Stuttgarter Leichtigkeit im Abendrot, mediterran angemalt. Einfach mal schauen, durchatmen. Und merken, dass diese Stadt ganz viel hat, Lebensgefühl nämlich, ein offenes Herz, viel Wald und Natur.

Ein Sommer(nachts)traum: Am Teehaus hängen Glücksgefühle in den Bäumen

Viele Überraschungen warten hinter der Fassade

Spießig, bieder, hässlich. Unsexy halt. So wird über Stuttgart geurteilt – und ein Körnchen Wahrheit steckt ja auch drin, bei all den Baustellen, dem Verkehr, den vielen kühlen Business-Stahl-Glas-Beton-Bauten. Aber sei sicher, auf dich warten jede Menge Überraschungen beim Blick hinter die Fassade. Die wird im Norden von den Nobelterrassen am Killesberg gebildet, die an das vergleichsweise kleine Zentrum grenzen. Im Osten liegen eher von Arbeiterwohnungen geprägte Straßen, im Westen und Süden beliebte Wohnviertel. Die Metropole ist eine Großstadt im Grünen mit den vielen Parks, den Bärenseen und dem Wald rund um den Fernsehturm. Und der Neckar? Den findest du östlich der Innenstadt in einem unattraktiven Betonbett – ein echtes Stiefkind.

Bummeln, streifen, schlendern

Wenn du rund um das Alte Schloss unterwegs bist, bist du mitten im historischen Zentrum. Dort, wo in sumpfigem Gelände um die Mitte des 10. Jhs. ein „Stutengarten" stand, ein Gestüt also. Im 13. Jh. erhielt die Siedlung das Stadtrecht und der Aufschwung zur offiziellen Haupt- und Residenzstadt begann. Er setzte sich fort, als Stuttgart in der ersten Hälfte des 19. Jhs. mit Unternehmen wie Daimler, Porsche oder Bosch zur Industriestadt aufstieg. Beim Schlendern durch die City oder einem Bummel von Kneipe zu Kneipe wirst du auf jeden Fall schnell erkennen: Stuttgart passt nicht zu seinem Image – und in keinen Rahmen. Auf den ersten Blick aber ein typisches, klar umrissenes Gesicht der Stadt zu finden ist nicht einfach. Lass dir Zeit, die Vielfalt – und auch die Gegensätze – zu entdecken: Streif allein durchs verträumte Lapidarium mit seinen steinernen Zeitzeugen oder feier mit vielen in den Clubs und Kneipen am Hans-im-Glück-Brunnen durch die Sommernacht. Mach dich schick fürs prunkvolle Opernhaus oder lass dich schwindlig

Logenplatz mit Weinbegleitung: im obersten Stock des Kunstmuseum-Glaswürfels

tanzen von der Gauthier Dance Company im Theaterhaus. Unternimm eine virtuelle Reise ins Mittelalter im Württembergischen Landesmuseum oder stöber in den kleinen Shops und Boutiquen im Süden und Westen. Du merkst: Hier geht was!

Mach dich fein für Oper und Theater

Die Kulturszene ist vielfältig wie eh und je. Ihr buntes Spektrum hat Tradition im Kessel: Das Stuttgarter Ballett ist weltberühmt, die Oper mehrfach zum besten Opernhaus im deutschsprachigen Raum gekürt worden und die Vielfalt der kleinen Theater ganz schön eindrucksvoll. Und wenn Bühne und Bücher nicht so deins sind, dann sind es vielleicht Museen wie das von Mercedes Benz oder Porsche. Nicht nur diese beiden begeistern durch ihre kühnen Gebäude, auch die Neue Staatsgalerie und der Kunstmuseum-Glaswürfel am Schlossplatz. Subkultur und Underground haben es allerdings nach wie vor nicht leicht – aber vielleicht konnte sich auch nur in einer solch saturierten Umgebung ein Phänomen wie die Fantastischen Vier entwickeln?

Mit Hip-Hop-Soundtrack durch die Stadt

Der eine oder andere ihrer Songs könnte dein Soundtrack auf Streifzügen durch „Benztown" sein. Auf ihnen kannst du theoretisch Menschen aus rund 180 Nationen begegnen, von denen viele in den 1960ern als Arbeitskräfte kamen. Fast die Hälfte der Stuttgarter hat einen Migrationshintergrund. Die „Neig'schmeckten" haben die Stadt und ihre Bürger nachhaltig zum Besseren verändert. Wie das Stuttgart der Zukunft einmal aussehen wird, ist nicht abzusehen. Das riesige Loch im Herzen der Stadt namens Stuttgart 21 wird sich – voraussichtlich – erst 2025 schließen. Und vielleicht rückt Stuttgart auch irgendwann näher an den Neckar heran. Das Gewässer, an dem die Stadt in Wahrheit liegt, ist der Nesenbach – der in den Untergrund verbannt wurde. Eigentlich ein gutes Bild für die Schwabenmetropole: Sie mag eine herbe Schönheit sein – wenn du aber versuchst, hinter ihre Kulissen zu schauen und ihr neugierig und ohne Vorbehalte begegnest, dann zeigt sie ihr wahres Gesicht. Und das ist offen, freundlich, charmant und, manchmal, von fast mediterraner Leichtigkeit.

HÜGELAUF UND HÜGELAB

Durch den Kessel auf die Höhen

Highlights

- Kunst, Kuchen, Königstraße: bummeln, shoppen, schauen in der City
- Wo viele Bücher und die alten Autos wohnen
- Weitblicke vom schlanken Wolkenkratzer am Kesselrand

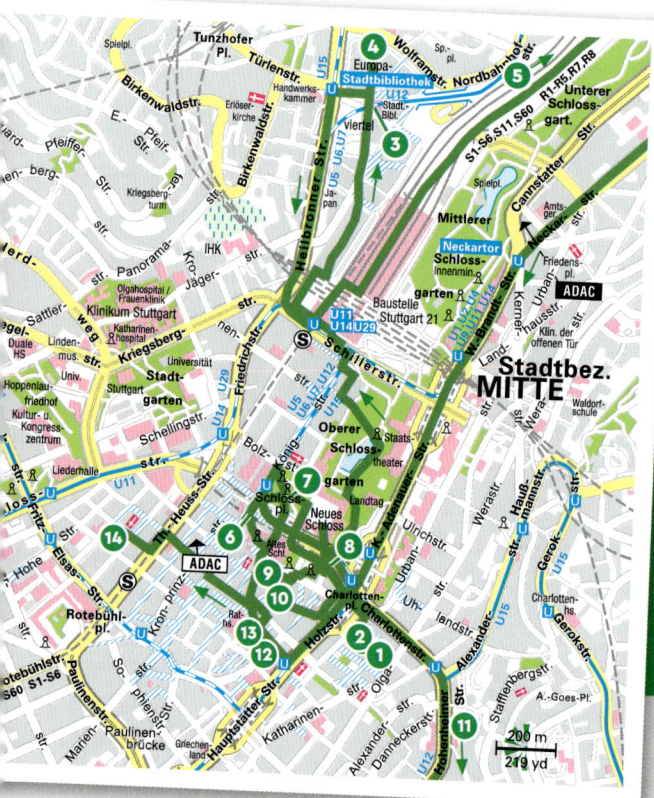

Strecke & Dauer

- Vom Restaurant Wunderkammer zur Bar Jigger & Spoon
- 9 km
- 1 Tag, reine Gehzeit 2.5 Stunden

Beste Zeit

- Die Hitze im Sommer hat in den letzten Jahren wegen der Kessellage immer mehr zugenommen.
- Von Mai bis Juli ist viel los in der City, im Spätsommer und Herbst locken das Weinfest und der Cannstatter Wasen, eines der größten Volksfeste der Welt.

Gut zu wissen

- Wer mit S- und U-Bahn fährt, muss für den Innenstadtbereich nur eine einzige Tarifzone bezahlen.
- Stuttgarts Museen sind immer montags geschlossen.

Die Tour

1. Wunderkammer
2. Bohnenviertel

Ein bissle Altstadt gefällig?

Erst mal ein bisschen Altstadtluft schnuppern – das gelingt mit einem Frühstück in der Wunderkammer (*wunderkammer-stuttgart.de*). Von hier aus geht es über die wenigen Meter Kopfsteinpflaster, die Stuttgart noch aufweisen kann, die Rosenstraße hinunter. Mach einen kurzen Abstecher durch das lauschige Bohnenviertel, das einzige Quartier, das mit seinen Gassen ein kleines bisschen Altstadtflair verströmt. Bring danach den vom Verkehr umbrandeten Charlottenplatz schnell hinter dich und überquer die Planie am Karlsplatz. Jetzt wird es grün, du befindest dich auf der Rückseite des Neuen Schlosses in den ersten Ausläufern des Schlossgartens und strebst nun dem Land-

Hier werden Lesemuffel zu Bücherwürmern: Die ganze Welt liebt Stuttgarts Stadtbibliothek

tag (Spitzname „Aquarium") zu. Vorbei an der imposanten Säulen- und Treppenfront der Staatsoper neben dem entenbesetzten Eckensee biegst du am Schauspielhaus links ab in Richtung Hauptbahnhof.

In die Welt der Bücher

Lass dich durch die Stuttgart-21-Baustellen am Bahnhof nicht vom Weg abbringen: Links vorbei am Hauptgebäude gehst du in die kühl-abweisende Businesswelt des Europaviertels, dessen Stahl- und Glasfassaden dich zur Stadtbibliothek begleiten. Nimm dir unbedingt Zeit für eine Pause in dem modernen Betonwürfel, der in seinem Inneren eine überraschend helle und eindrucksvoll gestaltete Bücherwelt offenbart. Von der Dachterrasse bietet sich dir ein toller Blick über die Innenstadt und die Baustelle von Stuttgart 21. Auf den Hort des Wissens folgt dann ein Ort des Kommerzes: Die rund 200 Shops des Einkaufszentrums Milaneo (milaneo.com) stellen deine Urlaubskasse auf eine harte Probe.

❸ Stadtbibliothek
❹ Milaneo

I fahr Daimler ...

Mit der U-Bahn fährst du in wenigen Augenblicken zurück zum Hauptbahnhof und dort mit der S1 nach Bad Cannstatt bis zum

Säulen mit Seeblick – aber auch innen ist das Opernhaus ein prächtiger Anblick

Hügelauf und Hügelab

Die Vergangenheit und die Zukunft des Automobils begegnen sich im Mercedes-Benz Museum

5 Mercedes-Benz-Museum   Neckarpark. Schon die spektakuläre äußere Hülle des Mercedes-Benz-Museums verspricht viel – was vom Inneren des spindelförmig angelegten Baus locker eingelöst wird. Am Ende der Reise durch die Geschichte der schwäbischen Automobile gönnst du dir einen Snack im Bistro im 1. Stock (falls du Lust auf ein richtiges Mittagessen in gediegener Atmosphäre hast, dann auf in Bertha's Restaurant).

6 Kunstmuseum
7 Schlossplatz
8 Weltcafé
9 Markthalle
10 Breuninger

Erst Kunstgenuss, dann Schnupperspaß

Aus dem Autohimmel in die Stadtbahn: Die U 19 fährt zum Wilhelmsplatz in Bad Cannstatt, wo du in die U 1 oder U 2 umsteigst. Fahr bis zur Haltestelle Rathaus und schlendere von dort quer über den Marktplatz und den Schillerplatz zum futuristischen Glaswürfel des Kunstmuseums. Bevor du ins Museum gehst, kannst du aus dem obersten Stockwerk des Glasbaus (bei freiem Eintritt!) einen der schönsten Blicke über das prächtige Herz Stuttgarts zwischen Altem und Neuem Schloss werfen. Lust auf eine Pause an einem der idyllischsten Orte der Innenstadt? Nach dem Kunstgenuss bummelst du über den mondänen Schlossplatz am imposanten Neuen Schloss vorbei zu einem Stopp bei Kaffee und Kuchen unter den Bäumen vom Weltcafé (*facebook.com/welthausstuttgart*). Hier kannst du im Sommer durchschnaufen, wenn du an einem der Tische unter freiem Himmel Platz nimmst. Jenseits des Karlsplatzes wartet nun die betriebsame Markt-

Sattgrüne Karlshöhe – und am Horizont kratzt der Fernsehturm am Himmel

halle, um dich mit exotischen Auslagen und Düften auf eine Weltreise zu entführen. Direkt gegenüber liegen „der" Breuninger (*breuninger.com*), das (Luxus-)Kaufhaus der Stadt, und das exklusive Dorotheenquartier, wo du lustvoll zwischen Mode, Kosmetik, Accessoires und Sportartikeln stöberst.

Fern-Sehen am Kesselrand und ...

Nun ruft der Berg – oder besser gesagt: einer der Hügel im Süden. Oberhalb des Bopsers erwartet dich Höhenluft, denn vom Charlottenplatz schlängelt sich die U15 auf einer der schönsten Stadtbahnstrecken der Stadt übers Häusermeer gen Fernsehturm. Von der gleichnamigen Haltestelle führt ein kurzer Fußweg durch den Wald zum schlanken Wahrzeichen der Stadt. Nach einer rasanten Aufzugfahrt blickst du von oben auf die Stuttgarter Ameisenwelt.

11 Fernsehturm

... Schlemmen im Urwald

Wieder am Boden wird es Zeit, dich zurück ins Citygewühl aufzumachen. Steig am Charlottenplatz aus der U15 und bummle zum Abendessen am Breuninger vorbei über den Marktplatz ins neu gestaltete Viertel um die Eichstraße. Im Malo (*malo-stuttgart.de*) erwartet dich eine überwältigend grüne Urwaldatmosphäre, in der du fein essen und herrlich loungen kannst. Wer danach Lust auf Action hat, hüpft um die Ecke ins People (*Eichstr. 6, instagram.com/people.stuttgart*) und macht sich bei Hip-Hop und R 'n' B locker. Zum Absacker geht's in die trendige Tresorbar Jigger & Spoon (*jiggerandspoon.de*).

12 Malo
13 People
14 Jigger & Spoon

Sehenswertes am Wegesrand

Leben und leben lassen: Der Schlossplatz ist Bühne und City-Chillout-Zone in einem

Stadtbibliothek

Die preisgekrönte Bibliothek schafft es dank ihres traumhaften, schlicht-weißen und geradlinigen Inneren regelmäßig unter die Top Ten der schönsten ihrer Art weltweit. Sie versammelt jede Menge multimediale Angebote, Datenbanken, Internetrechercheplätze, mobile Laptopstationen – und natürlich Bücher über Bücher. Die Dachterrasse begeistert mit ihrer Aussicht. *stuttgart.de/stadtbibliothek*

Mercedes-Benz-Museum

Wenn du auf Autos stehst, bist du jetzt verloren. Zwar tragen sie alle – bis auf die ältesten, die noch bei Gottlieb Daimler und Wilhelm Maybach selbst aus dem zur Werkstatt umfunktionierten Gartenhäuschen fuhren – einen Stern auf der Kühlerhaube. Aber so ist das eben: Die Geschichte von Mercedes ist im Grunde auch die des Automobils. Das wie eine Doppelhelix aufgebaute phantastische Museumsgebäude führt dich in zwei Rundgängen durch die große Ausstellung mit mehr als 160 Fahrzeugen. Schwäbische Küche gibt's im Museumsrestaurant Bertha's (*berthasrestaurant.de*). Auf Kinder warten im Untergeschoss oft Mitmachaktionen, die Open-Air-Bühne am Museum bietet im Sommer Platz für Konzerte, Comedy, Kleinkunst oder Kino. *mercedes-benz.com/de/kunst-und-kultur/museum*

Kunstmuseum Stuttgart

Das sieht schon ziemlich außerweltlich aus, wenn der Glaswürfel tagsüber die Wolken spiegelt und nachts hell leuchtend überm Schlossplatz zu schweben scheint. Toll, dass in dem Kubus dann auch noch klasse Kunst wartet: Die Sammlung der Galerie der Stadt Stuttgart, insgesamt rund 15 000 Werke, reicht vom

frühen 19. Jh. bis zur Gegenwart mit Schwerpunkt auf Otto Dix: Mit rund 250 Werken ist die Sammlung eine der größten weltweit. Im gut sortierten Museumsshop kann man übrigens auch sonntags einkaufen.
kunstmuseum-stuttgart.de

Schlossplatz

Trau dich ruhig, die Stuttgarter machen's doch auch! Leg dich bei schönem Wetter auf den Rasen und genieß den Blick auf den früheren Exerzier- und Paradeplatz. Im 19. Jh. wurde er in einen Blumengarten samt Bäumen und Brunnen umgewandelt und so zu einem der schönsten Orte Stuttgarts. Hier hat sich die Stadtgeschichte versammelt in Gestalt des Alten und Neuen Schlosses, des Kunstgebäudes und des früheren Hotels Marquardt bis zum Königsbau und dem Kunstmuseum am Kleinen Schlossplatz. Die Jubiläumssäule wurde 1841 zum 25-jährigen Herrscherjubiläum von Wilhelm I. gesetzt. Oben thront die Göttin Concordia – 5 t schwer.

Markthalle

Die Markthalle darfst du nicht verpassen, selbst wenn du gerade kein DuccaGewürz aus Äthiopien, luftgetrockneten Büffelschinken von der Schwäbischen Alb oder Austern an der Champagnerbar brauchst. Der Duft der Köstlichkeiten ist unwiderstehlich und das Jugendstilgebäude auch innen ein Hingucker. Am Wochenende wird's gern auch mal enger. Für den Einkauf sollte man den großen Geldbeutel dabeihaben. Den brauchst du auch für das exklusive Warenhaus Merz & Benzing (merz-benzing.de) und die anderen kleinen Geschäfte auf der Galerie. Im Erdgeschoss finden sich außerdem Restaurants und eine Tapasbar. *markthalle-stuttgart.de*

Fernsehturm

Lust auf das höchste Frühstück der Stadt? Dann nichts wie rauf ins Panoramacafé des

Insidertipp: Nie mit leerem Magen die Markthalle mit all ihren Köstlichkeiten besuchen

Fernsehturms, wo der Blick den Croissants und dem Kaffee garantiert die Show stiehlt. Der Turm, seit seiner Einweihung 1956 Stuttgarts Wahrzeichen, war der erste Fernsehturm der Welt in Spannbeton-Bauweise. Die elegante Betonnadel – die nach Wunsch der Stadt Unesco-Welterbe werden soll – ragt 217 m hoch in den Himmel, der vierstöckige „Korb" mit Panoramaterrasse bietet eine tolle Aussicht in gut 150 m Höhe – es locken Traumblicke Richtung Innenstadt, Schwarzwald und Schwäbische Alb. *fernsehturmstuttgart.com*

Stadtpalais – Museum für Stuttgart

Achtung, bloß nicht die Zeit vergessen! Denn das riesige Modell vom Kessel und seinen Vororten mit Hügeln und Tälern im ersten Stock ist absolut fesselnd. Multimedial wächst die Stadt, zeigt bunte Verkehrsströme, Mietpreise, Feinstaubbelastungen ... Du siehst schon, dies ist kein herkömmliches Stadtmuseum. Es ist eins, dessen Exponate erzählen, mal buchstäblich, mal im übertragenen Sinn, aber immer jung und rasant und – ja! – schwäbisch. Und im Sommer wartet auf den Stufen des klassizistischen Wilhelmspalais, in dem bis 1918 der letzte württembergische König Wilhelm II. residierte, der schönste Sommersonnenuntergang der Stadt – am besten zu genießen mit einem Drink aus der Museumsbar drinnen & draußen. *stadtpalais-stuttgart.de*

Mein lieber Schwan, dieses Zürich hat aber auch jede Menge Charme!

KLEINE WELTSTADT
Alle lieben Zürich

Grüezi, am Zürichsee – das Hügelparadies feiert das Leben

Du willst eine spannende Stadt erleben, in der der Spaß nicht zu kurz kommt? Neben dem Sightseeing entspannen, die Aussicht und die Sonne genießen? Und auch mal die Nacht durchfeiern? Dann wirst du Zürich lieben! Die Stadt ist nicht groß, aber umso vielseitiger: Partymetropole, Finanzzentrum, kultureller Hotspot und Sommerbadeort. Lass dich einfach treiben!

Schweizer Schoki im Café Sprüngli – ein „Nein" geht gar nicht

Hier ist's lebenswert – einfach mal selbst testen!

Zürich bietet beste Lebensqualität. Das behaupten nicht die Bewohner der Stadt selbst – es geht aus einer Studie von Mercer, dem größten Consultingunternehmen der Welt hervor. Seit Jahren liegt Zürich beim jährlichen Ranking auf einem der vordersten Ränge. Was Zürich so lebens- und erlebenswert macht sind das große Freizeitangebot und die privilegierte Lage am herrlichen Zürichsee, eingebettet in grüne Hügel. Es sind die ausgedehnten Fußgängerzonen und Grünflächen, die Straßencafés, die Altstadtgassen, die jungen Designer-läden, die Boutiquen der großen Modelabels. Die vielen ausländischen Fachkräfte machen die Bevölkerung zu einer polyglotten Gesellschaft, außerdem leben in und um Zürich auch viele Künstler, Showgrößen und sonstige VIPs. Fast jeder dritte Einwohner stammt aus dem Ausland. Brasilianische Bars, englische Clubs und fernöstliche Restaurants sind deshalb ebenso selbstverständlich wie die traditionellen Schweizer Kulturgüter: die Banken, die Uhren und die gute Schokolade.

Du kannst dich vor Kultur kaum retten

Auf rund 430 000 Einwohner kommen über siebzig Kinosäle, vierzehn permanente Theater und über fünfzig Museen. Dazu hat sich eine überaus lebendige und kreative Design- und Modeszene etabliert. Historische Kulturdenkmäler gibt es ebenfalls in Hülle und Fülle, moderne Architektur boomt in den zum Teil umgenutzten Industriequartieren Zürich-West und Zürich-Nord. Dabei ist Zürich überschaubar. Ein dicht ausgebautes Straßenbahnsystem bringt dich bequem von einem Punkt zum anderen. Abends lockt ein vielfältiges Gastronomie- und Unterhaltungsangebot, das allerdings seinen Preis hat. Günstig ist nur das Nach-Hause-Kommen dank einem guten Netz von Nachtzügen und -bussen. Wegen der hippen Club- und Loungeszene in den neuen Stadtvierteln sowie der jährlichen Streetparade gilt Zürich für viele als Europas Partystadt schlechthin. Eine junge Gas-

Zürich ist Geld und Geschichte, aber auch jung, hip und offen für viele Kulturen

troszene mit Restaurants, Bars und Clubs sorgt für ein Nachtleben mit immer neuen Überraschungen.

5000-jährige Karriere einer Pfahlbausiedlung

Die verkehrsgünstige Lage spielte schon immer eine wichtige Rolle. Ab 3000 v. Chr. siedelten Pfahlbauer am unteren Ende des schiffbaren Sees, später kamen die Römer, die deutschen Könige und Kaiser und ab 1336 übernahmen die Handwerker die Macht. In Zünften organisiert, bestimmten sie 500 Jahre lang die Politik der Stadt. Die Zunfthäuser prägen noch heute als zumeist noble Restaurants die Altstadt, und im April markiert das Sechseläuten mit dem Umzug der Zünfte in historischen Kostümen und der Verbrennung des Schneemanns am Bellevue den Frühlingsbeginn. Im 19. Jh. wuchs die Stadt dank ihrer florierenden Maschinen- und Textilindustrie, ihrer Banken und Versicherungen sowie eines regen Tourismus zu einem Wirtschaftszentrum der Schweiz heran. In der Hochkonjunktur der 1950er-Jahre wuchs die Bevölkerung rasant an, was auch großstädtische Probleme mit sich brachte: Krawalle, mit denen die Jugend Platz für alternative Kultur einforderte – 1968 und 1980 – und die Verwahrlosung einzelner Plätze durch die von den Behörden lange tolerierte offene Drogenszene. Heute ist die alternative Kultur in der Roten Fabrik zu einer festen und auch vom nicht-alternativen Publikum sehr geschätzten Institution geworden.

Eine Stadt zum Bummeln und Genießen

Die umweltfreundliche Verkehrspolitik hat dafür gesorgt, dass Zürich überaus fußgängerfreundlich ist: Mit den vielen Fußgängerzonen und dem absoluten Vorrang von Passanten und öffentlichen Verkehrsmitteln an den Kreuzungen hat sich die Stadt schon dem Verdacht ausgesetzt, den Autoverkehr ganz abschaffen zu wollen. Zürich besitzt bis heute keine breiten Boulevards und nur wenige Hochhäuser und hat sich deshalb vielerorts den – je nach Blickwinkel – biederen oder charmanten Kleinstadtcharakter bewahrt. In den Stadtvierteln Zürich-West und Zürich-Nord bilden umgenutzte Industriebauten eine überraschende Kulisse für urbanes und oft lautes Leben. Vielleicht ist es gerade dieser Mix, der die kleine Weltstadt so unwiderstehlich macht.

KLASSISCH? ODER KREATIV?

Zürichs Facetten kennenlernen

Highlights

- Die schönsten Sehenswürdigkeiten in einem Rutsch
- Rundblicke von oben und vom Wasser
- Vom Shopping ins Nachtleben

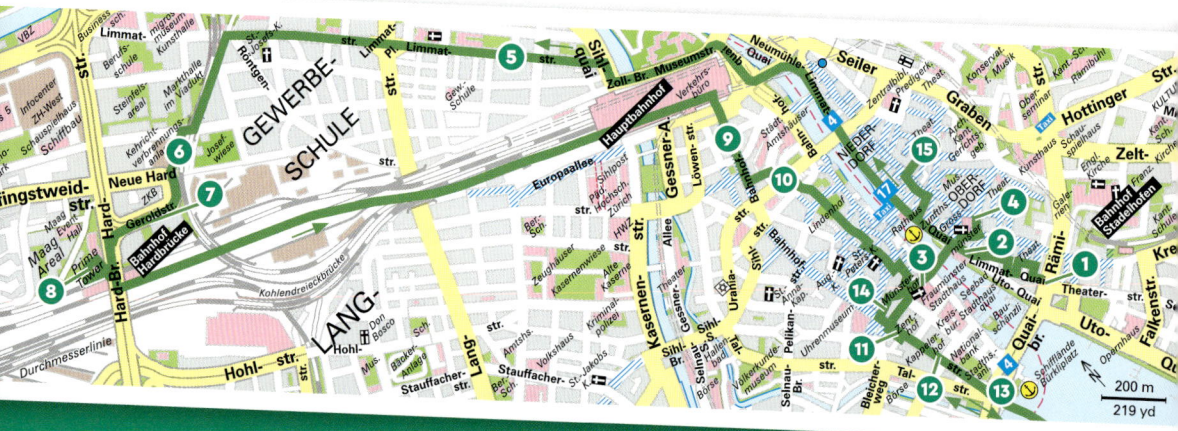

Strecke & Dauer
- Vom Odéon ins Dörfli
- 27 km, davon 6 km zu Fuß
- 1 Tag, reine Gehzeit 1 Stunde 45 Minuten

Beste Zeit
- Im Spätsommer und zu Beginn des Herbstes ist es relativ trocken und immer noch warm.
- Im April findet mit dem Sechseläuten ein atmosphärisches Volksfest statt. Die Bäume am Zürichsee blühen und man kann oft bereits draußen sitzen.

Gut zu wissen
- Im Zürcher Verkehrsverbund ZVV sind Trams, Busse, S-Bahnen und die Zürichsee-Schiffe in einem Tarifsystem vereint.
- Dank „Züri rollt" kannst du Räder und E-Bikes kostenlos ausleihen.

Die Tour

1. Odéon
2. Wasserkirche
3. Fraumünster
4. Grossmünster

Erst mal den Blick schweifen lassen

Beginn den Tag mit einem Kaffee im Odéon (odeon.ch) am Bellevue. Das Jugendstilcafé liegt strategisch gut am Schnittpunkt von See, City und Altstadt, und die Tische im Freien bieten schöne Logenplätze, um die Aussicht und das Treiben zu genießen. Der frühere Intellektuellentreffpunkt ist heute nur noch halb so groß wie zu der Zeit, als hier Lenin, Karl Kraus, James Joyce, William Somerset und viele prominente Dichter und Denker saßen. Folg danach der Strömung der Limmat über den Hechtplatz und das Limmatquai

Pack den großen Geldbeutel ein fürs Shoppen im Kreativ-Hotspot Viadukt

hinunter. Die Wasserkirche mit der Krypta lohnt einen Besuch, und direkt gegenüber, am anderen Flussufer, steht das Fraumünster mit den berühmten Fenstern von Marc Chagall. Zurück am rechten Ufer nimm die Treppen hoch zum Grossmünster – die Wirkungsstätte des Reformators Zwingli und ein Wahrzeichen der Stadt. Wenn du genug Puste hast, erklimm die Stufen des Kirchturms. Die Mühe lohnt sich, denn von hier oben ist der Blick über die Stadt einfach phantastisch.

Von Design bis Mode

❺ Museum für Gestaltung
❻ Viadukt
❼ Freitag Flagship Store
❽ Prime Tower

Von der Haltestelle Helmhaus (vor dem Grossmünster am Quai) fährt das Tram Nr. 4 in Richtung Altstetten-Nord über Limmatquai und Hauptbahnhof ins Trendviertel, das Industriequartier. Mach einen Zwischenstopp am Museum für Gestaltung (gleichnamige Haltestelle). Hier findest du Schweizer Wohndesign. Das wichtigste Museum des Landes in dieser Sparte hat noch einen weiteren Standort im Toni-Areal. Weiter geht's mit dem Tram 4 bis zur Haltestelle Quellenstraße: Hier bildet die große Markthalle mit einem Restaurant den Eingang zu Zürichs hippster Shoppingmeile, dem Viadukt (im-viadukt.ch). Leg hier eine Mittagspause ein mit saisonaler, marktfrischer Küche des schlicht eingerichte-

Hat Albert Einstein beim Buttergipfeli im Café Odeon die Relativitätstheorie entwickelt?

Glamour ist anders – dennoch gehört die Bahnhofstrasse zu den teuersten Einkaufsmeilen weltweit

ten Restaurants Markthalle (*restaurant-markthalle.ch*). In den Bögen des Bahnviadukts haben sich vornehmlich junge Unternehmen und Kreative eingemietet, es gibt viel originelles Design und interessante Mode. Neben dem Viadukt thront der Freitag Flagship Store (*freitag.ch*). In den neun aufeinandergestapelten Bahncontainern kannst du bis auf die Dachterrasse hinaufsteigen, die einen Rundblick über das Industriequartier und auf den benachbarten Prime Tower, das zweithöchste Gebäude der Schweiz, bietet. Den Prime Tower besuchst du als Nächstes, dort hast du im Clouds Bistro (*clouds.ch*) auf der 35. Etage bei einem Kaffee einen spektakulärem Ausblick, bevor du vom Bahnhof Hardbrücke mit der S-Bahn zum Hauptbahnhof zurückfährst.

An Schaufenstern die Nase platt drücken

- ⑨ Bahnhofstrasse
- ⑩ Jules-Verne-Bar
- ⑪ Confiserie Sprüngli
- ⑫ Schweizer Heimatwerk

Nun steht ein Bummel über die berühmte Bahnhofstrasse und durch deren Seitengässchen auf dem Programm. Die weltbekannte Zürcher Einkaufsstraße ist vornehmlich mit Läden bestückt, die nicht eben für Schnäppchen bekannt sind, aber schauen kostet ja nichts. Die Jules-Verne-Bar (*jules-verne.ch*) an der Urania (Eingang in der Brasserie Lipp) bietet sich für einen Zwischenhalt mit Rundsicht und Kaltgetränk an. Bei der Confiserie Sprüngli (*spruengli.ch*) am Paradeplatz, wo auch die Schweizer Großbanken ihre Hauptsitze haben, gibt's die berühmtesten süßen Mitbringsel, und wer auf hochwertiges Kunsthandwerk steht, stattet dem Schweizer Heimatwerk (*heimatwerk.ch*) vor dem Bürkliplatz einen Besuch ab.

KLASSISCH? ODER KREATIV?

Über den Zürisee schippern

⓭ Bürkliplatz

Genug vom Sightseeing und Einkaufsbummel? Dann steht an der Schifflände Bürkliplatz die Flotte der Zürichsee-Schifffahrtsgesellschaft für dich bereit. Die kürzeste Rundfahrt bringt besonders viel: Die 55-minütige Miniseerundfahrt führt am linken und rechten Zürichseeufer entlang rund ums Seebecken an den begehrtesten Vororten Zürichs vorbei. Über eine Audioguide-App erfährst du etwas über die wichtigsten Sehenswürdigkeiten. Genieß die Aussicht – dazu vielleicht einen Apéro im Bordrestaurant?

Der Abend ist noch jung

⓮ Zeughauskeller
⓯ Dörfli

Zurück am Bürkliplatz geht's nun zum Abendessen wieder über die Bahnhofstrasse in den urigen Zeughauskeller (*zeughauskeller.ch*). Dort wird „währschafte" (deftige) Schweizer Küche geboten. So legst du einen guten Grundstein für den anschließenden Bummel im Dörfli, das du über die Münsterbrücke beim Fraumünster erreichst. Das Ober- und Niederdorf ist das älteste und stimmungsvollste Ausgehquartier der Stadt mit unzähligen Bars und Straßencafés. Achtung: Hier kannst du dir die ganze Nacht um die Ohren schlagen.

Wenn einem der Stadttrubel zu viel wird: Frischluftschub auf dem Zürichsee

SEHENSWERTES AM WEGESRAND

Die Züricher lieben ihre Limmat – und kühlen sich im Sommer in einer der Fluss-„Badis" gern mal ab

Fraumünster

Ursprünglich war das Fraumünster die Kirche des adligen Damenstifts, das 853 von Ludwig dem Deutschen, einem Enkel Karls des Großen, für seine Töchter gestiftet wurde. Die jeweilige Äbtissin amtierte bis ins Hochmittelalter hinein als Stadtregentin. Die Reformation beendete deren Regentschaft, und vom Kloster blieben nur noch die Kirche und der Kreuzgang übrig. Sehenswert sind im spätromanischen Chor der ansonsten spätgotischen Kirche die fünf 1970 realisierten hohen Glasfenster des Künstlers Marc Chagall und eine 1978 von ihm geschaffene Rosette.

Grossmünster

Das Wahrzeichen Zürichs beherrscht mit der mächtigen Doppelturmfassade den oberen Limmat-Raum. Der Legende nach stiftete Karl der Große eine erste Kirche da, wo die Stadtheiligen Felix und Regula, nachdem sie unten an der Limmat enthauptet worden waren, mit dem Kopf unter dem Arm noch hingewandert sein sollen. Ein steinernes Andenken an den Stifter ist in einer Nische des Südturms untergebracht. Zur Zeit der Reformation war das Grossmünster die Wirkungsstätte Zwinglis, der allen Schmuck und sämtliche Bilder aus der Kirche entfernen ließ. Die frühesten Teile stammen aus dem späten 11. Jh., wie die rein romanische Krypta oder der großartige Kreuzgang. Den Südturm kannst du erklimmen, oben wirst du mit dem besten Rundblick über die Altstadt belohnt. *grossmuenster.ch*

Museum für Gestaltung

Das Stammhaus des Museums zwischen Hauptbahnhof und Limmatplatz ist selbst ein Juwel der Gestaltung aus den 1930er-Jahren und

Klötzchenspielen mit Schiffscontainern: der ikonische Feitag-Flagship-Store

lockt mit dem schönsten Wohnzimmer der Stadt: In der Swiss Design Lounge kannst du Schweizer Möbel testsitzen. *museum-gestaltung.ch*

Freitag Flagship Store

Neun aufeinandergestapelte Bahncontainer bilden ein weithin sichtbares Wahrzeichen am Standort von Freitags Hauptgeschäft. Der oberste Container ist Aussichtsterrasse (Zugang durch den Freitag-Shop). Die Taschen aus recycelten Lkw-Planen, Autogurten und Gummischläuchen sind weltbekannt. *freitag.ch*

Prime Tower

Architektonische Großprojekte haben es schwer in Zürich, die direkte Demokratie und Einsprachen verhindern Großbauten der öffentlichen Hand meist über Jahre hinaus. Umso erfreulicher ist der Superlativ von Zürich-West, das zweithöchste Gebäude der Schweiz. Mit 126 m Höhe und 36 Stockwerken überragt der Prime Tower auf dem Areal der ehemaligen Maag-Zahnradfabrik alle anderen Gebäude um ein Mehrfaches. Das achteckige Gebäude leuchtet dank seiner durchgehenden Glasfassade wie ein Kristall. Im Erdgeschoss sowie in der Plattform, dem benachbarten, siebenstöckigen Gebäude finden sich Ladengeschäfte. Im 34. und 35. Stock liegen das Restaurant Clouds (*clouds.ch*) sowie eine Bar und ein Bistro, von dem du ebenfalls eine tolle Aussicht genießt.

Bahnhofstrasse

Die Bahnhofstrasse ist 1,2 km lang, nach dem Vorbild französischer Boulevards gestaltet und mit 200 Linden bepflanzt. Anziehend wirken nicht nur die rund hundert Geschäfte mit ihren Schaufensterauslagen, sondern auch die architektonische Eleganz als Folge eines strengen Baugesetzes, das zusammenhängende Häuserzeilen mit einer einheitlichen Höhe von 18 m vorschrieb. Die Bahnhofstrasse ist eines der teuersten Pflaster der Welt mit Mietpreisen von bis zu 10 000 CHF pro Quadratmeter. Auf der Goldmeile verkehrt – von zwei kleinen Straßenabschnitten abgesehen – nur das Tram. In Richtung See liegt linker Hand der Zentralhof, mit einem gut versteckten und wunderbar ruhigen Innenhof samt plätscherndem Brunnen und Sitzplätzen vor dem Restaurant Milchbar (*milchbar.ch*). Wer eine Ruhepause braucht, ist hier richtig – auch abends eine herrliche Oase.

Bürkliplatz

Land aufschütten – das beherrschte Arnold Bürkli ein Jahrhundert vor den Scheichs in den Emiraten schon perfekt: So sind unter seiner Leitung die Quaianlagen links und rechts der Limmat entstanden und die Quaibrücke gebaut worden. In der angrenzenden Stadthausanlage findet samstags im Sommer ein Floh- und Antiquitätenmarkt statt. Am Bürkliplatz legen die Schiffe der Zürichsee Schiffsgesellschaft täglich zu diversen Seerundfahrten (*zsg.ch*) ab. Am eindrücklichsten sind die alten Raddampfer „Zürich" und „Rapperswil". Doch auch auf allen anderen Schiffen kannst du dir die Seeluft um die Nase wehen lassen. In einer Stunde drehst du eine Runde im Seebecken, mehrstündige Rundfahrten bringen dich bis nach Rapperswil am anderen Ende des Sees.

Wien und seine unzähligen Gotteshäuser: Zu den schönsten zählt die Karlskirche

Magie und Monarchie

Barockes, junges Wien

Servus, mitten in den Klischees, die keine sind

Wien ist die Stadt mit den meisten Klischees pro Quadratzentimeter. Ein typischer Tag schaut demnach so aus: Man steht morgens auf, trinkt eine Melange (Kaffee mit Milchschaum) aus einem Sisi-Häferl und isst dazu ein Kipferl (so was wie ein Croissant) mit Butter und Marillenmarmelade. Der Fiaker wartet danach schon vor der Tür (Damen werden mit einem Handkuss begrüßt) und kutschiert einen zur Arbeit, wo man dann notgedrungen ein wenig Zeit verbringt.

Klischees vom Schnitzel bis zum Kaffeehaus

Mittags geht es dann in ein Beisl: Dort isst man ein Schnitzel mit Erdäpfel-Vogerl-Salat (also Salat aus Kartoffeln und Feldsalat). Dazu gibt man etwas rabenschwarzen, derben Humor zum Besten – denn das, meine Damen und Herren, ist der berühmte Wiener Schmäh. Der nächste Weg führt in ein Kaffeehaus, um dort eine Sachertorte oder einen Apfelstrudel mit einem kleinen Braunen zu genießen. Serviert wird das natürlich von einem mürrischen Kellner im (viel zu großen, fleckigen) Anzug. Am Abend beschäftigt man sich mit den schönen Künsten – immerhin wohnt man ja in der Welt-Musik- und Kulturhauptstadt.

Wo Hochkultur und Hipness dich erwarten

So weit, so Klischee – und einen Kern Wahrheit hat das natürlich auch, denn das alles gibt es wirklich. Ja, Wien ist ein Hauch von ehemaliger Weltmacht, wie die Prunkbauten von der Universität übers Burgtheater, die Oper und die vielen Luxushotels demonstrieren. In diesem innersten historischen Kern der Stadt wurde die Monarchie nie ganz abgeschafft, hier ist Wien die Weltmetropole der Hochkultur mit seinen Sängerknaben, den Wiener Philharmonikern, den Theatern, den großen Museen und der klassischen Musik. Dennoch hat sich die Stadt zu einer pulsierenden, jungen, internationalen Metropole entwickelt. Wien ist heute die zweitgrößte Stadt im deutschsprachigen Raum – nach Berlin. Derzeit leben rund 1,9 Mio. Menschen hier, fast die Hälfte der Wiener Bevölkerung hat mittlerweile Migrationshintergrund. Rund um den hippen Karmelitermarkt und die Taborstraße befindet sich etwa das jüdische Viertel mit kosheren Lokalen und kleinen Handwerksläden. Und in der Ottakringer Straße, auch liebevoll Balkanmeile genannt, brät ein *Pljeskjavica* (Hacksteak) im kroatischen Restaurant, zur Verdauung gibt es *Slivovica* (Pflaumenschnaps), und hinterher wird in einem der Clubs zu Turbofolk abgetanzt.

Keimzelle des Wiener Jugendstils: die Secession

Unterm Pflaster liegt der Strand: Beachlife in der Strandbar Hermann am Donaukanal

(Verbotenerweise) auf der Wiese dösen

Um die 200 000 Studenten tummeln sich in Wien. Überall rund um die Uni-Institute sperren kleine Pop-up-Lokale auf, in denen selbst gebackene Kuchen, selbst gebrautes Bier und Bio-Slowfood auf den Tisch kommen. In den Bezirken Neubau und Mariahilf eröffnen an jeder Ecke Concept-Stores, die schicke Fahrräder und Klamotten verkaufen. Wie jung die Stadt ist, das wird unübersehbar, wenn es warm wird und die Studenten jeden freien Fleck auf Wiesen und Parks bevölkern, dort lernen und dösen (falls sie überhaupt die Wiese betreten dürfen – das ist vielerorts verboten, wird aber gern ignoriert). Oder am Abend, wenn sich nach getaner Büffelei die Clubs füllen, darunter einige echte Perlen wie die *Grelle Forelle*, das *Fluc* oder das *Chelsea*.

In der lebenswertesten Stadt der Welt

Dass Wien (laut Mercer-Studie) seit Jahren kontinuierlich das Ranking der lebenswertesten Städte anführt, hat sich natürlich auch international herumgesprochen. Derzeit leben rund 25 000 Expats in Wien. Neben Genf, Nairobi und New York hat die UNO-City hier einen Hauptsitz, ebenso wie die Agentur der Europäischen Union für Grundrechte. In der pulsierenden Stadt wird es also zunehmend enger. Daran ändert auch nichts, dass die Regierung ganze Stadtviertel aus dem Boden stampft: Da wäre etwa die Seestadt Aspern oder das neue Viertel rund um den Hauptbahnhof, das Sonnwendviertel.

Entdecke dein eigenes Wien!

Der Tod hat in Wien eine besondere Tradition. Etliche Wiener Lieder besingen diese bittersüße Liebesbeziehung mit dem Sensenmann. Wien hegt und pflegt seine zahlreichen Gruften und Katakomben – also ist es gar nicht so jung und pulsierend? Nein, nicht nur. Das wäre auch zu einfach, letztlich zu langweilig. Wien ist Alt und Jung. Modern und Monarchie. Lebensbejahend und Jenseits. Ist Tradition und Melange der Kulturen – die Stadt hat viele Gesichter, mal selbstbewusst und cool, mal schüchtern und in sich gekehrt. Wenn du Herz und Augen öffnest, dann wird auch Wien sich nicht vor dir verschließen.

PRUNK ÜBERALL

Durch Wiens Geschichte(n)

Highlights

- Prunkbauten am Ring: Sightseeing mit der Straßenbahn
- Ein Paradekaffeehaus und Kunst im Megapack erleben
- Das ist Wien: Schönbrunn, Stephansdom und Staatsoper

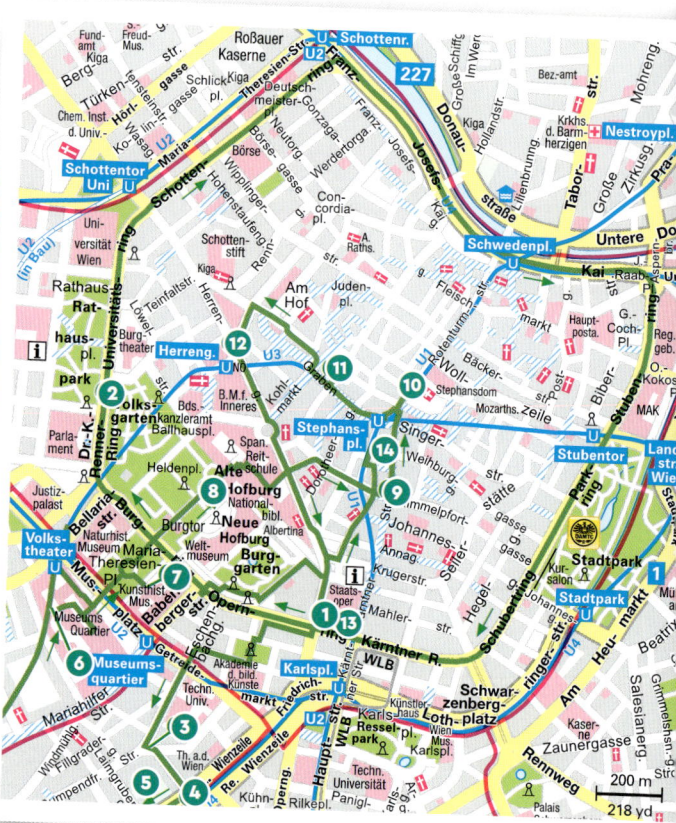

Strecke & Dauer
- Von der Staatsoper in die Loosbar
- 20 km
- 1 Tag, reine Gehzeit 6–7 Stunden

Beste Zeit
- In Wien herrscht ein gemäßigtes Kontinentalklima: kalte Winter, heiße, relativ trockene Sommer und viel Regen im Frühling und Herbst. Ideal für eine Reise sind das späte Frühjahr oder der frühe Herbst.

Gut zu wissen
- Wien verfügt derzeit über fünf U-Bahn-Linien, mehrere Schnellbahnlinien sowie unzählige Straßenbahn-, Bus- und Nachtbuslinien. Auskunft über die App Wien-Mobil.
- In einer Pferdekutsche, einem Fiaker, „erfährst" du die Schönheit Wiens.

Die Tour

1. Staatsoper
2. Ringstraße

Einmal um den Ring mit der Straßenbahn fahren

Früh aufstehen lohnt sich! Am besten noch vor der Rushhour solltest du – schräg gegenüber der Staatsoper – eine Straßenbahn der Linie 1 besteigen. Eine schönere Einstimmung auf die Pracht der alten Habsburgermetropole ist kaum möglich. Die Ringstraße entlangfahrend, siehst du die im Morgenlicht strahlenden Prunkbauten – Natur- und Kunsthistorisches Museum, Parlament, Rathaus, Burgtheater, Universität. Später rollst du den Donaukanal entlang. Bei der Urania steigst du in die Linie 2 um und vollendest, vorbei am Stadtpark, den Kreis an der Ringstraße entlang.

Ganz großes Wiener Kino: das Burgtheater, kurz die „Burg".

Vom Kaffeehaus zum Bauch von Wien

Es folgt eine Stärkung in einem Paradekaffeehaus, dem Café Sperl (cafe sperl.at), das du in kurzem Fußmarsch über den Schillerplatz erreichst. Bestell eine Melange samt rescher (knuspriger) Kaisersemmel und Ei im Glas. Danach geht's durch die Girardigasse hinunter in den „Bauch von Wien", den Naschmarkt. Hier stapeln sich Berge von Obst, Gemüse und Delikatessen aus aller Welt. Nicht nur schön zum Anschauen, da und dort solltest du auch eine kleine Köstlichkeit probieren.

❸ Café Sperl
❹ Naschmarkt

Durch Schloss Schönbrunn schlendern

Von der Station Kettenbrückengasse am westlichen Endpunkt des Naschmarkts aus bringt dich die U 4 in wenigen Minuten hinaus nach Schönbrunn. Lass dir eine Führung durch die Prunkräume des Schlosses nicht entgehen – und gönn dir auch einen Spaziergang durch den weitläufigen Schlosspark hinauf zur Gloriette. Wer Lust und Zeit hat, kann noch einen Abstecher in den Tiergarten unternehmen, immerhin der älteste der Welt.

❺ Schönbrunn

Mittagessen im MQ

Grummelt schon der Magen? Zurück in der City (Tram 60, danach U 3 Volkstheater) lockt das Museumsquartier mit etlichen Lokalen. Das trotz feiner Kost erschwingliche Halle Café-Restaurant (diehalle.at) mit Blick auf den MQ-Innenhof bietet sich für einen luftigen Lunch an. Zeit für eine Wien-Erinnerung? Vier Fotos, ein Streifen, schwarz-weiß: Direkt neben dem Haupteingang kannst du dich im Fotoautomat verewigen.

❻ Halle Café-Restaurant

Dieses Schindelmuster ist unverkennbar: Der Stephansdom ist Wiens wichtigste Kirche

7 Kunsthistorisches Museum

Alte Meister und junge Kunst erleben

Wer Kunst liebt, ist bereits am richtigen Ort: Das Kunsthistorische Museum (*khm.at*) lohnt, in nur zwei Gehminuten über den Museums- und den Maria-Theresien-Platz erreichbar, mit einer Vielzahl Alter Meister der allerfeinsten Qualität. Bewunderer von Schiele, Klimt & Co. bleiben vielleicht lieber im Museumsquartier und gehen ins Leopold-Museum (*leopoldmuseum.org*). Und wer eher Zeitgenössisches bevorzugt, pilgert stattdessen ins benachbarte Museum Moderner Kunst (*mumok.at*).

8 Heldenplatz
9 Kärntner Straße

Schick Shoppen

Lust auf einen Einkaufsbummel? Dann überquer den Heldenplatz und schlender durch die Stallburg- und ihre Seitengassen zur Kärntner Straße. Hier gibt's ausgesuchte Mode und Handwerk, dementsprechend tief musst du in die Tasche greifen.

10 Stephansdom

Runter In die Katakomben und rauf auf den Turm

Bist du bereit für Wiens Wahrzeichen Nummer eins? Der Stephansdom entpuppt sich außen wie innen als Wunderwerk der Gotik. Du kannst in die Katakomben hinabsteigen oder, erhebender, in

Magie und Monarchie

PRUNK ÜBERALL

die Türmerstube des Südturms hinauf – mit wunderbarem Ausblick auf Wien. Ebenfalls herrlich ist das Stadtpanorama von der per Lift erreichbaren Terrasse des Nordturms.

Barocke Pracht und ein Prachtcafé

11 Peterskirche
12 Palais Ferstel

Beim Bummel nordwestwärts über Graben, Hof und Freyung zum Schottenring siehst du weitere Gotteshäuser wie die barocke, im Inneren farbenprächtige Peterskirche. Auf halber Strecke lohnt ein Abstecher in die Einkaufspassage des Palais Ferstel (*palaisevents. at/palais-ferstel*). Dort kannst du, wenn ein Platz frei ist, im Café Central (*cafecentral.wien*) zu Abend essen.

In die Oper oder ins Theater?

13 Staatsoper

Für Musikfans steht jetzt ein Besuch in der Staatsoper auf dem Programm, die du durch die Herrengasse und Augustinerstraße in wenigen Minuten erreichst. Gehst du lieber ins Theater? Dann besorg dir alternativ Tickets für das renommierte Burgtheater oder dessen Ableger, das Akademietheater (beide: *burgtheater.at*).

Nightlife: Jugendstilbar & Spitzenclub

14 Loosbar

In der Loosbar (*loosbar.at*), erreichbar über die Kärntner Straße vis-à-vis Weihburggasse, können Ästheten bis in den frühen Morgen gute Drinks und authentisches Jugendstilambiente genießen. Wer lieber tanzen will – und das mit Schick und Spitzen-DJs –, sollte unter dem Asphalt der Ringstraße die Passage (*club-passage.at*) aufsuchen.

Jung, voller Leben und bis obenhin voll mit Kultur und Wissen: das Museumsquartier

Sehenswertes am Wegesrand

Sightseeing bequem: Die Vienna Ring Tram fährt, ausgerüstet mit Audioguide, die Ringstraße entlang

Staatsoper

Bei der Einweihung 1869 war das kaiserlich-königliche Hofoperntheater mit seiner Loggia, den seitlichen Arkaden und dem metallenen Tonnendach heftiger Kritik ausgesetzt. In der Zwischenzeit ist der romantisch-historische Bau den Wienern als Symbol ihrer Musikkultur jedoch ans Herz gewachsen. Das Innere mit dem freskenverzierten Treppenhaus, dem Schwind-Foyer, dem Gustav-Mahler- und Marmorsaal und dem Zuschauerraum mit 2276 Plätzen ist im Rahmen von Führungen zu besichtigen. Das „Haus am Ring" symbolisiert wie sonst höchstens noch der Musikverein Wiens Rang als Musikmetropole. Nach wie vor wird vom 1. September bis zum 30. Juni fast täglich ein anderes Werk gegeben. Hausorchester sind die Wiener Philharmoniker. Höchst erfolgreich ist der Zubau auf der Dachterrasse, welcher der Aufführung von Kinderopern dient.
wiener-staatsoper.at, staatsoper.at

Ringstraße

Nachdem Kaiser Franz Joseph 1857 befohlen hatte, Wiens alte Befestigungsanlagen zu schleifen, ließ er an ihrer Stelle einen Prachtboulevard anlegen, der das historische Stadtzentrum umschließt und an zwei Stellen am Ufer des Donaukanals in den Franz-Josefs-Kai mündet. Diese 4,5 km lange „Ringstraße" wird von zahlreichen teils privaten, teils öffentlichen Prunkbauten im „Ringstraßenstil" gesäumt: Alle imitieren Baustile früherer Epochen. Als städtebauliches Gesamtkunstwerk sucht der 1865 eingeweihte „Ring" in jeder anderen Metropole Europas seinesgleichen.

Naschmarkt

Der „Bauch von Wien", der größte und auch schönste Lebensmittelmarkt der Stadt, verströmt heiter-sinnliche Basaratmosphäre.

Er ist der Walzer- und Operettenkönig: Johann Strauss geigt im Stadtpark in goldener Pracht

Besonders charmant: die lautstark feilschenden, Kostproben reichenden Händler vom Balkan und aus der Türkei.

Schloss Schönbrunn

Die Sommerresidenz der Habsburger, auch „Österreichs Versailles" genannt, ist neben Stephansdom und Belvedere Wiens Hauptattraktion. Die Anlage, die trotz aller Pracht keineswegs protzig-pompös, sondern liebenswürdig und anmutig wirkt, geht auf einen bürgerlichen Herrensitz von 1559 zurück. Zum strahlenden Mittelpunkt der Monarchie wurde Schönbrunn unter Kaiserin Maria Theresia, die hier mit Franz I. Stephan von Lothringen und ihren 16 Kindern lebte. Auf ihr Geheiß gestaltete der junge Architekt Nicolaus Pacassi das Schloss in den Jahren 1744–49 dem damaligen spätbarocken Stilempfinden gemäß um. Von den insgesamt über 1400 Räumen sind die knapp 40 schönsten im Rahmen von Führungen zu besichtigen. Keinesfalls versäumen solltest du einen Rundgang durch den wunderschönen Schlosspark mit riesigem Palmenhaus, Heckenirrgarten sowie Wiens Tiergarten (zoovienna.at). Im Labyrinthikon neben dem Irrgarten im Park gibt es diverse originelle Spiele. schoenbrunn.at

Museumsquartier

Wer Kunst und Kultur liebt, kommt am Museumsquartier, kurz MQ, nicht vorbei: Innerhalb des von Grund auf sanierten Ensembles der ehemaligen barocken Hofstallungen bildet der einzigartige Museumskomplex gemeinsam mit den nahen Kunst- und Naturhistorischen Museen und der Hofburg eines der größten Kulturviertel der Welt. Mehr als 20 Museen, autonome Initiativen und Projekte sind hier angesiedelt. Zu den bedeutendsten Institutionen des MQ zählen das Leopold-Museum und das Museum Moderner Kunst, es gibt zudem u. a. das Stammhaus der Kunsthalle (kunsthallewien.at), das Architekturzentrum Wien (azw.at), das Tanzquartier Wien (tqw.at), das Dschungel-Theater (dschungelwien.at) und das Zoom Kindermuseum (kindermuseum.at). Damit nicht genug, dient das MQ dank der zehn Ein- und Durchgänge und seiner zahlreichen gastronomischen Betriebe auch als attraktive Passage zwischen der Innenstadt und den angrenzenden Bezirken sowie als bis in die Nacht pulsierender Treffpunkt. mqw.at

Stephansdom

Dieses von den Wienern liebevoll „Steffl" genannte Wahrzeichen der Stadt ist das bedeutendste gotische Bauwerk Österreichs. Seine Entstehungsgeschichte reicht bis 1147 zurück, als man hier eine erste, noch romanische Kirche weihte. Diese wurde Mitte des 13. Jhs. durch einen ebenfalls romanischen Neubau ersetzt, dessen Reste – das Riesentor mit den beiden Heidentürmen – bis heute die Westfront des Doms bilden. Der Kirchenraum, den Adolf Loos als „weihevollsten der Welt" pries, beherbergt eine Vielzahl einzigartiger Kunstschätze. Traumhafte Ausblicke über die Stadt genießt du, wenn du über 343 enge Stufen zur Türmerstube im Südturm hochsteigst. stephanskirche.at

Abends, wenn die sanfte Sonne tief steht, wird Prag tatsächlich zur „Goldenen Stadt"

IM GOLDENEN LICHT

Das Wandelwunder Prag

Ahoj, die Verführerin mit tausend Schleiern wartet auf dich

Prag, das goldene, tausendjährige, hunderttürmige – eine Stadt der Geschichte und Geschichten, der heimlichen Gärten und barocken Winkel, von Büros und Business, von Start-ups und hektischem Treiben. Prag lebt den Wandel seit Jahrhunderten und geht ein spannungsreiches Wechselspiel aus Tradition und Moderne, aus Gegenwart und Vergangenheit ein.

In Kneipen wie dem Bukowski's lässt es sich herrlich versacken

Quirliges Leben in märchenhaften Gassen

Eine amerikanische Reisegruppe folgt artig ihrem Stadtführer, asiatische Brautpaare posen für den Fotografen, auf der Jagd nach dem romantischsten Hochzeitsfoto. Prag gehört zu den schönsten Städten der Welt, und das hat sich herumgesprochen. Dabei fasziniert die Touristen aus Übersee an Prag genau das Gleiche wie die Euro-Weekender aus den nahen Nachbarländern: die märchenhafte Stadtkulisse voller Kirchen und Paläste, die majestätische Karlsbrücke mit ihrer spektakulären Statuengalerie, die versteckten Gärten und stillen Gässchen. Doch Prag ist alles andere als ein betuliches Museum: Lass dich im Zentrum vom quirligen Leben mitreißen oder entdecke die junge Szene in den aufblühenden Vorstädten. Boutiquen, Bars und Bistros, aber auch brave Bürger im Bierdunst – Prag ist eine Stadt mit vielen Gesichtern. Und dabei immer noch erfreulich günstig.

Durch ein riesiges Denkmal streifen

Heute ist Prag die Hauptstadt eines kleinen Landes mit gerade einmal 10 Mio. Einwohnern, eine Metropole aus der zweiten Reihe – doch das war nicht immer so. Zweimal wurde von hier aus halb Europa regiert. Unter Kaiser Karl IV. wuchs Prag im 14. Jh. zur damals größten Stadt des Kontinents heran. Karlsbrücke, Universität oder die komplette (gar nicht so neue) Neustadt – vieles im Bild und im Leben der Stadt erinnert an diesen großen Herrscher. Den zweiten Boom erlebte Prag an der Wende vom 16. zum 17. Jh., die Ansammlung prachtvoller Palais im Renaissance- und Barockstil rund um die Burg und auf der Kleinseite zeugen bis heute davon. In den folgenden Jahrhunderten sank die Bedeutung Prags – für das Stadtbild war gerade das ein Segen. Was anderenorts durch Modernisierungen zerstört wurde, blieb in Prag erhalten. Heute besitzt die Stadt eine der weitläufigsten Denkmalzonen Europas, fast das ganze Zentrum gehört zum Unesco-Weltkulturerbe.

Den Pragern beim Leben und den Touristen beim Staunen zuschauen: auf dem Altstädter Ring

Eine Stadt erfindet sich neu – tschechisch & weltoffen

Das internationale und weltoffene Flair der 1,2-Mio.-Stadt ist vor allem den Touristen zu verdanken. Auf dem Hradschinplatz liegt einem Prag zu Füßen, das Panorama ist atemberaubend und ungezählte Kirchturmspitzen machen klar, woher der Beiname des „hundertürmigen Prag" kommt. Mit einer Wirtschaftsleistung von mehr als 200 Prozent des EU-Durchschnitts ist die Stadt heute die drittreichste Region der Union. Die alten Industrievororte Karlín, Smíchov und Holešovice haben sich zu Bürostädten und Szenetreffs gemausert, in puncto Lebenshaltungskosten ist Prag eine der günstigsten Metropolen Europas. Modernisierung und Neuerfindung der Stadt nach 1989 wurden in einem Tempo vollzogen, das manchem Bewohner den Atem raubt. Wo gestern noch ein kleines Lebensmittelgeschäft war, sitzt heute eine Sushibar, und aus dem traditionsreichen Kleinseitner Café wurde eine Starbucks-Filiale. Doch diese Zeiten sind vorbei. Die Prager erobern ihre Stadt zurück – kreativ und mit Pfiff. In leer stehenden Industriearealen entstehen Ateliers, Kunstzentren und Coworking-Spaces, kleine Cafés und Bars sind die Kristallisationspunkte für neues urbanes Leben in den Vierteln, Märkte und Gastrofestivals etablieren sich, auf der Partymeile Náplavka tobt das Leben bis in die Nacht – die jungen Prager nehmen den öffentlichen Raum ihrer Stadt wieder in Besitz.

Ziellose Spaziergänge hinein in Magie und Mystik

Das junge Leben und die alte Stadt – Tradition und Moderne sind in Prag keine Gegensätze. In den Gassen und Winkeln zwischen den Palästen von Altstadt und Kleinseite haben sich Mystik und Magie der Stadt erhalten. Das Gewirr der versteckten Gässchen ist wie geschaffen dafür, den Reiseführer zuzuschlagen und sich in ziellosen Spaziergängen in der Atmosphäre Prags zu verlieren. Wenn im November Nebelschwaden über den Plätzen hängen, dann wirkt in Prag die Vergangenheit intensiver als die Gegenwart. Eine „Verführerin mit tausend Schleiern" hat der aus Tschechien stammende Filmregisseur Miloš Forman die Stadt Prag einmal genannt. Ihren unwiderstehlichen Reiz hat sie bis heute behalten.

Der Golem und die Knödel

Prags Geheimnisse erkunden

Highlights

- Die Goldene Stadt für Schnell-Checker und Durchblicker
- Obendrüber und mittendrin
- Bergbahn fahren, Golem fangen, Knödel finden

Strecke & Dauer

- Von der Standseilbahn bis zur Weinbar Monarch
- 10 km
- 1 Tag, reine Gehzeit 3 Stunden

Beste Zeit

- Prag hat tendenziell kalte Winter und heiße Sommer.
- Wirklich ruhig ist es nur im Winter (November bis Februar), dann sind auch die Unterkünfte deutlich billiger.

Gut zu wissen

- Gleiche *jízdenky* (Fahrkarten) können für Straßenbahn, Metro und Bus sowie für die Moldau-Linienbötchen benutzt werden.
- Fahrräder (*rekola.cz*), E-Bikes und Miniscooter (*li.me/de*) oder Elektro-Motorroller (*be-rider.com*) gibt es in der Innenstadt.

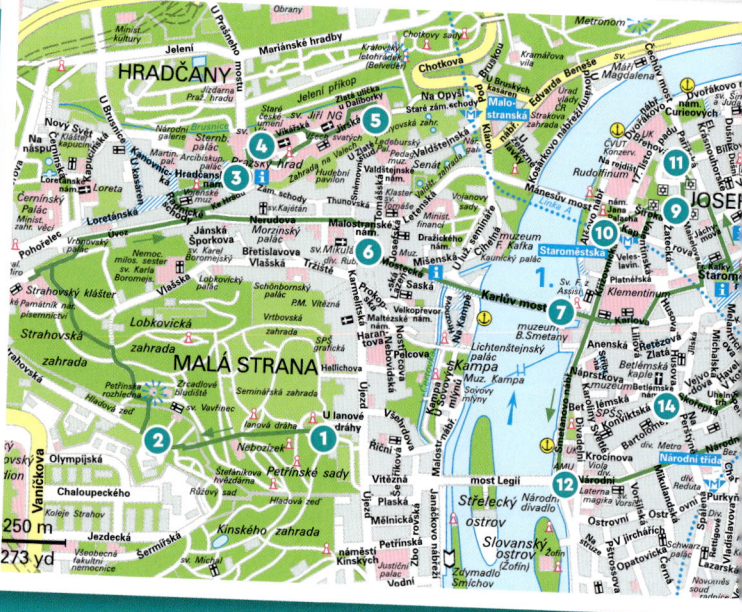

Die Tour

 Standseilbahn

 Petřín

Über den Dächern von Prag

Erst einmal einen Überblick verschaffen: Mit der Standseilbahn aus dem Jahr 1891 geht es von der Kleinseite in wenigen Minuten hinauf auf den Petřín. Altstadt, Kleinseite und Moldau liegen dir jetzt zu Füßen, während von links der Hradschin grüßt. Was für ein Ausblick! Zu Fuß geht's am Eiffeltürmchen vorbei, einige Treppenstufen hinunter und durch einen Obstgarten unterhalb des Strahov-Klosters. Für eine Pause mit herrlicher Aussicht bieten sich immer wieder Sitzbänke am Weg an.

Zeitreise in die Burg

Der Weg aus der grünen Oase hinaus führt auf die Straße Úvoz, die du hinuntergehst, bis linker Hand steile Treppen (Radnické schody)

Wo der heilige Nepomuk die Ewigkeit verschläft: der Sankt-Veits-Dom

hinauf auf den Hradčanské náměstí – den Hradschin – führen. Die keulenschwingenden Giganten am Haupttor sind arbeitslos: Ihren Job übernimmt ein Sicherheitscheck am Nebeneingang. Nach der Kontrolle gelangst du in das riesige Areal des heutigen Präsidentensitzes. Beim Schlendern durch den Komplex darfst du zwei Highlights keinesfalls auslassen: den Besuch im Sankt-Veits-Dom und den Bummel durch das Goldene Gässchen. Zurück durch das Haupttor geht es nun links den Königsweg hinunter, den die Könige einst am Tag ihrer Krönung von der Altstadt hinauf zur Burg liefen. Heute ist er die Hauptschlagader des Tourismus – aber dennoch ein Erlebnis! Ignorier die Souvenirläden und genieß das reizvolle Wechselspiel aus Bürger- und Adelspalais entlang der Nerudova.

Hradschin ❸
Sankt-Veits-Dom ❹
Goldenes Gässchen ❺

Von Knödeln zum Kaffee trödeln

Kein Pragbesuch ohne Knödel: Im Restaurant der Malostranská beseda (*malostranska-beseda.cz*) stehen immer klassisch-böhmische Gerichte auf der Speisekarte. Aber auch wer's leichter mag, wird hier fündig. Während des Essens kannst du von hier außerdem das Treiben auf dem Kleinseitner Platz beobachten. Danach geht's durch die Mostecká auf die Karlsbrücke, Prags berühmteste und älteste Moldaubrücke. Das Gedränge ist hier groß, aber immer wieder

Malostranská beseda ❻
Karlsbrücke ❼

Wo Kafka schrieb und Alchimisten forschten: das Goldene Gässchen

Märchensatt und zaubervoll: die erker- und türmchengespickte Teynkirche

● **8 Altstädter Ring**

bieten sich herrliche Ausblicke. Und die Straßenkünstler sind nicht die schlechtesten: Sie müssen ihre Lizenz regelmäßig vor einer Jury erkämpfen. Auf der Altstadtseite heißt der Königsweg nun Karlova. Irgendwann öffnen sich die engen Gassen, und plötzlich stehst du auf dem Altstädter Ring, Prags wohl schönstem Platz. Wer jetzt Erholung und einen Koffeinschub braucht, findet beides im Café NG Kinsky (*cafengkinsky.cz*) in der Nationalgalerie.

● **9 Alter jüdischer Friedhof**
● **10 Pinkas-Synagoge**
● **11 Altneusynagoge**

Durch die Josefstadt

Unmittelbar hinter dem Altstädter Ring – du gehst links durch die Prachtstraße Pařížská – liegt das Viertel Josefov. In den Überbleibseln des einstigen Ghettos, das Ende des 19. Jhs. zu einem prächtigen Gründerzeitviertel saniert wurde, begegnest du der tausendjährigen jüdischen Geschichte in Prag – am eindrucksvollsten auf dem alten jüdischen Friedhof mit seinen unzähligen Grabsteinen. Aber vergiss nicht, auch für die Pinkas-Synagoge und die Altneusynagoge (beide: *jewishmuseum.cz*), auf deren Dachboden einst der Golem gehaust haben soll, genügend Zeit einzuplanen.

Der Golem und die Knödel

Zeit spielt für die moosbedeckten Grabsteine auf dem Alten Jüdischen Friedhof keine Rolle

Schlendern, schauen, shoppen

Staatsoper

Nun ist es Zeit zum Verschnaufen: Über die Valentinská und rechts über die Kaprova geht es zur Tram-Station und mit der 18 entlang der Moldau zwei Stationen bis zur Haltestelle Národní divadlo und zum berühmten Café Slavia (cafeslavia.cz). Dessen Pluspunkte sind nicht nur die leckeren Speisen und das klare Art-déco-Interieur. Denn da sind auch noch die großen Fensterscheiben, durch die du freie Sicht auf Nationaltheater, Moldaukai und Hradschin hast. Bei diesem Ausblick kann man schon mal die Zeit vergessen. Aber jetzt solltest du allmählich an ein Mitbringsel denken. Auf der Nationalstraße (Národní) und den sich anschließenden Fußgängerzonen 28. října und Graben (Na příkopě) folgt ein Geschäft auf das andere. Genügend Inspiration ...

Klangvoller Abendgenuss

Ständetheater
Weinbar Monarch

Wenn du links in die Havířská abbiegst, stößt du direkt auf das Ständetheater (narodni-divadlo.cz). Eine Oper ist hier nicht nur ein musikalisches Erlebnis, auch der klassizistische Glanz des Saals wird dich überwältigen. Mozarts „Don Giovanni" wurde hier uraufgeführt. Karten solltest du dir besser im Voraus besorgen, sicher ist sicher. Anschließend kannst du den Tag in der Weinbar Monarch (monarch.cz) stilvoll ausklingen lassen. Dazu musst du nur noch ein paar Meter durch die Rytířská und die Skořepka schlendern.

Sehenswertes am Wegesrand

Vom Petrin-Hügel aus gesehen macht die vieltürmige Schöne an der Moldau ihrem goldenen Spitznamen alle Ehre

Petřín-Gärten

Der Petřín-Hügel mit seinen Obstwiesen und seiner weiten Aussicht gehört zu den Lieblingsorten der Prager. Von der Tramstation Hellichova führt eine Standseilbahn nach oben zum Aussichtsturm (Petřínská rozhledna) von 1891, für den sichtbar der Eiffelturm Modell stand. Gleich nebenan kann man im historischen Spiegellabyrinth (Bludiště) die Sonntagsfreuden der Urgroßeltern nacherleben.

Hradschin

Der Hradschin gilt mit 7,28 ha als das größte geschlossene Burgareal der Welt und ist Symbol des tschechischen Staats. Seit über tausend Jahren residieren hier die böhmischen Fürsten und Könige. Das heutige Erscheinungsbild geht im Wesentlichen auf Kaiserin Maria Theresia zurück, die in der zweiten Hälfte des 18. Jhs. eine grundlegende Renovierung veranlasste. Die ältesten baulichen Relikte stammen aber aus dem 9. Jh.; seitdem hat jeder Herrscher und jeder Stil hier seine Spuren hinterlassen. Die Große Wachablösung täglich um 12 Uhr am Burgtor ist ein sehenswertes und gratis zugängliches Spektakel. Tipp: Am Tor an der alten Schlossstiege ist der Andrang meist am geringsten. Wer das Burgareal besichtigt, sollte unbedingt auch einen Streifzug durch das umliegende Viertel Hradčany, die Burgvorstadt, machen. Zu den schönsten Prager Erlebnissen gehört ein Spaziergang durch die zeitentrückten Gässchen der Neuen Welt (Nový Svět).

St.-Veits-Dom (Katedrála sv. Víta)

Der wichtigste und größte Sakralbau des Landes ist vor allem ein Nationalsymbol. Schließlich liegt hier – inmitten zahlreicher Nachfolger – Kaiser Karl IV. begraben, den die Tschechen bis heute als ihren größten Herrscher verehren. Karl war es auch, der 1344 den Grundstein zum heutigen Dom legen ließ. Danach ging es nur noch zäh weiter, die Stile wechselten schneller, als der Bau vorankam. Der gesamte Dom wurde – 585 Jahre nach Baubeginn – pünktlich zur Tausendjahrfeier des Heiligen Wenzel 1929 fertig. Prachtvoll ist das aus 1,7 t massivem Silber gefertigte Hochgrab des hl. Nepomuk – der Legende nach hat ihn König Wenzel IV. von der Karlsbrücke stürzen lassen, weil er das Beichtgeheimnis der Königin nicht verraten wollte.

Sonne, Mond und Tierkreiszeichen: Die astronomische Uhr am Rathaus ist ein Meisterwerk

Goldenes Gässchen (Zlatá ulička)

Das Touristenamt hat in der schmalen Furt an manchen Tagen mehr Besucher gezählt als auf der Karlsbrücke. Um den Touristenstrom zu drosseln wird zur Hauptöffnungszeit Eintritt kassiert. Wer nach 16 Uhr (Nov.–März) bzw. 17 Uhr (April–Okt.) kommt, kann Prags berühmtestes Gässchen bis zur Schließung des Burgareals (22 Uhr) nicht nur umsonst, sondern auch ohne Gedränge besichtigen. Das einzige Gold, das hier je hergestellt wurde, waren wohl die Erzählungen von Franz Kafka. Er lebte 1916 für einige Monate in der viel besuchten Nr. 22.

Karlsbrücke (Karlův most)

400 Jahre lang war die auf 16 Pfeilern ruhende, 10 m breite und 520 m lange gotische Karlsbrücke die einzige Verbindung zwischen Altstadt und Kleinseite. Kaiser Karl IV. ließ sie 1357 unter der Aufsicht von Peter Parler bauen – mit blanker Brüstung: Erst zwischen 1657 und 1714 kamen die meisten der heute kaum wegzudenkenden Statuen hinzu. Das Handauflegen am Relief im Brückenpfeiler soll Glück bringen – die blank geriebene Stelle macht klar, wie viele Besucher das glauben.

Altstädter Ring (Staroměstské náměstí)

Prags ältester Platz ist seit dem 12. Jh. der Dreh- und Angelpunkt der Stadt. Mit seinem Rahmen aus prachtvollen Palais von Gotik bis Jugendstil ist er der ideale Ort zum Schauen, Genießen und Flanieren. Tafeln erinnern an Berühmtheiten, die hier wohnten oder verkehrten – u. a. Franz Kafka, Albert Einstein und Bedřich Smetana. Heute finden auf dem Ring nur noch Weihnachts- und Ostermärkte statt. Meist auf dem Altstädter Ring starten Gratisstadtführungen verschiedener Anbieter (z. B. *freewalking tourprague.eu*, *guruwalk.com*). Finanziert werden die Touren allein über Trinkgelder.

Alter jüdischer Friedhof (Starý Židovský hřbitov)

Was wie kunstvoll arrangiert aussieht, entstand aus purer Platznot: Weil auf einem jüdischen Friedhof Gräber nicht nach einer bestimmten Zeit „aufgehoben" werden dürfen, musste hier jahrhundertelang neue Erde aufgeschüttet werden. Als Ergebnis liegen die Toten in bis zu neun Schichten übereinander, und die kunstvollen Grabsteine stehen dicht an dicht. Das letzte Begräbnis fand hier nachweislich im Mai 1787 statt, aber wann das erste der schätzungsweise 200 000 Gräber ausgehoben wurde, weiß niemand so genau. Der älteste der 12 000 Steine stammt jedenfalls aus dem Jahr 1439.

Wie ein Atemholen in der Enge der Altstadt: Krakaus riesiger Hauptplatz, der Rynek Główny

ZAUBERHAFTE ZEITREISE

Das unzerstörbare Krakau

Halo, in der Stadt mit dem größten Herzen der Welt

In Krakaus Gesicht spiegeln sich die Jahrhunderte. Aber von steifer Museumsatmosphäre keine Spur: Die Metropole an der Weichsel steckt voller Energie und fast südländischer Lebhaftigkeit.

Alles echt am Rynek Glowny: Krakau blieb jahrhundertelang heil

Spür die Magie einer Märchenstadt

Es scheint, als lägen über der Stadt gleich mehrere Zauber. Einer, der sie jahrhundertelang vor der Zerstörung durch Eroberer und feindliche Mächte schützte. Einer, der sie im 14. und 15. Jh. zu einem der wichtigsten geistigen Zentren Europas machte. Und einer, der das Juwel an der Weichsel heute zur wohl am häufigsten besuchten Stadt Polens macht. Krakaus besondere Atmosphäre, ein Mix aus Kultur und prallem Leben, aus Historie und Moderne, aus Zukunft und Legenden, lockt Jahr für Jahr mehr Gäste, die auf den Spuren von Kopernikus spazieren, Festivals miterleben und auf Zeitreise inmitten unvergänglicher Architektur gehen wollen. Oder das Leben genießen, in Restaurants, Cafés und Clubs, die sich nicht vor denen größerer Metropolen verstecken müssen.

Komm an mein Herz, Krakau!

Krakau hat ein großes Herz. Genau genommen ist es eines der größten der Welt: Der Rynek Główny, der Marktplatz im Zentrum der Altstadt, misst 200 mal 200 m, eine Fläche, die allein schon durch ihre Weite inmitten des schachbrettartig angelegten Häusermeers beeindruckt. Umgeben ist das Herz Krakaus von reiner Schönheit, von Häusern und Gebäuden aller Architekturstile und aus allen Jahrhunderten. Denn die Metropole an der Weichsel hat die letzten 800 Jahre praktisch unzerstört überstanden. Und ist dabei alles andere als ein Museum: Auf dem Marktplatz konzentriert sich das Leben, hier treffen sich die Krakauer, hier ist das meiste los, bis tief in die Nacht – und tief unter der Erde. Denn eine ganze Reihe der mehr als 100 Cafés, Restaurants, Bars und Clubs rund um den Rynek Główny, die Krakaus Kreislauf vor allem in warmen Sommernächten auf Hochtouren bringen, liegen in urigen Kellergewölben aus Backstein unter der Straße.

Wo Dichter, Musiker und Maler virtuos wirken konnten

Dass Warschau vor 400 Jahren mit dem Umzug des Königshofs auch die Hauptstadtwürde bekam, hat Krakau nur schwer verwunden.

Das Leben hat gesiegt: Das jüdische Viertel Kazimierz ist heute junger Szene-Hotspot

Doch die Stadt kompensierte den Sturz in die relative Bedeutungslosigkeit auf ihre Weise: Sie wurde zur Magischen, zur Bewahrerin von Geschichten und Legenden, zur Mäzenin von Dichtern, Musikern und Malern. Dass Krakau heute als Polens Kulturhauptstadt gilt, liegt also nicht nur an der Pracht ihrer architektonischen Schätze, die dem gesamten Zentrum das Prädikat des UNESCO-Weltkulturerbes einbrachten. Es sind auch die – gemessen an der relativ niedrigen Einwohnerzahl von rund 780 000 – vielen Theater, Konzertsäle, Galerien und Museen, die diesen Ruf unterstreichen. Dazu kommen eine Jazzszene, die von Kennern mit der von New York verglichen wird. Und dann ist da noch die Klezmermusik, die traditionelle jüdische Volksmusik, die lebendig ist wie eh und je und die Bedeutung Krakaus als ehemaliges Zentrum jüdischen Lebens in Europa unterstreicht.

Niemals vergessen – und doch ins Heute aufbrechen

Das jüdische Erbe konzentriert sich auf Kazimierz, eine ehemals unabhängige Stadt, die 1800 eingemeindet wurde. Das friedliche Miteinander mit den katholischen Nachbarn endete erst mit der deutschen Besetzung Polens 1939: Nur rund 5000 der 60 000 in Kazimierz ansässigen Juden überlebten die nationalsozialistischen Gräuel. Heute hat sich Kazimierz seine ganz eigene Atmosphäre bewahrt, es ist ein junger und hipper Bezirk, beliebt bei Studenten und Künstlern, angesagt bei Nachtschwärmern und Szenegängern, die in Kneipen und Cafés die Sommernächte durchfeiern und auf Flohmärkten nach Retro-Chic stöbern.

Feier mit den Krakauern!

Überhaupt zeichnet sich das jahrhundertealte Krakau durch jugendliche Frische aus. Mit rund 200 000 Studierenden ist es eine junge Stadt. Die Krakauer wissen, dass sie in einer besonderen Stadt leben – und sind sehr stolz auf sie. Sie lieben und kultivieren ihre Geschichte und Traditionen und sie können sie tagelang feiern, ob der Grund nun weltlich oder religiös sein mag. Man sagt den Krakauern aber auch nach, dass sie sehr sparsam, um nicht zu sagen geizig seien. Das mag vielleicht stimmen, aber sie sind auf jeden Fall gastfreundlich und weltoffen.

JAHRHUNDERTE SIND EIN TAG

Vom Schloss ins Partyviertel

Highlights

- Reise durch die Jahrhunderte in der Altstadt
- Meisterwerk: ehrfürchtiges Staunen über den Veit-Stoß-Altar
- Begegnungen mit dem jüdischen Erbe in Kazimierz

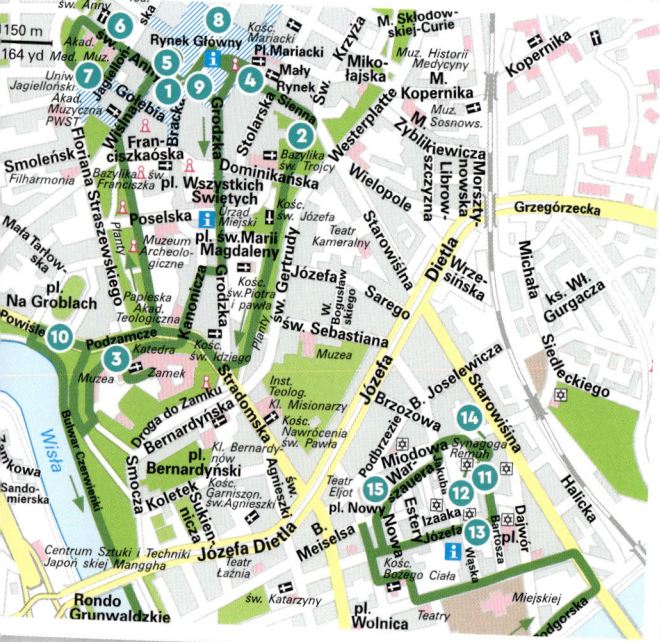

Strecke & Dauer

- Vom Rynek Główny (Marktplatz) zum Plac Nowy (Neuer Platz)
- 10 km
- 1 Tag, reine Gehzeit 2,5 Stunden

Beste Zeit

- In Frühjahr und Herbst ist die Stadt nicht ganz so voll.
- Von Juni bis August finden Krakaus berühmte Festivals statt, etwa die Drachenparade oder das Festival der jüdischen Kultur.

Gut zu wissen

- Die meisten Ziele in und rund um die Altstadt erreichst du zu Fuß.
- In die Außenbezirke kommst du am schnellsten und billigsten mit Bussen und Straßenbahnen, die meist bis gegen 23 Uhr fahren.

Die Tour

1. Rynek Główny
2. Planty
3. Wawel-Hügel

Königliche Ausblicke vom Wawel-Hügel

Am Rynek Główny liegt deine Frühstücksadresse: Das Kawiarnia Noworolski (noworolski.com.pl) weckt Erinnerungen an das Krakau der k. u. k.-Zeit. Von hier aus schlenderst du später über die Ulica Sienna und dann nach rechts durch die grünen Planty in etwa 15 Minuten zum Wawel. Vor dir liegt nun der Wawel-Hügel, der ehemalige Sitz der polnischen Könige. Besuch die Kathedrale und das Schloss. Vom Sigismundturm ist der Blick auf die Stadt prächtig, durch die Drachenhöhle verlässt du den Hügel, kommst zum Fluss und zum Drachendenkmal.

4. Marienkirche
5. Café Szał

Der frische Glanz des Mittelalters

In einer Viertelstunde bist du zu Fuß zurück auf dem Rynek Główny – wo dich ein künstlerischer Leckerbissen erwartet: der

Schloss und Kathedrale demonstrieren auf dem Wawel-Hügel Macht und Pracht

weltberühmte Veit-Stoß-Altar in der Marienkirche. Während der anschließenden Besichtigung der prächtigen gotischen Basilika eröffnet sich dir vom frisch renovierten Turm einer der schönsten Ausblicke auf die Stadt. Vom höheren der Türme erklingt stündlich der *hejnał*, das traditionelle Trompetenspiel, das um 12 Uhr sogar landesweit im Radio übertragen wird. Du lauschst ihm bei einem Imbiss im Café Szał (*facebook.com/Cafeszal*), das auf kurzem Weg zu den Tuchhallen liegt.

Wie man vor Jahrhunderten studierte

❻ Annakirche
❼ Collegium Maius

Gestärkt biegst du an der südwestlichen Ecke des Rynek Główny hinterm Rathausturm in die Ulica św. Anny ein und gehst die Straße entlang, bis auf der rechten Seite die prunkvolle barocke Annakirche aufragt, nach links geht es zum Universitätsgebäude. Der Besuch im Museum des Collegium Maius versetzt dich ins Mittelalter. Verpass nicht das Glockenspiel im Innenhof der Uni, das alle zwei Stunden ertönt.

Mit der Kutsche durch die Stadt

❽ Unterirdischer Marktplatz
❾ Kutschfahrt

Aus den Höhen der Wissenschaft geht es nun unter die Erde: In der Ausstellung Unterirdischer Marktplatz in den Tuchhallen spazierst du auf dem mittelalterlichen Niveau der Stadt. Wieder an der Oberflä-

Jahrhunderte sind ein Tag

Tanz! Sing! Iss! Im Klezmer Hois ist die jüdische Tradition lebendig wie eh und je

che steht die nächste Zeitreise an, vom Rynek Główny aus geht es bei einer Kutschfahrt mitten hinein in die Epoche des Fin de Siècle im 19. Jh.: die Ulica Grodzka entlang und an der Franziskanerkirche und der Peter-und-Paul-Kirche vorbei. So gelangst du in 30 Minuten in die älteste Straße der Stadt: die Ulica Kanonicza mit ihren prächtigen bischöflichen Palästen. Geh nun rechts am Wawel-Hügel vorbei, bis du an der Weichsel bist. Geh nun nach links und eine halbe Stunde immer am Fluss entlang, bis du an der Doppelbrücke Kładka Ojca Bernatka abermals nach links auf die ruhige Ulica Podgórska wechselst.

- ⑩ Alter jüdischer Friedhof
- ⑪ Remuh-Synagoge
- ⑫ Ulica Józefa

Auf den Spuren des Krakauer Judentums

Nun bist du im Herz der ehemaligen jüdischen Stadt Kazimierz. Spazier die Ulica Szeroka entlang an der Synagoga Stara vorbei zum Alten jüdischen Friedhof. Direkt nebenan liegt die Remuh-Synagoge, die du besichtigen kannst. Interessant ist auch der Laden mit Souvenirs, jüdischer Musik und Literatur. In der Nähe liegt dann die lange Ulica Józefa, die von kleinen, aber interessanten Geschäften und Galerien gesäumt ist oder von Vintage- und Schmuckläden wie Blazko Jewellery (*blazko.pl*). Bevor du nun mit handgemachten, einmaligen Souvenirs die Straße verlässt, schaust du noch in den Innenhof des Hauses Ulica Józefa 12, wo Szenen zum Kinofilm „Schindlers Liste" gedreht worden sind. Nachdem du den Innenhof durchquert hast, biegst du rechts in die Ulica Meiselsa ab.

- ⑬ Klezmer Hois
- ⑭ Plac Nowy

Klezmer und Kneipen – auf in Krakaus Nachtleben

Schlender noch einmal zurück zur Remuh-Synagoge, in deren direkter Nachbarschaft das Klezmer Hois (*klezmer.pl*) liegt. Lass dir hier die jüdischen Spezialitäten schmecken. Mit etwas Glück kannst du sogar einem Klezmerkonzert lauschen. Schnupper rund um den trubeligen Plac Nowy auf dem Weg zur Kultkneipe Alchemia (*alchemia.com.pl*) am Nachtleben im angesagtesten Viertel der Stadt.

Der monumentale Eros des Bildhauers Igor Mitoraj macht Fotografen auf dem Rynek Główny glücklich

SEHENSWERTES AM WEGESRAND

Zwiegespräch der Krakauer Wahrzeichen: die Marienkirche mit ihren zwei unterschiedlichen Türmen und die Tuchhallen

Rynek Główny (Marktplatz)

Der Krakauer Marktplatz, Europas größter mittelalterlicher Platz mit 40 000 m² (200 x 200 m), war immer und ist bis heute das Zentrum nicht nur des kulturellen Lebens der Stadt. Und an einem schönen Sommertag fühlst du dich hier wie in Italien, nicht nur wegen der vielen Tauben, sondern auch wegen der Renaissancearchitektur der Tuchhallen und der Wohnhäuser. Die Bürgerhäuser am Marktplatz zeigen alle möglichen architektonischen Stile – von der Gotik bis hin zu Gebäuden, die im 20. Jh. entstanden sind.

Planty

Schwerter zu Pflugscharen! Und Festungsmauern zu lauschigen Parks: Die 4 km lange Grünanlage, die die Altstadt umgibt, entstand dort, wo sich früher Mauern und Wassergräben befanden. Hol tief Luft beim Schlendern duch die Planty mit ihren Alleen, Teichen, Blumenbeeten und Wiesen und erleb die Stadt aus einer anderen Perspektive – von außen. Für Jogger ist die 20 ha große Grünfläche perfektes Trainingsgebiet.

Katedra św. Stanisława i Wacława (Wawel-Kathedrale)

Dass die Erzkathedrale St. Stanislaus und Wenzel, wie die in der Nachbarschaft des Schlosses auf dem Wawel-Hügel liegende Krakauer Kathedrale offiziell heißt, wegen ihrer Symbolik und ihrer Funktion die wichtigste Kirche im ganzen Land ist, ist unbestritten. Die Krönungskirche der polnischen Monarchen ist das dritte Gotteshaus an dieser Stelle, sie stammt aus dem 14. Jh., wurde aber über die Jahrhunderte unzählige Male umgebaut. Statte auf jeden Fall dem Wieża Zygmuntowska (Sigis-

Nach ihrer Renovierung ist die Remuh-Synagoge wieder Mittelpunkt der jüdischen Gemeinde

mundturm) mit einer tollen Aussicht einen Besuch ab. *katedra-wawelska.pl*

Zamek Królewski (Königliches Schloss)

Streichhölzer sollten im Schloss eigentlich tabu sein, so oft, wie es in seinen Mauern seit dem allerersten Bau aus dem 11. Jh. gebrannt hat. Ein Feuer etwa war der Grund, warum sich König Zygmunt Stary als Baumeister betätigen konnte: Er ließ die Residenz als erste im Land im Renaissancestil wieder aufbauen (1504–1536). Italienische Künstler aus Florenz erschufen das monumentale dreistöckige Gebäude mit seinem heute traumhaft schön renovierten Arkadeninnenhof. Bis Ende des 16. Jhs. diente das Schloss den polnischen Monarchen als offizielle Residenz – bis erneut ein Brand dazu führte, dass König Zygmunt III. Waza mit dem Hof nach Warschau zog. Aufgebaut wurde es nun im barocken Stil. Im Schloss befindet sich heute ein Museum, alle Räume sind zugänglich. *wawel.krakow.pl*

Collegium Maius

Die Jagiellonen-Universität ist die älteste polnische Hochschule und eine der ältesten der Welt, gegründet wurde sie 1364. Besonders sehenswert im Collegium Maius, dem ältesten Universitätsgebäude der Stadt, ist das sogenannte Kristallgewölbe in den Arkaden des gotischen Innenhofs. Wenn du nicht gerade zur Zeit des Glockenspiels hier bist, das alle zwei Stunden besonders viele Besucher anlockt und mit dem „Gaudeamus Igitur" endet, kannst du dich im Café im original gotischen Keller ins 15. Jh. zurückversetzen lassen, als Nikolaus Kopernikus hier studierte. Nicht verpassen solltest du das Universitätsmuseum mit den prachtvollen gotischen Räumen der Bibliothek, des Speiseraums der Professoren und der großen Aula. *maius.uj.edu.pl*

Sukiennice (Tuchhallen und Gemäldegalerie)

Die Tuchhallen in der Mitte des Marktplatzes sind eines der Wahrzeichen der Stadt. Hier wurde mit dem begehrtesten Artikel der Zeit – Tuchen und Stoffen – ebenso gehandelt wie mit Salz: Krakau lag an der Salzstraße und besaß Privilegien, die es zur reichsten Stadt der polnischen Monarchie machten. Das Gebäude entstand im 14. Jh. und wurde im 16. und 19. Jh. umgebaut. Die lange Halle mit den Arkaden an der Längsseite wird von einer Renaissanceattika geschmückt, die von Skulpturen in Form von Fratzen gekrönt wird. Bis heute dienen die Tuchhallen dem Handel: Im Erdgeschoss findest du Souvenirläden mit Bernsteinschmuck, Holz- und Lederwaren und anderem Kunsthandwerk.

Synagoga Remuh (Remuh-Synagoge)

In Kazimierz sind alle sieben Synagogen erhalten geblieben, und in der renovierten Remuh-Synagoge aus dem 16. Jh. werden am Schabas (also am Freitag nach Sonnenuntergang und am Samstag) und bei anderen jüdischen Festen regelmäßig Gottesdienste abgehalten. Ihr Inneres ist sehr schlicht und dezent verziert und entspricht dem Verbot im Alten Testament, in der Kunst Schmuckmotive aus der lebendigen Welt zu entlehnen. Der angrenzende Alte jüdische Friedhof (Stary Cmentarz) wird heute nicht mehr genutzt, ist aber wegen der vielen alten Grabsteine sehr sehenswert.

Der Sommer beinahe ewig, die Nächte heiß und lang, Rooftop-Bars unter freiem Himmel und dieses unbeschwerte Lebensgefühl: Ob quirlige Metropolen wie Athen und Madrid oder kleinere Perlen wie Nizza und Florenz – die Städte des Südens sind immer auch Paradiese der Sonne.

IM SÜDEN

In Athen sind Vergangenheit und Gegenwart untrennbar miteinander verbunden

Die Antike leben

Athens Gegensätze faszinieren

Jassas, im Schatten der Akrópolis

Schon im Landeanflug auf Athen enthüllt die griechische Metropole einen Aspekt ihrer Schönheit. Aus welcher Richtung die Maschine auch kommt, schwebt sie immer über Inseln und Ägäis ein, fällt der Blick aus den Kabinenfenstern auf hohe Berge, Strände, felsige Küsten und ein überwiegend weißes Häusermeer, in dem fast die Hälfte aller Hellenen zu Hause ist.

Sympathisch improvisierter Hinweis auf Weltberühmtes: in der Altstadt Pláka

Thissío, die Nordseite des Akrópolis-Hügels entlang zum Akrópolis-Museum fühlst du dich kaum noch in einer Großstadt. Links säumen berühmte Altertümer die breite, ganz Fußgängern vorbehaltene Promenade. Rechts sind niedrige Hügel von dichtem Grün bedeckt, zwischen denen sich antike Bauten verstecken. Im modernen Akrópolis-Museum wird man schließlich mit Athens bekanntestem Bauwerk bekannt gemacht – und kann auf der Terrasse in einer schicken Cafeteria Spezialitäten aus ganz Griechenland genießen.

Erkunde die Altstadt

Gehst du weiter um die Akrópolis herum, kommst du sogleich in Athens Altstadt, die Pláka. Sie ist der Kern des neuen Athens, das nach dem Befreiungskrieg gegen die Türken 1821–29 seine Wiedergeburt erlebte. Als Athen 1834 dann Hauptstadt des befreiten Griechenlands wurde, hatte es nur 5000 Bewohner. Die zunehmende Industrialisierung nach dem Ende des 19. Jhs. und die Umsiedlung Hunderttausender Griechen aus Kleinasien brachten ein enormes Bevölkerungswachstum mit sich. Heute zählt die Stadt mit all ihren Vorstädten ca. 3,8 Mio. Menschen. Zumeist in zarten Ockertönen gehaltene, ziegelgedeckte Häuser und klassizistische Stadtvillen aus dem 19. und frühen 20. Jh. säumen in der Pláka die meist autofreien Gassen, beherbergen kleine Museen, Galerien und historische Archive. An den Hauptachsen der Pláka reiht sich Laden an Laden, Taverne an Taverne. Nur ein paar Meter weiter sitzen Katzen auf Fensterbänken, fühlst

Lass dich fallen ins Athener Lebensgefühl

Einen besonders schönen Einstieg ins Athener Lebensgefühl bieten dir die Straßencafés in der Odós Adrianoú gleich gegenüber der antiken Agorá. Hier überblickst du das parkähnliche Gelände des antiken Marktplatzes, dahinter erhebt sich der steile Felshang der von Tempeln gekrönten Akrópolis. Wenn du dann zu einem ersten Stadtrundgang aufbrichst, wirst du schnell feststellen, wie kurz die Entfernungen zwischen fast allen wichtigen historischen Sehenswürdigkeiten, ganz unterschiedlichen Stadtteilen, Einkaufs- und Vergnügungsvierteln sind. In Athen erreichst du fast alles bequem zu Fuß. Auf dem Weg vom

So stimmungsvoll könnte eine lange Nacht im Partyviertel Gazi beginnen

du dich – wie im Stadtviertelchen Anafiótika – in ein ägäisches Inseldorf versetzt. Und überall entdeckst du antike Ruinen und kleine mittelalterliche Kirchen. Zum besonderen Flair der Athener Innenstadt tragen auch andere Stadtviertel bei: Im Thissío-Viertel trifft sich die Jugend bei Rockmusik in den ehemaligen königlichen Pferdeställen, zeigt eine Galerie moderne Kunst in den Räumen einer einstigen Hutfabrik. Im Psirrí-Viertel werden heute noch tagsüber in vielen kleinen Werkstätten Schuhe, Taschen und andere Lederwaren genäht, während abends die Tavernen, Bars und Musiklokale überwiegend junge Leute aus der ganzen Stadt anziehen. Sogar der alte Gasometer im Gázi-Viertel hat eine neue Verwendung als Kunstgalerie gefunden, um die herum Bars und Restaurants auch wohlhabende Gäste in Feinschmeckerrestaurants locken.

Am Hafen von der Inselwelt der Ägäis träumen

Gegenwart und Geschichte verschmelzen in Athen überall miteinander. Fast ebenso reizvoll kann es sein, sich einfach auf die griechische Lebensart einzulassen und die Kontraste zu beobachten, die unsere Zeit mit sich bringt. Die gut gekleideten jungen Leute mit iPhone und Sportwagenschlüsseln auf dem Kaffeehaustisch vor sich gehören ebenso dazu wie die Hunderttausende legale und illegale Immigranten aus Afrika und Asien, die dir überall in der Stadt als Straßenverkäufer begegnen. Athen ist eine Stadt der Gegensätze – und wird es aufgrund der Wirtschafts- und Finanzkrise, die das Land in den 2010er-Jahren beutelte, wohl noch lange bleiben. Auch in einem anderen Teil Groß-Athens, der Hafenstadt Piräus, ist die Krise zu spüren. Dennoch wirst du hier mehr hypermoderne Schnellschiffe – meist Katamarane – und riesige konventionelle Autofähren sehen als in den meisten anderen europäischen Häfen. In Piräus kannst du bequem einen ganzen Urlaubstag verbringen – es gibt interessante Museen, und zwischen den beiden Häfen Zéa Marína und Mikrolímano sowie an der Limanáki-Bucht findest du offizielle Badestrände. Außerdem sind Athen und Piräus das Tor zur Inselwelt der Ägäis.

GÖTTER, GRÄBER, WALNUSS-KUCHEN

Entdeckungen rund um die Akrópolis

Highlights

- Auf Märkten stöbern
- Athen von oben entdecken
- Griechische Musik – live

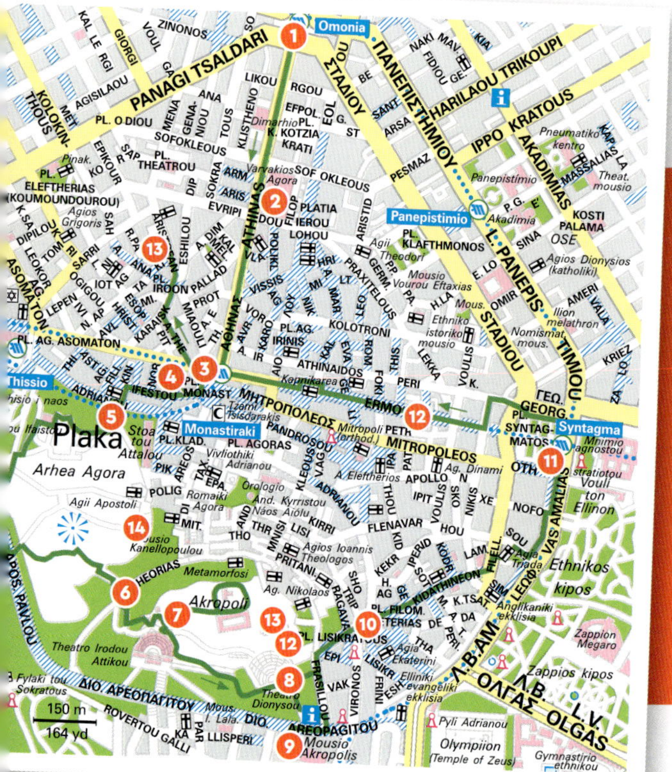

Strecke & Dauer

- Vom Omónia-Platz zum Páme Psirrí
- 6,5 km
- 1 Tag, reine Gehzeit 2 Stunden

Beste Zeit

- Juni, Juli und August sind extrem heiß in Athen, allerdings herrscht dann auch das quirligste Nachtleben.
- Im Frühjahr und im Herbst ist es angenehm warm, abends brauchst du eine Jacke.

Gut zu wissen

- Das Rückgrat des Athener Verkehrsnetzes bildet die U-Bahn *(metró)* mit drei Linien, die ständig weiter ausgebaut werden.
- Taxifahren in Athen ist billig. Alle Taxis sind mit Taxametern ausgerüstet.

Die Tour

1. Omónia-Platz
2. Markt
3. Hotel A for Athens
4. Flohmarktgasse Odós Iféstou

Oliven, Honig – und die Akrópolis immer im Blick

Vom Omónia-Platz mit seiner unterirdischen Metrostation folgst du der Athinás-Straße, auf der zahlreiche Straßenhändler die Bürgersteige säumen. Dabei hast du fast immer die Akrópolis vor Augen. Vorbei am Rathaus erreichst du Athens zentralen Markt. Rechts werden unter freiem Himmel Obst, Gemüse und importierte Lebensmittel aller Art angeboten, links in über 100 Jahre alten Hallen Fleisch und Fisch, Nüsse, Oliven und Honig. Die Athinás-Straße endet am Monastiráki-Platz mit seiner historischen Metrostation. Hier erklimmst du zunächst die Dachterrasse des Hotels A for Athens

Sie steht auch nach 2500 Jahren noch: die Agorá

(*aforathens.com*), wo du bei einem trendigen Freddo Cappuccino oder Freddo Espresso den Rundumblick über die Altstadt auf die Akrópolis genießt. Dann nimmst du rechts der Metrostation die Flohmarktgasse Odós Iféstou. Lass dir Zeit zum Stöbern – vielleicht kannst du ja ein Schnäppchen machen –, bevor du dich ins antike Athen begibst.

Von der Agorá auf die Akrópolis

Die Iféstou-Straße führt dich zum Eingang der parkähnlich angelegten antiken Agorá. Kauf gleich ein Kombiticket. Es gilt für alle Sehenswürdigkeiten dieser Tour (außer Akropolis-Museum). Bummel auf jeden Fall zum sehr gut erhaltenen Hephaistos-Tempel und schau in die byzantinische Kirche Ágii Apóstoli mit ihren mittelalterlichen Fresken hinein, bevor du die Agorá verlässt und auf der Odós Vrysáchou bergan gehst. Vorbei am Areopag-Felsen, den du kurz besteigen solltest, kommst du nun zum Eingang der Akrópolis. Für die Besichtigung der Akrópolis benötigst du mindestens eine gute Stunde. Besonders ausgiebig solltest du dir den Párthenon und das Erechtheion ansehen. Anschließend wirfst du von oben einen Blick ins das nur zu Aufführungen geöffnete Odeon des Herodes Atticus und steigst durch das Ausgrabungsgelände zum Diónysos-Theater hinab.

5 Agorá
6 Areopag-Felsen
7 Akrópolis
8 Diónysos-Theater

Atempause in der Großstadt: Athen kann auch lauschig

GÖTTER, GRÄBER, WALNUSSKUCHEN

- **9** Akrópolis-Museum
- **10** Eissalon Latífis

Mittags im Erlebnispark-Museum

Dem Theater gegenüber steht das Akrópolis-Museum. Dort gönnst du dir auf der Terrasse der schicken Museumscafeteria zunächst ein leichtes Mittagessen im Anblick des Götterfelsens, dann widmest du dich eine Stunde lang den Exponaten und erwirbst vielleicht noch ein „antikes" Souvenir im Museumsshop, bevor du dich wieder auf den Weg machst: Danach gehst du wieder zum kleinen Platz vor dem Eingang zum Diónysos-Theater. Gleich neben dem Eingang beginnt die Odós Frasíllou. Folge ihr ein kurzes Stück, dann biegst nach rechts in die Odós Théspidos ab. Sie überquert die Hauptsouvenirgasse Odós Adrianoú und führt als Odós Kidathinéon wieder leicht bergan weiter. Links liegt nun der Eissalon Latífis, der zu einer Pause bei leckerem Walnusskuchen mit Eis einlädt. Die Odós Kidathinéon gehst du nun bis zur Hauptverkehrsstraße Odós Filellínon weiter, auf der du nach links zum Síntagma-Platz kommst.

- **11** Síntagma-Platz
- **12** Odós Ermoú
- **13** Páme Psirrí

Ab ins Szeneviertel!

Am Síntagma-Platz fotografierst du die Evzonen, die vor dem Parlamentsgebäude in ihren traditionellen Uniformen Wache halten. Danach bleibt Zeit für etwas Shopping in der Fußgängerzone Odós Ermoú, die dich an der byzantinischen Kirche Kapnikaréa vorbei wieder zum Monastiráki-Platz führt. Zum griechisch-mediterranen Abendessen in stimmungsvollem Ambiente gehst du von dort ins Szeneviertel Psirrí. Du folgst zunächst noch der Odós Ermoú, biegst dann rechts erst in die Odós Agías Théklas und dann in die Odós Karaiskáki ab. So kommst du zur Platía Iróon, von der du nach wenigen Schritten auf der Odós Aristofánous die Musiktaverne Páme Psirrí (*pamepsirri.gr*) erreichst. Nach Mitternacht machst du dann die Clubs im Viertel unsicher, falls du dafür noch genug Power hast.

Für Mode-Aficionados und Shopping-Fans ein Muss: Athens Top-Einkaufstraße Ermou

Wo sich die Tavernentische ins Idyllische stapeln: genießen mit allen Sinnen in der Pláka

Sehenswertes am Wegesrand

Wo vor Jahrtausenden Recht gesprochen wurde, hast du heute eine Traumaussicht aufs Stadtgewusel: der Aeropag

Markthallen

In den über 100 Jahre alten Markthallen Athens hängen ganze Ziegen, Lämmer, Rinder- und Schweinehälften am Haken, Hühner sind fein säuberlich in Schlachtordnung aufgereiht, die Zungen der Lammköpfe alle pedantisch in die gleiche Richtung gelegt. Und alles ist so hygienisch, dass Fliegen und Geruch kaum eine Chance haben. In der Fischhalle ist zu sehen, was die Weltmeere und Zuchtfarmen Griechenlands an Essbarem hergeben. An den Außenfronten wird ringsum mit Nüssen und Oliven, Honig, Käse und Eiern, Wein und Spirituosen gehandelt. Auf der gegenüberliegenden Seite der Athínas-Straße ist der Obst- und Gemüsemarkt. Die Markttavernen sind außer sonntags rund um die Uhr geöffnet – sie bieten eine große Auswahl und sind vor allem nachts wegen ihrer heißen Suppen beliebt.

Agorá mit Agorá-Museum

Marktbummel mal ganz anders. Verkauft wird hier nichts mehr. Man fühlt sich vielmehr wie in einem wildromantischen Park mit schönen Ruinen. Dabei schlug hier auf der Agorá der Puls der Demokratie, über 1000 Jahre lang, vom 5. Jh. v. Chr. bis 580 n. Chr., bildete sie den Mittelpunkt des kommerziellen und gesellschaftlichen Lebens. Was davon übrig blieb, stammt freilich aus ganz unterschiedlichen Jahrhunderten. Das Bild, das die Agorá heute vermittelt, gehört am ehesten noch in die römische Zeit um Christi Geburt. Der besondere Reiz des kleinen Agorá-Museums: Viele der auf zwei Etagen ausgestellten Objekte erzählen vom politischen und privaten Alltag der Menschen vor über 2000 Jahren. Weitgehend original ist der Hephaistos-Tempel (Thiseion), Griechenlands besterhaltener Tempel überhaupt.

Als ob man tatsächlich durch die Zeit reisen würde: Ein Besuch im Akrópolis-Museum ist großes Drama

Areopag

Rund um die Uhr ist ein kleiner, nackter Fels nahe dem Eingang zur Akrópolis Athens schönster Aussichtspunkt. Der Zutritt ist frei. In der Antike tagte hier oben der oberste Gerichtshof Athens und verhandelte vorwiegend Mordsachen.

Akrópolis

Athens Akrópolis ist das bekannteste Monument der griechischen Antike. Den Griechen gilt sie als Nationaldenkmal, auf dessen heiligem Boden die Aufseher nicht einmal den Verzehr eines Sandwiches gestatten. Die Akrópolis (griech. Hochstadt) erhebt sich auf einem 156 m hohen Felssockel über der Ebene von Athen. Der Blick reicht bei klarer Sicht bis zu den Inseln im Saronischen Golf, Sálamis und Ägina. An schönen Wintertagen leuchten die schneebedeckten Gipfel des Peloponnes herüber. In der Antike war der Akrópolis-Fels ein idealer Burgberg, und die Akrópolis selbst war denn auch zu Beginn ihrer Geschichte wie noch das ganze Mittelalter über vor allem eine Festung. Im Lauf von 4000 Jahren veränderten sich die Funktionen des Berges immer wieder, und so zeigte die Akrópolis viele verschiedene Gesichter. Geblieben sind von den Bauten aus vier Jahrtausenden nur das Beulé-Tor, die Propyläen, der Nike-Tempel, das Erechtheion und der Párthenon. Manche Kritiker nennen die Akrópolis „eine künstliche Ruine". Sie bemängeln, dass in den letzten 160 Jahren alles abgerissen wurde, was nicht ins Bild der Archäologen und Altertumswissenschaftler passte. In der Tat: Auf noch nicht einmal 200 Jahre alten Aquarellen und Stichen erkennt man, dass die Akrópolis eine lebendige Stadt war. Im Párthenon erhob sich eine Moschee mit Minarett, in den antiken Gemäuern befanden sich ein Palast und ein Harem. Überall, wo Besucher heute über nacktes Gestein schreiten, standen Ställe und Häuser mit Gärten, drängten sich in den Gassen Menschen und Tiere.

Akrópolis-Museum

In diesem erst 2007 eröffneten Museum wird die Antike zum Erlebnispark. Glas ist das wichtigste Baumaterial, sodass die Besucher immer wieder die Akrópolis vor Augen haben. Das lang gestreckte Vordach des Museumseingangs, auf dem die exzellente Kafetéria Spezialitäten aus ganz Griechenland serviert, weist wie ein Pfeil zur Akrópolis hin. Das oberste Geschoss, das die Friese vom Párthenon-Tempel präsentiert, ist schräg auf den Museumskörper aufgesetzt, sodass es die gleiche Ausrichtung hat wie jener Tempel, die Friese also in der gleichen Richtung verlaufen wie am Original. In den Boden des Vorplatzes und in die Geschossböden des Museums selbst sind Panzerglasplatten eingelassen, durch die die Besucher immer wieder auf diesen Teil des antiken Athens hinunterblicken können. Viele der Museumswärter sind studierte Archäologen, die auch spezielle Fragen beantworten.
theacropolismuseum.gr

Hier macht Venedig die ganz große Welle: Kirchen und Paläste am Canal Grande

Brücken durch die Zeit

Gestern und Heute in Venedig

Salve, wie schön, dieses Verlaufen im Gassengewirr

Ein Glas Wein mit Blick auf den Canal Grande, aus dem Kanal gluckst das Wasser, schwarze Gondeln ziehen an protzigen Palästen vorbei: Ja, das ist Venedig. Aber nicht nur. Und immer wenn du denkst, du hast endlich das wahre Venedig gesehen, flutscht dir das Bild schon wieder weg. Deshalb: Cool bleiben! Du musst diese Stadt nicht gleich am ersten Tag verstehen.

Leben mit und am Wasser: Restaurant am Canal Grande

Am frühen Morgen auf dem Canal Grande

Und dann gibt es auch noch den Alltag, in Gestalt eines fluchenden Arbeiters, der Handmixer und Mikrowellen von einem Frachtkahn auf seine Lastkarre wuchtet, um eines der wenigen Haushaltswarengeschäfte zu beliefern. Kinderlachen auf einem Schulhof, Hunde, die über den Strand des Lido tollen, ältere Damen beim Einkaufen auf dem Markt an der Rialtobrücke. Raff dich einmal morgens um 6.30 Uhr auf und schau dir an, was um die Zeit schon auf dem Canal Grande los ist! Sich treiben lassen, sich im Gassengewirr verlaufen, das macht richtig Spaß. Überall gibt es etwas zu entdecken. Und nicht nur Kunstschätze! Sicher, davon hat Venedig reichlich, aber Venedig ist kein Freilichtmuseum, sondern eine lebendige Stadt, in der gearbeitet und gefeiert wird, geliebt und gestritten. Die Zahl normaler Geschäfte, die nicht nur Souvenirs verkaufen, ist allerdings in den vergangenen 30 Jahren um mehr als die Hälfte gesunken.

Viele Bilder einer Stadt

Je länger du in der Serenissima unterwegs bist, desto mehr Bilder sammelst du. Da ist das Postkartenvenedig, starr und unbelebt, mit steinernen Brücken und Palästen. Das Disneylandvenedig, kitschig und voller billigem Souvenirschrott. Dann das Traumbild, das aus dem schmutzigen Wasser des Canal Grande aufsteigt, wenn man in der Gondel vorbeischwebt, hingerissen von den Wahnsinnsfassaden der wasserumspülten Palazzi: prächtig und morbide zugleich. Kostbare Fresken und bröckelnder Putz. Zeugnisse vergangener Macht.

Wo Venedig tanzt und feiert

In den 1950er-Jahren hatte Venedig 175 000 Einwohner, heute sind es nur noch 55 000 und jedes Jahr ziehen ein paar Hundert weg. Meistens nur ein paar Kilometer weit auf die *terraferma*, wo alles einfacher und moderner ist. Heute ist Venedig auch Wissenschafts- und Forschungszentrum. Und natürlich Universi-

Romantik im Wartestand: Gondeln sind das schwimmende Markenzeichen Venedigs

tätssitz – gerade das Lehrfach Architektur zieht Studierende aus aller Welt an, die Kreativität und Esprit mitbringen. So hat sich vor allem in den Stadtvierteln Dorsoduro und Cannaregio eine quirlige Lokal- und Kleinkunstszene entwickeln können, die die wenigsten Besucher kennen. Dank der Uni gibt es Studentenkneipen mit zivilen Preisen und Lounges und Clubs zum Chillen und Tanzen – neben altehrwürdigen Kaffeehäusern, sündhaft teuren Nobelrestaurants und urigen Trattorien.

Sechs Stadtviertel zum Entdecken

Diese Stadt auf dem Wasser ist ein Wunder der Menschheit. Wer kam bloß auf die verrückte Idee, sie mitten in den Sumpf zu bauen? Hierher flüchteten die Menschen ab dem Jahr 500 vor den Hunnen und Langobarden, in malariaverseuchtes Niemandsland, das mit den Jahrhunderten zu einem 7,5 km^2 großen, künstlich angelegten Stadtgebiet wurde. Millionen von Holzpfählen waren nötig, mehr als 400 Brücken. Seit dem Mittelalter ist Venedig in sechs Stadtteile gegliedert, die *sestieri*. Am bekanntesten ist San Marco mit dem grandiosen Markusplatz. Am wenigsten touristisch sind Castello, das ehemalige Arbeiterviertel, und Santa Croce. San Polo ist der flächenmäßig kleinste Bezirk, hat aber den zweitgrößten Platz, den Campo San Polo. Zu Dorsoduro und San Marco gehören auch die beiden Inseln Giudecca und San Giorgio Maggiore. In Cannaregio liegt das ehemalige jüdische Ghetto.

Hinein ins venezianische Chaos

Die Venezianer sind Meister des *arrangiarsi*, der Fähigkeit, sich mit den Umständen zu arrangieren. Sie haben den Handel im Blut – und einen ausgeprägten Sinn fürs Geschäft. Mehr als 20 Mio. Touristen kommen jedes Jahr in ihre Stadt, vor der Pandemie waren es gar 30 Mio. Bald wird die Zahl wieder erreicht sein. Dem fragilen Ökosystem der Lagune tut das nicht gut – aber wie mit dieser Herausforderung umgehen? Frag mal die Venezianer dazu und du hörst so viele verschiedene Meinungen, dass du selbst nicht mehr weißt, wie und was. Eins steht jedenfalls fest: Venedig ist nicht tot, Venedig ist sehr lebendig. Stürz dich rein ins venezianische Chaos!

VENEDIG AHOI

Mit dem Schiff um die Altstadt

Highlights

- Bootstour mit Landgang
- Rauf aufs Vaporetto und hopp auf die Inseln
- Abseits der Massen: Cannaregio, Ghetto, San Michele, Murano

Strecke & Dauer

- Vom Bahnhof Santa Lucia und zurück
- 25 km
- 1 Tag, reine Fahrzeit 2 Stunden

Beste Zeit

- Ideale Reisemonate sind in klimatischer Hinsicht April/Mai und September/Oktober. Einen ganz eigenen Reiz verströmen manche Winterwochen mit ihrer glasklaren Luft.

Gut zu wissen

- Das mit Abstand praktischste Fortbewegungsmittel sind die Linienboote (Vaporetti, actv.it), die allerdings auch oft entsprechend überfüllt sind.
- Die Linien 4.1 und 4.2 verkehren tagsüber im 20-Minuten-Takt.

Die Tour

 1 Bahnhof Santa Lucia

Enter den schwimmenden Bus

Ausgangspunkt dieser Tour ist der Bahnhof Santa Lucia. Du gehst aus dem Bahnhofsgebäude die große Treppe runter und steuerst eine der Vaporettistationen an. Achtung: Hier fahren ganz viele der so charakteristischen schwimmenden Busse namens Vaporetto ab,

Am besten bei einer Führung erkunden: das jüdische Ghetto

Wenn einem der Bus vor der Nase wegschwimmt: Vaporetto Nr 1

such nach der Nr. 4.2 (Nr. 4.1 befährt dieselbe Strecke in entgegengesetzter Richtung). Das Boot tuckert erst einmal ein kleines Stück den Canal Grande entlang. Doch sehr bald schon – unmittelbar nach der imposanten Kirche von San Geremia – biegt es nach links in den Canale di Cannaregio ein.

Ein Blick in Venedigs jüdische Geschichte

Am Palazzo Labia vorbei führt die Route hinein in den für venezianische Verhältnisse ungewöhnlich geräumigen und lichten Bezirk Cannaregio. Schon an der ersten Station (Ponte delle Guglie) lohnt es sich, einen Abstecher in das ehemalige und weltweit älteste jüdische Ghetto zu machen, dessen Museum ganz toll ist. Durst? Trink etwas im jüdischen Restaurant Ghimel Garden (*ghimelgarden.com*) – allein der Garten lohnt schon den Besuch.

❷ Ghetto
❸ Ghimel Garden

Hardcore-Barock – was für ein Anblick!

Wieder auf dem Vaporetto geht es unter dem dreibogigen Ponte dei Tre Archi hindurch aufs offene Wasser. Der Blick reicht nun bis zu den Inseln Burano und Torcello und zum Flughafen. Das Schiff nimmt

❹ Santa Maria Assunta dei Gesuiti
❺ Wohnhaus Tizians

Venedig 209

VENEDIG AHOI

Uraltes, filigranes Handwerk mit modernem Pop-Appeal: Glasbläserkunst auf der Insel Murano

Fahrt auf und steuert nach Osten. Bleib bis zur Station Fondamente Nove an Bord, dann vertrittst du dir kurz die Beine an Land. Wie wärs mit einem Blick auf die Jesuitenkirche Santa Maria Assunta dei Gesuiti? Hardcore-Barock – beeindruckend! Kostbarstes Ausstattungsstück ist Tizians ausdrucksstarkes Gemälde der Laurentius-Marter in der ersten Kapelle des linken Seitenschiffs. Dagegen ist das Wohnhaus von Tiziano Vecellio alias Tizian, dem Giganten unter den Großmeistern der Renaissance nicht ganz so prächtig.

❻ San Michele
❼ Murano
❽ Páme Psirrí

Eine ganze Insel für einen Friedhof

Nun geht es mit dem Schiff hinüber nach San Michele. Ein bisschen gruselig, aber sehr stimmungsvoll ist diese Friedhofsinsel mit den Gräbern u. a. von Ezra Pound und Igor Strawinsky. Nördlichster Punkt der Rundfahrt ist die für ihre traditionsreiche Glasindustrie berühmte Insel Murano. Kunstfans müssen einen Blick in ihre Kirchen San Pietro Martire und Santi Maria e Donato werfen, Souvenirjäger lassen sich den Besuch in einer Glasbläserei nicht entgehen.

Wenn flanieren, dann hier: Auf der Riva degli Schiavoni ist viel los

Kirchen und Hotels ziehen vorbei

🟠 Riva degli Schiavoni

Wieder an den Fondamente Nove folgt das Vaporetto nun dem Nordufer des Bezirks Castello. Es fährt vorbei an der Franziskanerkirche San Francesco della Vigna und umschifft die Halbinseln San Pietro di Castello und Isola di Sant'Elena. Im Bassin von San Marco steuert es vorbei am Ausstellungsgelände der Biennale Richtung Westen. Entlang der Riva degli Schiavoni, des bei Spaziergängern so beliebten, weil überaus breiten Kais, stehen einige der berühmtesten Hotels der Stadt.

Eis schlecken und Schiffe schauen

🟠 Gelateria Nico
🟠 Bahnhof Santa Lucia

Geh am Anleger San Zaccaria noch mal an Land und bummel mit einem supercremigen Eis von der 9 Gelateria Nico (*gelaterianico.com*) in der Hand – Spezialität ist *gianduiotto*, Nougateis mit Sahne – über diese Flaniermeile par excellence. Hier lässt sich auch schön beobachten, was auf dem Wasser so los ist: Frachtkähne, Yachten, Fischerboote und zwischendrin hüpfen die Gondeln wie schwarze Punkte auf den Wellen. Wieder auf dem Schiff zieht zum Abschluss die Insel Giudecca an dir vorbei, ehe es am Fährhafen vorbei und unter dem umstrittenen Ponte della Costituzione hindurch zurück zum Bahnhof Santa Lucia geht.

SEHENSWERTES AM WEGESRAND

In der Lagune haben selbst die Toten eine eigene Insel: Cimitero di San Michele mit der Skulptur „Dantes Barke"

Piazza San Marco

Viel mehr als ein Platz! Napoleon nannte ihn den „schönsten Salon der Welt". Der 175 m lange, leicht trapezförmige Markusplatz wurde vor über 800 Jahren angelegt und ist wirklich je nach Tages- und Jahreszeit total verschieden in seiner Wirkung. Er war Schauplatz von Prozessionen und von ausgelassenen Festen und ist bis heute Bühne der Eitelkeiten für Einheimische und Zugereiste. Seine besondere Magie spürst du, wenn nicht gerade Tausende Menschen auf ihm herumlaufen, also an nebligen Wintertagen oder in tiefer Nacht. Aber egal wann – einmal die Arkaden mit ihren Luxusläden entlang- und über den Platz zu flanieren, das muss sein.

Campanile di San Marco

Bequem mit dem Lift geht's hinauf auf den berühmten Turm. Ein toller Blick über Venedigs Dächer ist garantiert. Das Panorama verschafft sowohl eine erste, sehr hilfreiche Gesamtorientierung als auch ein Gefühl für die einzigartige Lage und Struktur der Lagunenstadt. Ursprünglich im 10. Jh. errichtet und im 12. beträchtlich erhöht, stürzte das fast 100 m hohe Wahrzeichen 1902 ein, wurde aber aus dem ursprünglichen Material umgehend wieder aufgebaut. Während du vor der Kasse Schlange stehst, schau einfach mal hoch zu der um 1540 von Jacopo Sansovino erbauten Loggetta – ein echtes Prachtstück!

Ghetto

Inmitten von Cannaregio gelegen, wird diesem Bezirk im Bezirk die höchst zweifelhafte Ehre zuteil, allen späteren Ghettos der Welt als eine Art Vorbild gedient zu haben. Es geschah Anfang des 16. Jhs., dass die über 5000-köpfige, äußerst erfolg- und einflussreiche jüdische Gemeinde vom Senat dieses Viertel als Wohnort zugewiesen bekam. Das Gebiet, dessen Name von den zuvor hier ansässigen *getti*, den Metallgießereien, abstammt, war praktischerweise von Kanälen eingefasst. Nun versah man es mit Toren und – christlichen – Wächtern und baute „Hochhäuser", die man zu Wucherzinsen an Juden vermietete. Sehenswert sind vor allem die vier im Inneren teilweise prachtvollen Synagogen: die Scuola La Tedesca, die Scuola Canton, die Scuola Levantina und die größte, dank der Verwendung mehrfarbigen Marmors besonders imposante Scuola Spagnola. Wer mehr erfahren will, bucht eine Führung, da geht's dann auch gleich ins Museo Ebraico (*ghettovenezia.com/museo*), in dem die reiche Tradition der jüdischen Gemeinde Venedigs lebendig wird. ghettovenezia.com

Santa Maria Assunta dei Gesuiti

Ein wenig abseits der Touristenpfade, am Nordostrand von Cannaregio, erhebt sich dieses Paradebeispiel für den venezianischen Hochbarock: die Hauptkirche des Jesuitenordens. Allein die Fassade mit ihren Kolossalsäulen und dem reichen Skulpturenschmuck wirkt imposant. Beeindruckender noch ist das aufwendig restaurierte, in edlen Grün-Weiß-Tönen gehaltene Innere.

Cimitero di San Michele

Auf halbem Weg nach Murano liegt Venedigs Friedhofsinsel. Hinter ihrer Backsteinmauer ruhen zwischen Zypressen neben Tausenden namenlosen Venezianern u. a. der Komponist

Und jetzt: staunen bitte. Und gleich nochmal: staunen! Der Markusdom an der Piazza San Marco

Igor Strawinsky, der Dichter Ezra Pound und Trainerlegende Helenio Herrera, der Erfinder des Catenaccio.

Murano

Berühmt ist der aus fünf Inseln bestehende, seit rund 1400 Jahren besiedelte Ort (knapp 7000 Ew.) wegen seiner Glasindustrie. Unbedingt zu empfehlen ist daher der Besuch in einem der Ateliers sowie im Museo del Vetro (*museovetro.visitmuve.it*). Anhand von über 4000 Objekten dokumentiert es die 1000-jährige Geschichte der Glasbläserei auf Murano. Für Kunstfreunde interessant sind die romanische ehemalige Kathedrale Santi Maria e Donato mit ihrer zweistöckigen Arkadenwand im Chorbereich und dem originalen Mosaikfußboden und die Kirche San Pietro Martire, in der eines der Hauptwerke Giovanni Bellinis hängt.

Ponte della Costituzione

Ein echter Zankapfel, diese moderne Brücke mit gläserner Brüstung und Fischgrätstruktur. Manche finden sie potthässlich, andere toll. Sogar vor Gericht wurde zwischen ihrem Schöpfer und der Stadt gestritten. Auf jeden Fall mal was anderes ist diese 94 m lange, von Santiago Calatrava entworfene Fußgängerbrücke, die seit 2008 in elegantem Bogen zwischen Piazzale Roma und Bahnhof den Canal Grande überspannt.

Wie Küken ducken sich die Häuser von Florenz unter die Schwingen des mächtigen Doms

Der Kunsthimmel wartet

Florenz kann alles

Salve, wo Kunst und Geschichte regieren

Wer konnte 59 v. Chr., als Julius Cäsar die Kolonie Florentia gründete, ahnen, dass diese Stadt Jahre später von Millionen überrannt werden würde? Obwohl man hier durch teilweise kleinste Gassen schlendert, ist Florenz eine Metropole, wenn auch im Kleinformat, und sicherlich eine der schönsten Städte der Welt, die jeder auf seine Art entdecken kann.

Klassische Musik in modernem Gewand: die Opera di Firenze

Erkunde die kleine Weltstadt zu Fuß

Auf Plätzen wird sich gesonnt, am Abend scharen sich Gruppen um Straßenmusikanten, stehen vor Bars und Trattorien. Genießer füllen Restaurants und Enotheken und wählen mit Kennerblick Schinken, Käse, Wein und Olivenöl aus. Gut betuchte Asiaten, Amerikaner und Europäer schleppen glücklich die Last ihrer Einkäufe, die sie auf den noblen Shoppingmeilen erstanden haben. Und irgendwann begegnen sich alle in den Warteschlangen vor den Uffizien, dem Palazzo Pitti oder der Galleria dell'Accademia wieder. Denn Florenz steht vor allem anderen für die Kunst. Das Ensemble aus Kirchen und Palästen, Plätzen und Gassen, Brunnen und Statuen ist ein über Jahrhunderte gewachsenes Gesamtkunstwerk, das auf der Welt seinesgleichen sucht. Die schönsten Plastiken, Gemälde und Tapisserien sind in den Kirchen und in über 70 Museen der Stadt ausgestellt. Und oft sind die Paläste von herrlichen Gartenanlagen umgeben. Fast alle Sehenswürdigkeiten kann man zu Fuß erreichen. Kleiner Tipp: Erkunde die pittoresken Gassen abseits der Hauptrouten. Sie sind nicht so bekannt und werden daher in keinem Reiseführer beschrieben, aber wenn man die Augen offen hält, entdeckt man hier genauso viel Besonderes.

Wohnen im Zentrum? Unbezahlbar!

300 Jahre bestimmt allein eine Familie die Geschicke der Stadt: die der Medici. Mit ihrem Reichtum, ihrem Kunstsinn und ihrem Mäzenatentum prägt sie maßgeblich Entwicklung und Aussehen von Florenz. Den Medici sind viele bedeutende Bauwerke zu verdanken, darunter auch die Galleria degli Uffizi mit ihrer weltbekannten Gemäldesammlung. Auch die prächtigen Medicivillen in der unmittelbaren Umgebung der Stadt sind heute Touristenmagneten. Als Florenz 1865–71 Hauptstadt des neu gegründeten Königreichs wurde, erlebte die Stadt ihre zweite Renaissance. Aus repräsentativen Gründen ließ man das alte Marktviertel und das mittelalterliche Ghetto abreißen und

Oltrano ist jung und alt zugleich, lebendig und authentisch

dafür die Piazza della Repubblica anlegen. Die große Stadtmauer wurde geschliffen und in ihrem Verlauf die breite Ringstraße gebaut, heute eine der wichtigsten Verkehrsadern. Drum herum entstanden großbürgerliche Stadtviertel. Heute lebt nur noch der kleinste Teil der rund 370 000 Einwohner von Florenz im Zentrum, denn die Wohnpreise gehören inzwischen zu den höchsten Italiens.

Lass dich auf die Moderne ein

Lange hat diese Stadt fast ausschließlich von ihrer glorreichen Vergangenheit gezehrt. Auch heute tut sich Florenz im Vergleich zu anderen Städten noch schwer mit der Moderne, obwohl versucht wird, ihr immer mehr Raum zu geben. Man bemüht sich, Florenz zu „entstauben", und lässt sich auf Experimente ein. Vom avantgardistischen Theater bis zu Performances ist mittlerweile alles erlaubt und erwünscht. Die historischen Plätze bilden eine eindrucksvolle Kulisse für moderne Installationen und Straßenfeste. Auch das Florenz der Zukunft wird seine Besucher begeistern.

Einfach ein kitschig-schöner Ausblick

Wenn man vom Piazzale Michelangelo oder von Fiesole auf Florenz herunterblickt, bekommt man einen guten Eindruck von dem wunderschönen Umland: Der Fluss Arno schlängelt sich mitten durch die Stadt, auf den umliegenden Hügeln die gelb-rötlich leuchtenden Villen und viele Zypressen, die das typische Bild der Toskana ausmachen. In der kalten Jahreszeit kann man an klaren Tagen sogar die schneebedeckten Berge des Pratomagno und des Apennin östlich und nördlich der Stadt sehen. Klingt wie die Beschreibung einer Kitschpostkarte? Ist aber einfach so. Prüf es nach!

Durchs Herz der Stadt

Schauen und schlemmen

Highlights

- Palazzi, Kirchen und Haute Couture
- Durch verwinkelte Gassen und über weite Plätze
- Märkte, Eis, Pizza: schlemmend durch die Altstadt

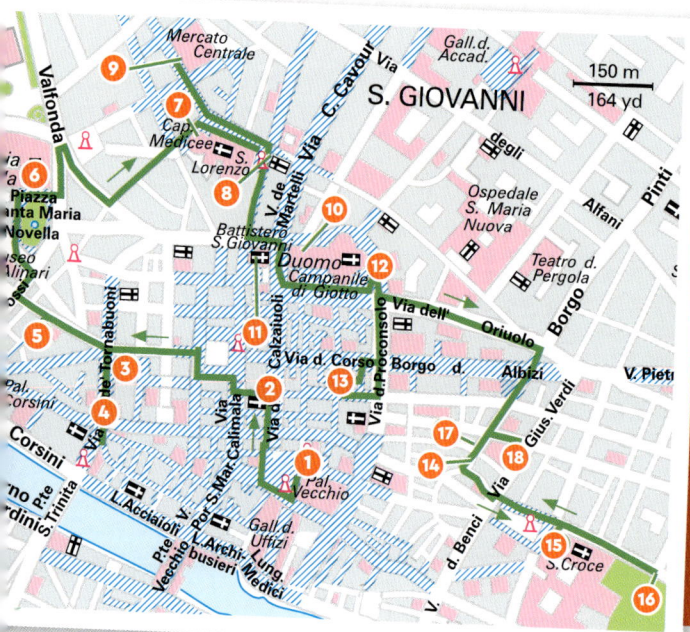

Strecke & Dauer

- Von der Piazza della Signoria zum Teatro Verdi
- 6 km
- 1 Tag, reine Gehzeit 1,5 Stunden

Beste Zeit

- Perfekt sind Mai, Juni, September und Oktober – es ist nicht so heiß wie im Sommer und es finden interessante Festivals statt.
- Von November bis März ist es am günstigsten und nicht so voll.

Gut zu wissen

- Willst du das wahre Florenz-Feeling? Dann miete eine Vespa, Florenz hat die meisten Italiens (*vesparental.eu*).
- Fahrkarten (in Tabakläden, an Ticketschaltern am Bahnhof oder Automaten an Tramstationen) gelten für Bus und Straßenbahn (*at-bus.it*).

Die Tour

1. Piazza della Signoria
2. Orsanmichele
3. Palazzo Strozzi
4. Via dei Tornabuoni

Los geht's ...

... an der Piazza della Signoria, mit einer *brioche* und einem wirklich guten Cappuccino oder einer heißen Schokolade (dafür ist dieses Café in ganz Italien berühmt!) im renommierten Rivoire (*rivoire.it*). Besser kann man den Tag nicht beginnen. Die weite Piazza gilt mit dem Palazzo Vecchio und der Loggia dei Lanzi als einer der inspirierendsten Orte von Florenz. Dann folgt man der Via dei Calzaiuoli, biegt am ehemaligen Getreidespeicher, heute der Kirche Orsanmichele, nach links und schlendert über die Piazza della Repubblica, wo es auch eine deutsche Zeitung am Kiosk unter dem Triumphbogen gibt. Dann weiter auf der Via Strozzi zum majestätischen Palazzo Strozzi, in dem vielleicht gerade eine interessante Kunstausstellung stattfindet. Durch den Palastinnenhof, und ihr seid auf der Via dei Tornabuoni, der Luxusmeile der Haute Couture. Shoppen, aber auch nur schauen macht Spaß, z. B. bei Emilio Pucci (*pucci.com*) oder Salvatore Ferragamo (*salvatoreferragamo.it*).

Ob bei Sonne oder Regen: der Palazzo Vecchio steht immer im Rampenlicht.

Vollendete Baukunst bis ins Kleinste: Beim riesigen Dom solltest du die Details nicht verpassen

⑤ Museo Marino Marini
⑥ Santa Maria Novella

Besuch Pferde (und Fresken) in der Kirche

Lust auf moderne Kunst? Dann geh am besten entlang der mittelalterlichen Via della Spada zur Piazza San Pancrazio mit dem in einer ehemaligen Kirche installierten Museo Marino Marini. Hier stehen moderne Pferdeskulpturen mitten im Kirchenschiff. Von hier kommst du in nur drei Minuten über die Via della Spada und die Via di Fossi zur schönen und weitläufigen Piazza Santa Maria Novella. Mach Pause auf einer Bank oder sonn dich ein wenig, bevor du dann die Kirche Santa Maria Novella mit ihren unermesslichen Kunstschätzen – darunter großartigen Freskenzyklen – erkundest.

⑦ Cappelle Medicee San Lorenzo
⑧ Trattoria Gozzi Sergio
⑨ Mercato Centrale

Jetzt wird's lecker – ins Schlaraffenland

Zurück stadteinwärts gehst du über die Via del Giglio zu den Cappelle Medicee, die zur Kirche San Lorenzo gehören. In den Seitengassen brummt der große Touristenmarkt, auf dem man super Mitbringsel kaufen kann. Dann vielleicht eine kleine Mittagspause? Bei der authentischen Trattoria Gozzi Sergio isst man gemeinsam mit vielen Florentinern, die sich hier einen Teller guter Pasta gönnen. Falls kein Tisch mehr frei sein sollte, gehe einfach ca. 100 m in die Via dell'Ariento in das Schlaraffenland des Mercato Centrale, wo es besonders viel Spaß macht, sich aus den besten italienischen Köstlichkeiten auf der ersten Etage der großen Halle ein Menü zusammenzustellen. Danach ein Bummel vorbei an den Marktständen mit frischen Spezialitäten im Erdgeschoss.

Durchs Herz der Stadt

Hierhin zieht es alle: In den Dom

Jetzt kannst du in den Schuhgeschäften auf dem Borgo San Lorenzo stöbern und gelangst dann direkt auf den Platz vor dem überwältigenden Duomo di Santa Maria del Fiore und dem Baptisterium. Besonders interessant: das Museo dell'Opera del Duomo östlich des Doms. Hier kannst du die Originale der faszinierenden Bildhauerarbeiten sehen.

Auf geht's zu Dante und höllisch gutem Eis

Die Via del Proconsolo führt dich etwas von den Touristenmassen weg. Ein Schlenker über die Via Dante Alighieri bringt dich zur Casa di Dante (*museocasadidante.it*), Dantes Geburtshaus. Von dort schlenderst du durch den Borgo degli Albizi und dann nach rechts auf ein köstliches *gelato* bei Vivoli (*vivoli.it*) zu. Wenige Schritte entlang der Via Torta, und es öffnet sich vor dir wie eine Theaterkulisse die Piazza Santa Croce mit der prachtvollen Franziskanerkirche Santa Croce. Wenn du dort vorbeischauen willst, wo der König von Marokko und der englische Adel Stammkunden sind, geh zur Lederwerkstatt Scuola del Cuoio (*leatherschool.biz*). Relativ nah wartet nun die stadtbekannte Pizzeria Caffè Italiano (*caffeitaliano.it*), wo du dich vor deinem Besuch im historischen Logentheater Teatro Verdi (*teatroverdifirenze.it*, *orchestradellatoscana.it*) stärken kannst.

- ⑩ Duomo di Santa Maria del Fiore
- ⑪ Baptisterium
- ⑫ Museo dell'Opera del Duomo
- ⑬ Casa di Dante (Dantes Geburtshaus)
- ⑭ Vivoli
- ⑮ Santa Croce
- ⑯ Scuola del Cuoio
- ⑰ Caffè Italian
- ⑱ Teatro Verdi

Kicken vor Kunstdenkmälern? Auf der Piazza Santa Croce wird einmal im Jahr der „Florentiner Fußball" gespielt

Sehenswertes am Wegesrand

Ein wenig erstaunt über all den Trubel scheint Michelangelos Marmor-David auf der Piazza della Signoria zu sein

Piazza della Signoria

Das politische Herz der Stadt, einer der beeindruckendsten, vielleicht der beeindruckendste Platz von Florenz! Auf der einen Seite der wehrhafte Palazzo Vecchio mit dem überlebensgroßen David aus Marmor von Michelangelo, daneben die statuengeschmückte Loggia dei Lanzi und die Galleria degli Uffizi. An der Nordseite befindet sich der Palazzo Uguccioni (1559) und an der östlichen Ausbuchtung des Platzes der Palast des Handelsgerichts (1359), an dessen Fassade die Wappen der 21 Zünfte angebracht sind.

Palazzo Vecchio

Der Palazzo Vecchio ist einfach imposant, majestätisch und prägt mit seinem markanten, 94 m hohen Turm entscheidend das Stadtbild von Florenz. Repräsentativ sollte er auch sein, da der 1299–1314 von Arnolfo di Cambio errichtete Palast Amtssitz und Wohnung der höchsten Beamten der Republik war. Innen ist der Palast mindestens so prachtvoll wie außen, die Quartieri Monumentali, die Prunkräume, liegen im ersten Obergeschoss, im zweiten Stock die Quartieri degli Elementi und die Räume der Eleonora di Toledo. An zwölf Multimediastationen erhält man Einblicke in Geschichte, Kunst und Architektur des Palazzo. *imuseidifirenze.it*

San Lorenzo

Kein Stein in dieser Kirche, der nicht irgendwie an eine Persönlichkeit aus dem Hause der Medici erinnert. Giovanni di Bicci de' Medici, der Stammvater, beauftragte Brunelleschi um 1420 mit der Erweiterung des frühchristlichen

Gotteshauses, das schon 393 dem hl. Lorenz geweiht worden war. Cosimo der Ältere, Giovannis Sohn, führte dann den Bau der Kirche bis zu ihrer Vollendung 1446 weiter. Zur endgültigen Umwandlung des Kirchenkomplexes in ein großes Mausoleum, die Cappelle Medicee (cappellemedicee.it), trug Papst Leo X. entscheidend bei, als er Michelangelo mit dem Bau der Neuen Sakristei beauftragte.
sanlorenzofirenze.it

Mercato Centrale

Hunger, und alles andere hat noch zu? Im Mercato Centrale gibt's immer was – und ganz viel Atmosphäre noch dazu

Wer es liebt, durch Lebensmittelmärkte zu schlendern, ist hier richtig. Im ersten Stock, direkt über der Markthalle von 1784, lockt eine riesige Restaurantabteilung, wo man beim Kochen zuschauen und sich mit Gerichten von verschiedenen Ständen sein eigenes Menü zusammenstellen kann. Und wenn man mal außerhalb der üblichen Restaurantzeiten hungrig ist? Kein Problem. Hier bekommt man immer etwas. mercatocentrale.it

Duomo di Santa Maria del Fiore & Campanile

Weißer Marmor aus Carrara, grüner Marmor aus Prato: Schon von Weitem imponiert der mächtige Dom von Florenz. Er ist nicht nur das Wahrzeichen und der Mittelpunkt der Stadt, er ist auch die viertgrößte Kirche der Christenheit. Seine Grundfläche beträgt gigantische 8300 m², seine Länge 160 m. 1368 war das Werk vollendet. Wenn du dir zutraust, die bei ihrer Erbauung größte Kuppel der Welt mit ihren 463 Stufen bis zur Laterne zu besteigen, solltest du schwindelfrei sein – umkehren nicht möglich! Du entdeckst eine neue Perspektive auf das Kirchenschiff, und am Ende erwartet dich ein toller Blick auf die Stadt! Viele namhafte Florentiner Künstler haben zur Ausschmückung des Kirchenschiffs beigetragen. Etwas bequemer als beim Kuppelaufstieg geht es die 414 Stufen des Glockenturms hinauf. Auch von hier hast du einen faszinierenden Ausblick auf die Stadt. duomo.firenze.it

Santa Croce

Santa Croce ist die Hauptkirche der Franziskaner in Florenz. 1294 legte man den Grundstein für den mächtigen gotischen Neubau, 1385 wurde er fertiggestellt. Der Innenraum mit dem offenen, bemalten Dachstuhl und einem geraden Chorabschluss zeigt die für Bettelordenskirchen typische schlichte Architektur. Galileo, Michelangelo, Machiavelli, Ghiberti, der Komponist Rossini und viele andere ruhen in ihren prächtigen Grabmälern.
santacroceopera.it

Galleria degli Uffizi

Sie beherbergen eine der reichhaltigsten und berühmtesten Gemäldesammlungen der Welt und sind eine der Hauptattraktionen der Stadt. Die Uffizien wurden nie als Büros genutzt, weil schon der Sohn Cosimos I., Francesco de' Medici, begann, seine Kunstsammlung dort unterzubringen. Und so kann man die Uffizien zu den ältesten Museen der Welt zählen. Seit 2013 darf man auch die sogenannten Nuovi Uffizi im ersten Stock besichtigen, und jüngst wurden weitere 14 Säle neuer Ausstellungsfläche eröffnet. Um die oft sehr lange Warteschlange (bis zu vier Stunden!) zu vermeiden, sollte man die Tickets unbedingt im Internet im Voraus reservieren (b-ticket.com).
uffizi.it

Gute Stube mit Palmen und Meerblick: an Nizzas berühmter Promenade des Anglais

Leuchtende Schönheit

Nizzas Farben verzaubern

Salut, im Sonnenschein der Regenbogenstadt

Nizza ist bunt wie ein Regenbogen: blau die Bucht, rot die Dächer, ockergelb die Häuser und kunterbunt die Märkte. Das mediterrane Licht lässt die Farben intensiver leuchten als anderswo – und das an über 300 Sonnentagen im Jahr. Marktbesuche, Wellenrauschen auf den Kieseln, laue Abende in den Altstadtbars – in Nizza schwebt man durch den Tag.

Stürz dich ins Gewimmel!

Nizza ist weltoffen, jung und dynamisch. Rund 343 000 Menschen leben hier; die Hälfte von ihnen ist unter 40. Das Leben in der Stadt ist ein buntes Gemisch aus Einheimischen, Zugezogenen und Touristen, aus Flaneuren und Joggern, Familien und Studenten. Kontrastreich ist das Angebot, mit dem Nizza dich überraschen wird: Restaurants im traditionellen provenzalischen Stil neben moderner, experimenteller Küche; Museen mit Werken aus vergangenen Epochen neben junger, innovativer Kunst; schicke Strandbars neben öffentlichen Stränden mit bunten Sonnenschirmen.

Ein Klima zum Verlieben

Morgens Küste, mittags Berge – warum eigentlich nicht? Die Seealpen ragen direkt hinter Nizza in den Himmel; vor der Küste leuchtet in hellem Türkis das Meer. Nizza liegt in einer Region, die von der Natur großzügig bedacht ist. Unschlagbar ist das Klima hier im südöstlichsten Zipfel Frankreichs: warme Sommer und milde Winter mit einer Durchschnittstemperatur von zehn Grad, ohne dass es dabei trist und grau wäre. Die Pflanzen machen einfach keine Pause: Mimosen, Orangen und Zitronen im Winter; Oleander, üppige, rosafarbene Bougainvilleen und Lavendel im Sommer – in Nizza blüht es immer!

Eintauchen in die Geschichte

Aber drehen wir die Uhr noch einmal zurück: Im 4. Jh. v. Chr. kamen die Griechen und legten am Fuß der Colline du Château ihren Handelsstützpunkt Nikaïa an. Drei Jahrhunderte später gründeten die Römer in den Hügeln ihre Siedlung Cemenelum – dort, wo heute das Stadtviertel Cimiez liegt. Sie wurde neun Jahrhunderte später zugunsten von Nikaïa aufgegeben. Im 10. Jh. übernahmen die Grafen der Provence die Stadt. Ab dem 14. Jh. war Nizza im Besitz von Savoyen und blieb es, mit wenigen Unterbrechungen, nahezu fünf Jahrhunderte lang. Bis 1860 – da musste die Bevölkerung ein für alle Mal abstimmen, zu wem sie gehören wollte: Beschlossen wurde die Angliederung Nizzas an Frankreich.

Wo das Leben spielt

Die ersten, die kamen und sich in die Côte d'Azur verliebten, waren Engländer und Russen

Eine Eisdiele? Natürlich nicht! Fenocchio ist legendär

Vom Colline du Château aus gesehen schwingt sich Nizzas Promenade ins Unendliche

auf der Flucht vor den kalten Wintermonaten. Mit ihnen kamen Geld und Adel in die Stadt: Paläste, Kirchen, Promenaden – die Gäste aus dem Norden verwandelten das kleine Hafenstädtchen in eine mondäne Stadt, berühmt über die Grenzen Frankreichs hinaus.

Auch die Promenade des Anglais ist, wie der Name schon verrät, einem Engländer zu verdanken: Lewis Way beschloss, den schmalen Kiesweg in einen befestigten Gehweg umzubauen, und so wurde die Promenade ab Mitte des 19. Jhs. ein Ort des Sehens und Gesehenwerdens. Die „Prom" ist bis heute das Wahrzeichen Nizzas. Doch das Leben spielt sich natürlich nicht nur auf Nizzas Prachtstraße ab: Auch in der Altstadt, rund um die Place Masséna und die Avenue Jean Médecin oder im alten Hafenviertel Quartier du Port, dem In-Viertel der Stadt, steht Nizza selten still.

Jazz und bunte Bilder

Und überall wird gejazzt: Das erste internationale Jazzfestival fand 1948 statt und der Jazz prägt bis heute die Musikszene der ganzen Region. Ständig werden neue Formationen gegründet. Besonders stolz ist Nizza auch auf seine Museen und Galerien. Vor allem Werke aus dem 20. Jh. erwarten dich in den Kunstmuseen. Henri Matisse' und Marc Chagalls Phantasien in Blau, Gelb, Grün, Ben Vautiers Schreibschrift, die Farben der Naiven: Nizza ist bunt wie ein Regenbogen!

Das musst du sehen!

Monaco, Antibes und Cannes sind in weniger als 30 Minuten zu erreichen. Doch so dicht die wichtigsten Städte der Côte d'Azur beisammen liegen, so unterschiedlich sind sie in ihrem Charakter. Monaco bedeutet Glamour und Reichtum und weist neben Fürstenpalast und Spielcasino auch so manche Bausünde auf, die in den Himmel ragt; Antibes' idyllische Altstadtgassen sind festungsähnlich umgeben von der alten Stadtmauer – hier riecht es nach Südfrankreich; Cannes versprüht mit Palmen, der Promenade Croisette und imposanten Hotelfassaden Festspielflair. Kurz: Entweder oder gilt nicht – du musst überall hin!

HERZSCHLAG-BUMMELEIEN

Der Schönheit verfallen

Highlights
- Das Herz Nizzas – kreuz und quer durch die Altstadt
- Erst Kunst, dann Durchschnaufen auf der Promenade du Paillon
- Perfekter Tagesausklang: Livemusik im Shapko

Strecke & Dauer
- Vom La Civette du Cours zum Le Shapko
- 3 km
- 1 Tag, reine Gehzeit 1 Stunde

Beste Zeit
- Im Juli und August hat Frankreich Ferien: Das ist die heißeste – und teuerste! – Zeit. April–Juni und September/Oktober sind ideal.
- Wunderschön ist die Zeit der Mimosenblüte ab Ende Januar.

Gut zu wissen
- Es gibt drei Tramlinien. Am Automaten kauft man eine aufladbare Karte (2 Euro), die man sich bei Rückgabe erstatten lassen kann.
- An rund 160 Stationen bietet Vélobleu (velobleu.org) 1300 Fahrräder und E-Bikes zum Verleih an.

Die Tour

1. La Civette du Cours
2. Marché aux Fleurs

Mit Kaffee- und Croissant-Duft in den Tag

Der perfekte Tag beginnt mit einem *café crème* oder *noir* und einem frischen Croissant. Ein schöner Ort dafür ist La Civette du Cours (facebook.com/lacivetteducours) auf dem Cours Saleya. Hier treffen sich die Einheimischen während ihres Marktbummels. In dem gelben Haus an der östlichen Seite des Markts lebte Henri Matisse. Frühstück, Morgensonne und Markttreiben machen Lust auf mehr. Nach diesem gemütlichen Auftakt lässt du das Café rechts liegen und schlenderst zwischen den farbenfrohen Ständen des Markts. Nach Gemüse, Obst und Kräutern geht es zum Schluss durch die Blumenstände. Hier befindest du dich auf dem berühmten Marché aux Fleurs.

228 Leuchtende Schönheit

Oliven und Käse, Tulpen und Trauben: Auf dem Cours Saleya hört das Markttreiben nie auf

Schwing dich in den Sattel!

Direkt hinter den letzten Ständen gehst du links und biegst dann wiederum links auf den Quai des États-Unis. Dort siehst du auch schon die Fahrradständer mit den blauen Rädern von Vélobleu (*velobleu.org*). Jetzt heißt es auf den Sattel steigen! Die Promenade ist breit und erstreckt sich über mehr als 7 km vom Hafen bis zum Flughafen: perfekt, um ein oder zwei Stunden lang hin und her zu radeln! Wenn du eine Pause brauchst, lässt du dich dafür am besten auf einem der für Nizza typischen blauen Stühle nieder, die überall an der Promenade herumstehen.

❸ Vélobleu

Nizzas Küche, Nizzas Eis

❹ La Vieille Crêpe

❺ Fenocchio

Nun meldet sich vermutlich der Hunger. Du verlässt die Promenade durch den letzten Durchgang durch die Häuser der Ponchettes in Richtung Colline. Geh geradeaus durch die Rue Jules Gilly, die zur Rue Droite wird. So gelangst du zur versteckten Place Vieille, an der die Crêperie La Vieille Crêpe (*lavieillecrepe.com*) liegt. Hier gibt es köstliche Crêpes sowie deren herzhafte Varianten Galettes – genau der richtige, schnelle Lunch an einem Sightseeingtag in Nizza. Der Nachtisch

Traumstrecke: Mit Velobleu-Leihrädern am Meer entlang

Hoppla, falsch abgebogen? An der Place Rossetti geht's nicht nur wegen der Eisdielen italienisch zu

kommt danach in die Tüte – und zwar bei Fenocchio (*fenocchio.fr*), Nizzas bekanntestem Eiskünstler an der Place Rossetti. Dazu nimmst du die Rue Centrale und kommst auf den Platz.

❻ **Cathédrale Sainte Réparate**

Die Altstadtgassen nehmen dich auf

Wirf noch einen Blick in die Cathédrale Sainte-Réparate, bevor du die Place Rossetti an der Nordseite verlässt, um durch die schattigen Altstadtgassen zu spazieren. Hierzu nimmst du die Rue du Pont Vieux und biegst dann links in die Rue de la Boucherie, die zur Rue du Marché wird. Du verlässt das Gewirr der Gassen rechts über die Descente du Marché und stehst auf dem Boulevard Jean Jaurès. Dein Weg führt rechts über die Promenade du Paillon.

❼ **MAMAC**

Zwei Stunden im Museum staunen

Gönn dir hier noch eine kleine Verschnaufpause in der Sonne, bevor die Kultur ruft: Am Ende der Promenade stößt du auf das MAMAC. Der Besuch des Museums für moderne und zeitgenössische Kunst gibt Einblicke in die bewegte Kunstszene der Stadt Mitte des 20. Jhs.: 1960 begründete eine Künstlergruppe um die gebürtigen Nizzaer Yves Klein und Arman den Nouveau Réalisme.

HERZSCHLAGBUMMELEIEN

Auf einen Aperitif an der Promenade!

Nach dem Ausflug in die Kunstgeschichte Nizzas geht es über die Promenade du Paillon zur Place Masséna. Der weitläufige, italienisch anmutende Platz ist die Schnittstelle zwischen Alt- und Neustadt. Hier machst du eine kurze Pause an einem Brunnen und genießt das mediterrane Flair. An die Place Masséna schließen sich in nordwestlicher Richtung Nizzas Einkaufsstraßen an. Danach durchquerst du geradeaus den Jardin Albert 1er und gelangst auf die Uferpromenade. Der Anblick der türkisblauen Bucht ruft förmlich nach einem Aperitif! Du gehst auf der Promenade des Anglais rechts bis zur Plage Lido mit ihren vielen Bars und Bistros. Der perfekte Platz: direkt am Strand, das Wellengeräusch auf den Kieselsteinen und der Blick aufs Meer. Wer mag, kann hier auch schon einen Imbiss zu sich nehmen. Danach spazierst du die Promenade in Richtung Colline du Château zurück, überquerst den Cours Saleya, biegst links in die Rue Saint-Gaëtan und sofort rechts in die Rue Barillerie ein, wo du in der Weinbar Cave du Cours (@la_cave_du_cours_nice) bei Käse, Schinken, Wein und Wasser entspannst.

8 Place Masséna
9 Plage Lido
10 Weinbar La Cave du Cours

Digestif mit Flair in der Vieille Ville

Noch nicht müde? Dann geht es in den Bars der Altstadt weiter. Im Sommer kannst du dir einen Platz unter freiem Himmel aussuchen; ansonsten ist Le Shapko (shapkobar.com) eine gute Adresse, um den Abend bei Musik und einem Gläschen ausklingen zu lassen. Du erreichst die Bar Richtung Norden über die Rue de la Poissonnerie und die Rue Benoît

11 Le Shapko

Lecker, dieses Strandleben: An der Plage Lido gehören die Bars und Bistrots zum Meerblick

Sehenswertes am Wegesrand

Einfach mal blaumachen: Die Stühle in der Himmelsfarbe sind in Nizza längst Kult

Cathédrale Sainte-Réparate

Von außen fällt Nizzas Kathedrale an der quirligen Place Rossetti kaum auf. Mit ihrer gelben Fassade reiht sie sich fast unbemerkt zwischen ihre Nachbarhäuser ein. Aber dann! Das Innere ist ein Fest für alle Barockfans. Üppige Stuck- und Freskenarbeiten, Altar und Balustraden aus Marmor zieren das Gotteshaus, das der Schutzpatronin Nizzas, der hl. Reparata, geweiht ist. Besonders stimmungsvoll ist es in der 1699 geweihten Kathedrale bei einem der regelmäßig stattfindenden Konzerte.

Musée d'Art Moderne et d'Art Contemporain (MAMAC)

Vier Türme aus Carrara-Marmor, dazwischen Glasbrücken und eine Sammlung der französischen und amerikanischen avantgardistischen Bewegung von den 1960er-Jahren bis heute. Auf dem Vorplatz komplettieren Skulpturen von Niki de Saint Phalle, Alexander Calder und Max Cartier das Ensemble. Höhepunkte der Ausstellung sind die Werke von Yves Klein, dem Farbtechniker für Ultramarinblau, von Arman, dem Begründer der Akkumulation genannten Objektkunst, und von Ben (= Ben Vautier), einem Mitbegründer der Fluxusbewegung, die Leben und Kunst miteinander verbinden will. Ein Ergebnis siehst du hier: die berühmten zerquetschten Autos von César. *mamac-nice.org*

Place Masséna

Nur einen Schritt ist es aus den engen Gassen der Altstadt hinaus auf die weite Place Masséna: ein ausladender Platz im Turiner Stil, gesäumt von Arkaden und Häusern in pompejanischem Rot. Hier trennen sich die Alt- von der Neustadt, die verwinkelten Straßen von den breiten Promenaden, das historische vom modernen Nizza – plötzlich herrscht italienisches Großstadtflair. Nördlich des Platzes verläuft schnurgerade die Einkaufsstraße Avenue Jean Médecin, in westlicher Richtung nimmt hier die Fußgängerzone Rue Masséna ihren Anfang. Unverwechselbar machen den Platz neben seinem Schwarz-Weiß-Pflaster die über ihm thronenden Statuen der Kunstinstallation Conversation à Nice.

Port Lympia

In einem Hafen riecht es nach Abenteuer und weiter Welt: wenn Schiffe aufgerüstet werden, Masten und Tauwerk knarzen und die Schiffshörner der großen Meereskreuzer tuten. So legen auch in Nizza Yachten, Fähren (z. B. nach Korsika) und Kreuzfahrtschiffe an und stechen wieder in See. Port Lympia ist die Endstation der Straßenbahnlinie 2, die direkt vom Flughafen kommt. Elf Werke verschiedener Künstler sind entlang der Linie errichtet worden. Im Hafen ist die Stahlskulptur Lou Che von Noël Dolla unübersehbar, eine 14 m hohe Stahlkonstruktion, die ein rotes, ausgehöhltes Schiff in drei Positionen zeigt: aufsteigend in die Wellen, in die Tiefe tauchend und am Ende wieder ans Licht kommend.

Rue Droite

Kunst über Kunst findet sich in der engen Altstadtgasse. Ursprünglich war sie als direkte Verbindung zwischen dem südlichen und nördlichen Stadttor die Hauptader der Stadt. Hier errichteten viele Adelsfamilien ihre herrschaftlichen Häuser. Heute ist die Rue Droite eine schmale Fußgängerstraße und Adresse einer ganzen Reihe von Kunstgalerien und Ateliers, etwa der Galerie von Michel Anthony (michelanthony.com) oder der Gravis ART Galerie (gravisart.eu).

Opéra de Nice

Das ist die Oper von Nizza? Versteckt in der Nachbarschaft von Bäckerei und Apotheke?

Von der Weite des Meeres träumen: im Hafen von Nizza

Das lässt sich leicht erklären: Die Geschichte des Opernhauses geht auf das Jahr 1776 zurück, als die Marquise Alli-Maccarani ihr ehemaliges Wohnhaus zum Umbau in ein Theater freigab. Vom Théâtre Maccarani ist heute nichts mehr zu sehen. 1826 wurde an dieser Stelle eine Oper gebaut, die 55 Jahre später während einer Vorstellung durch einen Brand zerstört wurde. Neu gestaltet hat das Ganze dann im Stil der Pariser Oper der Nizzaer Architekt François Aune. So steht sie als monument historique heute noch und ist Ort von Opern-, Konzert- und Ballettaufführungen. Und da sitzt man in roten Samtsesseln unter riesigen Kristalllüstern richtig gemütlich! opera-nice.org

Cours Saleya

Blumenhändler inmitten ihrer Blütenpracht, Bauern hinter Gemüse- und Obstkörben, Oliven und Käse in allen Variationen: Das ist das tägliche Bild auf dem Cours Saleya. Nur montags gehört der Markt den Trödelhändlern. Der Platz ist hell, gesäumt von ockergelben Häusern und zum Meer hin nur getrennt von den Flachbauten der Ponchettes. Wenn du das bunte Treiben liebst, gerne schlenderst und am Rand des Geschehens in einem Café sitzt, ist dies der perfekte Platz, um deinen Tag zu starten.

Wenn du nur ein einziges Bild in Madrid machst, dann dieses: der Palacio de Cibeles in aller Pracht

Das Leben ist schön

L(i)ebenswertes Madrid

Hola, hier bist du sofort zu Hause!

Wer tagsüber durchs Zentrum von Madrid läuft, bekommt unweigerlich das Gefühl, dass die einzelnen Viertel wie kleine Dörfer jedes für sich funktionieren. Jeder kennt jeden, immer wieder fallen freundliche Worte zur Begrüßung. „¿Qué tal, wie gehts?", „Hab einen schönen Tag!" – man kennt sich.

Sündhaft, aber unwiderstehlich: Churros mit Schokolade

Frühstücksritual im Stammcafé

Die Madrider sind nicht umsonst als weltoffene und gastfreundliche Menschen bekannt. Und wenn man nicht gerade arbeitet, verbringt man einen erheblichen Teil seiner Freizeit in den Bars und Cafés, die du buchstäblich an jeder Ecke findest. Hier wird diskutiert, gegessen und getrunken – und das nicht nur am Abend: Die Madrider lieben es, den Vormittag mit einem kleinen Frühstück in einer der unzähligen *cafeterías* einzuleiten. Kein Mensch käme auf die Idee, zu Hause zu frühstücken, schneller geht es in der Bar nebenan, bei einem netten Plausch mit den Nachbarn. Stammgäste müssen ihren Kaffee normalerweise gar nicht erst bestellen. Die spanischen Kellner kennen schließlich ihre Kundschaft – und das trifft sogar auf Touristen zu, spätestens wenn sie zum dritten Mal mit der gleichen Bestellung dasselbe Café aufsuchen. Die meisten Madrider frühstücken übrigens am liebsten zweimal im Lauf des Vormittags.

Du lebst nur einmal!

Das Leben wird hier in vollen Zügen genossen, man lebt schließlich nur einmal. Die Cafés sind voll, die Geschäfte sind voll, die Straßen sind voll. Und all das mit einem Durchschnittseinkommen von 1400 Euro netto im Monat und Kaltmieten um 800 bis 1200 Euro in halbwegs zentralen Stadtvierteln. Schon eine Kunst, oder? Morgen ist ein neuer Tag. Die Madrider lieben das Leben außerhalb ihrer Wohnung, in den Cafés, Tavernen, Restaurants und Bars. Am Ende des Monats ist oft das Konto leer; Sparen ist ein Fremdwort, aber man hat Spaß und macht sich am besten so wenig Gedanken wie möglich. Madrid ist eine übersprudelnde und gastfreundliche Stadt mit dem Augenzwinkern eines kleinen Schurken – und genau das macht sie so aufregend und liebenswert.

Die Stadt wird grüner, die Luft sauberer

Die Bauwut der 1990er- und frühen 2000er-Jahre hat die Stadt lebenswerter, fußgängerfreundlicher und bunter gemacht. Die ehemals grauen Fassaden erstrahlten, die trüben Altstadtstraßen verwandelten sich in grüne

Treffen am Kilometer Null: der zentrale Platz Puerta del Sol

Alleen. 2018 wurde das noch einmal getoppt: Das Zentrum wurde vom Smog befreit. Mittlerweile gibt es zahlreiche Fußgängerzonen mit Bänken und Bäumen, die Altstadt ist nur noch für den öffentlichen Verkehr und Anwohner zugänglich, der Rest muss ins Parkhaus. Du kannst das meiste prima zu Fuß machen und mit der Metro kommst du bequem und schnell wohin du willst. Außerdem gibt es jede Menge Parks und Wälder.

Die Nächte durchtanzen

Mit knapp 3,3 Mio. Ew. ist Madrid die größte Stadt Spaniens, aber eine mit ländlichen Wurzeln. Es gibt nur wenige alteingesessene Familien in der Stadt, die Bewohner sind Zugezogene, Kinder von Zugezogenen oder Enkel von Zugezogenen. Seit der Habsburgerkönig Philipp II. das unbedeutende kastilische Städtchen 1561 zur Hauptstadt seines Reichs machte, hat Madrid nicht aufgehört, Immigrantenstadt zu sein. Mit dem Tod des Diktators und Generals Francisco Franco 1975 kam die Befreiung aus fast 40 Jahren Muff und Enge. Madrid erlebte eine Explosion der Lebenslust. Doch nicht nur die Lust auf *marcha*, auf lange, durchtanzte und durchzechte Nächte, hat überlebt, sondern auch der weltoffene Geist – und er ist seither noch größer geworden. Das Schwulenviertel Chueca ist der Stolz der Stadt, der Día del Orgullo Gay, der „Tag des schwulen Stolzes", das größte, auch international bekannte Volksfest Madrids.

Auf der Straße tobt das Leben

Besucher aus dem Rest Spaniens finden die Stadt vor allem groß und laut. Der Autoverkehr ist lästiger als in anderen Städten, weil Madrid extrem dicht bebaut ist, aber die Innenstadt ist in den letzten Jahren entspannter geworden. Die Madrider hat es eh nie groß gestört, sie saßen und sitzen immer noch am liebsten direkt an der Straße und trinken Kaffee, eine *caña*, oder einen Feierabendwein. Das Phänomen der abends und sonntags ausgestorbenen Fußgängerzonen kennt die spanische Hauptstadt nicht: Die Madrider leben draußen, zu jeder Zeit (und außerdem haben die meisten Geschäfte lange geöffnet, auch feiertags). Und das genießen auch die Besucher!

Bis zum nächsten Morgen

Schlafen in Madrid – warum?

Highlights

- Die Klassiker von Velázquez, Goya und Co. hautnah erleben
- Ein ägyptischer Tempel im Sonnenuntergang
- Ein Katerfrühstück nach durchtanzter Nacht

Strecke & Dauer

- Vom Ambu Coffee 3 zur Chocolatería San Ginés
- 10,6 km, davon 8,5 km zu Fuß
- 20 Stunden, reine Gehzeit 2 Stunden

Beste Zeit

- Frühling und Herbst sind ideal bei stahlblauem Himmel und Wohlfühltemperaturen um und über 20 Grad.
- Im August fliehen die meisten Madrider vor der extremen Hitze; viele Geschäfte und Restaurants haben geschlossen.

Gut zu wissen

- Die Metro (metromadrid.es) ist das beste Fortbewegungsmittel von 6 Uhr morgens bis 1.30 Uhr nachts.
- Auf die 2,50 Euro teure Multicard (am Schalter oder am Automaten) lädst du beliebig viele Fahrten.

Die Tour

Ambu Coffee 3

Prado

Durchs Dichterviertel ins Kunstparadies

Starte locker in den Tag mit einem spanischen Frühstück im angesagten Ambu Coffee 3 (ambu.coffee) im Madrider Dichterviertel, dem Barrio de Huertas. Danach läufst du gemütlich die Fußgängerstraße Huertas hinunter. Die Tatsache, dass du mitten im Viertel der Dichter unterwegs bist, erkennst du übrigens an den ins Pflaster eingelassenen Zitaten alter und zeitgenössischer Schriftsteller. Links kommst du an der Rückseite des Convento de las Trinitarias vorbei, in dem der berühmteste spanische Dichter, Miguel de Cervantes, seine letzte Ruhe gefunden hat. Am Ende der Calle de las Huertas überquerst du den Paseo del Prado und spazierst links hinauf Richtung Prado. Den Haupteingang findest du gleich rechts. Nun kannst

Jetzt schlägt's Kunst: Im Prado kanst du locker Stunden – oder Tage? – verbringen

Im Parque del Retiro tanken die Madrider neue Energie

du dich für ein paar Stunden zwischen den weltberühmten Werken von Hieronymus Bosch, Diego de Velázquez, Francisco de Goya, El Greco, Albrecht Dürer und vielen, vielen mehr verlieren.

Ruhe und frische Luft tanken

Nach dem Pradobesuch geht es über die Calle Felipe IV durch das Barrio de Jerónimos. Die prächtigen Häuser schinden zwar jede Menge Eindruck, aber ganz untypisch für Madrid wimmelt es hier nicht von Bars und Restaurants, es ist merkwürdig still – für Madrid sehr ungewöhnlich, hin und wieder aber auch mal ganz angenehm. Keine fünf Minuten später gelangst du durch die prächtige Puerta de Felipe IV in Madrids grüne Lunge, den großen Parque del Retiro. Auf der linken Seite siehst du Madrids ältesten Baum, eine Art Sumpfzypresse. Durch eine Allee mit Dutzenden Kastanienbäumen geht es auf den Artischockenbrunnen zu, den du mit etwas Phantasie auch als solchen erkennen kannst. Dahinter liegt dann der Estanque, der Teich des Retiroparks, auf dem sich an schönen Tagen kleine Mietruderboote tummeln. Romantisch geht anders, aber der Spaßfaktor ist nicht zu unterschätzen.

Deine Kamera freut sich

Du verlässt den Retiro über die Puerta de la Independencia an der Nordwestecke des Parks. Wieder zurück im Straßengetümmel läufst du durch das alte Stadttor Puerta de Alcalá, eines der Wahrzeichen von Madrid, und erreichst das nächste Highlight, die Plaza de Cibeles. Mit dem Kybele-Brunnen, der dahinter liegenden Calle de Alcalá und dem Metrópolis-Gebäude hast du das Postkartenmotiv schlechthin, also: Foto! Einmal quer über den Platz am Banco de España vorbei,

❸ Parque del Retiro
❹ Santa Maria Novella

❺ Plaza de Cibeles
❻ Gran Vía

„Wir treffen uns beim Bären und dem Erdbeerbaum." Madrids Stadtwappen an der Puerta del Sol

spazierst du über die Calle de Alcalá geradewegs auf das Metrópolis-Gebäude zu und biegst kurz vorher rechts in die Gran Vía ein.

7 Gourmet Experience Gran Vía

Im Gourmethimmel über Madrid

Madrids Prachtmeile aus dem frühen 20. Jh. ist 2019 durch die verkehrsberuhigenden Maßnahmen der fortschrittlichen Stadtregierung deutlich grüner und ruhiger geworden, was ihrem großstädtischen Ambiente keinen Abbruch getan hat. Vorbei an Prachtbauten wie dem Telefónica-Gebäude auf der rechten Seite gelangst du zur Plaza de Callao mit ihrem berühmten Schweppes-Gebäude in Bügeleisenform. Gegenüber steht eine Filiale von Europas größtem Kaufhaus, dem Corte Inglés, das mit einem Geheimtipp im 9. Stock auf dich wartet: Nimm einfach die Rolltreppe und mach dich in der Gourmet Experience Gran Vía (elcorteingles.es/aptc/gourmet-experience/gran-via) auf einen spektakulären Ausblick auf Madrid und die Gran Vía gefasst. Hier gibt es aber nicht nur was zu gucken, sondern auch – wie sollte es in Madrid anders sein – jede Menge zu essen und zu trinken.

8 Anciano Rey de los Vinos

Ein Wermut beim „Alten Weinkönig"

Wieder unten, nimmst du die Calle Preciados auf dem Weg zur Puerta del Sol, die nachmittags einem riesigen Ameisenhaufen gleicht. Es wimmelt von Menschen. Sol ist das Zentrum nicht nur Madrids, sondern ganz Spaniens. Hier gehst du rechts in die Calle Mayor und biegst gleich wieder links ab in die Calle Postas zur Plaza Mayor. Wenn du Lust auf eine kleine Pause hast, geduldе dich noch einen Moment: Geh weiter die Calle Mayor hinunter, vorbei am alten Rathausplatz Plaza de la Villa, dann rechts in die Calle de Bailén und setz dich dort in Hausnummer 19 auf die Terrasse des Anciano Rey

Bis zum nächsten Morgen

de los Vinos (*elancianoreydelosvinos.es*), bekannt für seinen Wermut und den Blick auf die Kathedrale La Almudena. Die Bäumchen am Platz sind übrigens nicht irgendwelche Bäume, sondern *madroños*, also Erdbeerbäume wie der aus dem Stadtwappen, an dem der Bär die Früchte nascht. Ein schlauer Bär, denn die Früchte sind dafür bekannt, dass sie nach dem Reifen am Baum zu gären beginnen … Neben der Kathedrale macht sich der klobige Palacio Real breit (den du vielleicht ein andermal besuchst). Vor dem Palast liegt die Plaza de Oriente mit ihren lebenden und steinernen Statuen, Straßenmusikern und Touristen.

Madrids schönstes Sunset-Plätzchen

9 Templo de Debod

Geh nun weiter die Calle de Bailén entlang, vorbei an der Plaza de España, und dann links den Hügel hinauf bis zum Templo de Debod, Madrids ägyptischem Tempel mit hohem Romantikfaktor: Hier triffst du abends auf Scharen junger Pärchen, die den Sonnenuntergang bewundern. Jetzt hast du sicher Lust, mal wieder etwas zu essen – du bist ja in Madrid.

Im Taxi zum Tapas-Hopping

10 Cava Baja
11 Plaza de Santa Ana

Nimm dir nun am besten ein Taxi, das dich ratzfatz nach La Latina fährt, Madrids *barrio* mit der höchsten Dichte an Tapasbars. Lass dich bis zur Cava Baja fahren und mach es einfach wie die Madrider, schlender von Bar zu Bar, um überall zu probieren, z. B. im baskischen Lamiak (*lamiak.es*) in Hausnummer 42. Lass aber noch etwas Platz im Magen, denn jetzt geht es zurück nach Huertas zur Plaza de Santa Ana, wo das Tapas-Hopping in die nächste Runde geht. Die größte Herausforderung ist wahrscheinlich, in einem der vielen Straßencafés einen freien Stuhl zu finden.

12 MaNaMa Disco
13 Chocolatería San Ginés

Jetzt aber: Auf in die Madrider Nacht!

Lust zu tanzen? Halb Madrid ist noch auf den Beinen – mach dich also auf, z. B. über die Calle de Álvarez Gato und Calle de la Cruz in die nahe MaNaMa Disco (*manamadisco.com*). Wenn die angesagte Diskothek am frühen Morgen schließt, ist es Zeit für Madrids Katerfrühstück in der benachbarten, rund um die Uhr geöffneten Chocolatería San Ginés (*chocolateriasangines.com*). Dort tunkt man *churros*, frittierte Teigkringel, in dickflüssige heiße Schokolade – das Ritual zum Ende der Nacht. *Café con leche* geht aber auch, das tut dem Ritual keinen Abbruch.

So viele Bars, so kurze Nächte: Der Streifzug, die *marcha*, kann in der Cava Baja bis morgens dauern

SEHENSWERTES AM WEGESRAND

Schöner geht die Sonne in Madrid nirgendwo unter: Romantik pur am uralten ägyptischen Templo de Debod

Museo Nacional del Prado

Als der Architekt Juan de Villanueva 1785 im Auftrag Karls III. mit dem Bau des Prado begann, dachte er noch, dass darin ein Naturkundemuseum untergebracht werden solle. Doch Karls Enkel Ferdinand VII. beschloss, in dem fertigen Gebäude ab 1819 die königliche Gemäldesammlung auszustellen. So geschah es – und mittlerweile zählt der Prado zu den 20 beliebtesten Museen der Welt. Im Prado kannst du die umfassendsten Sammlungen von Werken El Grecos (1541–1614), Velázquez' (1599–1660) und Goyas (1746–1828) bewundern. Spannend anzusehen sind aber auch viele Gemälde der Flamen Bosch, Rubens und Brueghel, der Deutschen Dürer und Cranach, der Italiener Botticelli, Rafael, Tizian, Tintoretto und Caravaggio und Hunderter Maler mehr. Von mehr als 8000 Gemälden, 1000 Skulpturen und über 9500 Zeichnungen dümpeln die meisten Objekte im Keller vor sich hin und warten auf bessere Zeiten, denn nur gut 1300 Werke können gezeigt werden. Wer nicht stundenlang in der Schlange stehen will, kauft die Eintrittskarten vorab unter *entradas.museodelprado.es*

Retiro

Ein weißblauer Frühlingshimmel wölbt sich über Madrid – Zeit, mit Mann, Frau, Kind, Oma, Opa und Hund durch den Retiro zu streifen. Über den kleinen künstlichen See rudert ein Liebespaar. Auf dem asphaltierten Uferweg stimmt ein Saxofonist einen Ohrwurm an. Eine Frau zieht trockenes Stangenbrot aus einer Plastiktüte und zertritt es am Boden, für die Tauben. Ein vornehm ausschauender Herr hat einen Campingtisch aufgebaut und liest einem Kunden aus der Hand. Auf der anderen Seite des Sees, unter dem mächtigen Reiterdenkmal von Alfons XII., faulenzen Studenten in der Sonne und rauchen seelenruhig einen Joint. Im fabulösen Palacio de Cristal und im Palacio de Velázquez kannst du zeitgenössische Kunst sehen. Etwas weiter südlich findest du die Fuente del Ángel Caído, den „Brunnen des gefallenen Engels", das erste Denkmal der Welt zu Ehren des Teufels. Der steht, ganz satanisch, exakt 666 m über dem Meeresspiegel. Im 17. Jh. ließ Philipp IV. den Parque del Buen Retiro („Park zum guten Rückzug") als Königsgarten anlegen. Seit 1868 ist er allen Madridern geöffnet.

Plaza de Cibeles

Ein Liebespärchen vor dem Karren der griechischen Göttin Kybele bildet den Mittelpunkt der vom Verkehr umtosten Plaza de Cibeles. Du erkennst kein Liebespärchen? Natürlich nicht, denn du siehst aktuell zwei Löwen. In Wirklichkeit handelt es sich bei den beiden um zwei Liebende, die in einem Tempel von Kybele Sex hatten. Zeus erwischte sie dabei und verwandelte sie zur Strafe in zwei Löwenmännchen, die in entgegengesetzte Richtungen blicken. Das Paar darf zwar ein Leben lang zusammenbleiben, sich aber nie mehr in die Augen blicken. Unweigerlich ins Auge fällt am Platz der Palacio de Cibeles, die ehemalige Madrider Hauptpost. Vom Mirador aus liegen dir die Stadt und die Plaza zu Füßen.

Plaza Mayor

Auf Madrids Hauptplatz vergeht die Zeit etwas langsamer als im Rest der Stadt. Die Besucher lassen sich auf den Stühlen der Restaurant-*terrazas* nieder und hören den Straßenmusikern zu. Rund ums Reiterstandbild Philipps III. in der Mitte des rechteckigen Platzes versammeln sich junge Touristen, um zu plaudern, zu dösen oder Gitarre zu spielen. Die Plaza ist Bühne für unzählige kostenlose Konzerte und Veranstaltungen. 2017 feierte die Plaza Mayor ihr 400-jähriges Bestehen. Im Blickpunkt steht die Casa de la Panadería an der Nordseite des Platzes, in der die Touristeninformation untergebracht ist. In der Südwestecke zur Cava San

Typisch Madrid: schmausen, quatschen, Leben genießen an der Plaza de las Comendadoras

Miguel/Calle de los Cuchilleros reiht sich Restaurant an Restaurant. Das 1725 eröffnete Botín (botin.es) gilt laut Guinnessbuch als ältestes Restaurant der Welt und ist praktisch immer ausgebucht.

Templo de Debod

Liebespaare kommen in erster Linie wegen der Romantik zum Templo de Debod im Süden des Parque del Oeste. Hier ist nämlich Madrids schönster Ort, der Sonne beim Untergehen zuzuschauen. Auch der Blick auf die Casa de Campo und den Königspalast ist nicht ohne.

Cava Baja

Hier findest du eine Tapasbar neben der anderen. Und es gibt – neben ein paar Traditionsrestaurants – auch Bars mit baskischen *pintxos*: Baguettescheiben, die mit allerlei leckeren Sachen zu mundwässernden Kunstwerken aufgetürmt werden. Zu den Klassikern gehören La Taberna del Tempranillo (Nr. 38), Taberna Txakolina (Nr. 26), Esteban (Nr. 36), La Chata (Nr. 24) und La Antoñita (Nr. 14).

Aufsteigende Schönheit: Portos Bilderbuchkulisse erhebt sich aus dem Douro

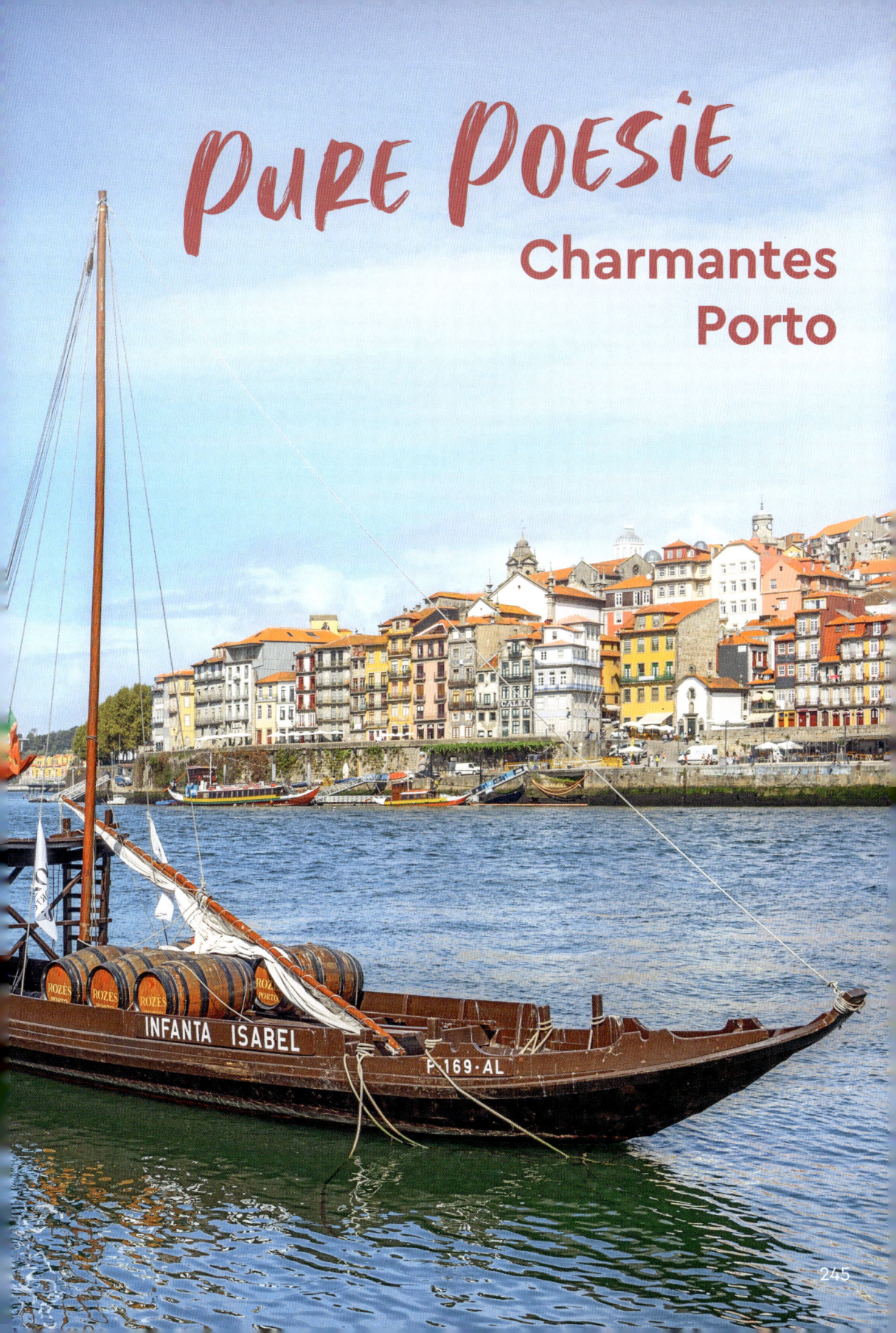
Pure Poesie
Charmantes Porto

Olá, zwischen Bilderbuchkulissen am Douro

Porto ist pure Poesie, eine Stadt aus Granit und glänzenden Fliesenwänden, voller Romantik und atemraubender Aussichten – den steilen Felshängen des Douro-Ufers sei Dank! Nach all dem Auf und Ab schmeckt der Portwein noch viel besser und auch so mancher Nebel- oder Regentag ist nach einer Führung durch eine der Portweinkellereien gleich viel weniger grau.

Wenn das kein Insta-Motiv ist: die Jugendstilfassade des Ladens A Pérola do Bolhão

Charmeur mit viel Kultur

Ja, die gibt es auch, die ungemütlichen Tage – der Norden Portugals ist eben doch um einiges feuchter und frischer als der sonnigere Süden. Doch selbst in den Wintermonaten erwischt man häufig blauen Himmel und Sonnenschein. Dann ist Porto ein Traum – und in den wesentlich trockeneren Sommermonaten sowieso. Die zweitwichtigste Stadt Portugals ist aus ihrem touristischen Schattendasein neben Lissabon herausgetreten; wer beide Orte besucht, findet fast immer, dass Porto eindeutig schöner ist (was die Lissabonner natürlich nicht nachvollziehen können). Porto hat sich in den letzten Jahren gemausert, auch dank des Tourismus. Von wegen grau und schäbig! Heute gibt sich die Douro-Metropole bunt und charmant und bietet ein umwerfendes Kulturprogramm mit Konzerten, Festivals und Volksfesten, an denen sich die Einheimischen ebenso rege erfreuen wie die Besucher.

Stadt am Fluss und am Meer

Selbst wer nur wenig Zeit hat, bekommt schnell einen schönen Eindruck von der Stadt: zum Beispiel bei einer Bootsfahrt über den Douro, bei der man schon die Bilderbuchkulisse mit den bunten Ribeira-Häusern auf der einen und die vielen Portweinkellereien auf der anderen Seite bewundern kann. Sogar einen Blick auf den Atlantik kannst du dabei erhaschen, schließlich liegt Porto (im Gegensatz zu Lissabon!) nicht nur am Fluss, sondern auch am Meer – inklusive schöner Sandstrände!

Arbeitsames Porto

Wenn du ein paar Tage bleibst, hast du vielleicht auch mal Zeit, etwas hinter die Fotomotivfassaden zu schauen. Porto ist bis heute die Stadt der Malocher, im Großraum gibt es viele vor allem mittelständische Betriebe, der Hafen von Leixões ist der wichtigste des Landes. Manche sagen, Lissabon – und damit also vor allem die Politik – gibt das Geld aus, das in Porto verdient wird. Das war schon zu Zeiten der Monarchie so: Der regierende Adel in der

Bauklötzchenstapelkunst: Portos kunterbunte Altstadt

Hauptstadt lebte in Saus und Braus, während in Porto das Bürgertum das Sagen hatte, vor allem in Form von geschäftigen Portweinhändlern. Das pompöseste Gebäude Portos ist deshalb kein Königsschloss (so was gibts hier nicht), sondern der Börsenpalast, der bis heute Sitz der Handelskammer ist.

Der Tourismusboom

Wenngleich die Blattgoldverzierungen und Azulejofassaden vieler Kirchen um die Wette strahlen – auch in Porto ist natürlich nicht alles Gold, was glänzt. Vor allem der wachsende Tourismus bringt auch ein paar Nebenwirkungen mit sich, die so manchen Portuenser auf die Palme bringen. Damit sind nicht nur die Menschentrauben gemeint, die sich durch die Gassen des Kathedralenviertels und der Ribeira schieben oder für das ultimative Instagram-Foto stundenlang an der Livraria Lello anstehen. Von diesen Hotspots halten sich die Portuenser nun eben fern. Doch was viele nervt: Um Ferienapartments zu schaffen, müssen Zentrumsbewohner ihre Wohnungen verlassen, überhaupt verliert die Stadt wegen der unverhältnismäßig steigenden Immobilienpreise immer mehr Einwohner ans Umland. Nun ist die Politik gefragt, damit sich diese Situation nicht weiter verschärft. Natürlich profitiert Porto vom Tourismus, doch sollte ein möglichst sozial verträglicher Weg des Wachstums gefunden werden.

Einfach genießen

Porto ist wahrlich ein Genuss – egal ob du gerade einen süffigen Portwein schlürfst, eine in würziger Sauce schwimmende *francesinha* verputzt oder die herrlichen Aussichten und die aufregende Architektur bewunderst. Das Schöne ist: Auch die Portuenser genießen ihre Stadt. Klassikliebhaber sind immer wieder aufs Neue entzückt von den Klangerlebnissen in der Casa da Música und Rockfans von den erstklassigen Line-ups der sommerlichen Open-Air-Festivals. Viele flanieren am Wochenende am Douro- oder Atlantikufer oder besuchen die gratis zugänglichen städtischen Museen oder eine der vielen grünen Oasen. Gesell dich zu ihnen, setz dich mit den Studenten und Angestellten zum Sonnenuntergang auf den romantischen Passeio das Virtudes und schau verliebt auf den goldenen Douro!

Azulejos und Portwein

Highlights

- Spaziergang durch Baixa und Ribeira bis nach Vila Nova de Gaia
- Tolle Aussichten auf den Fluss und eine Bootstour auf dem Douro
- Seilbahnfahrt über die Portweinkellereien

Portos schönste Seiten

Strecke & Dauer

- Von der Avenida dos Aliados bis zum Mosteiro da Serra do Pilar
- 6 km
- 1 Tag, reine Gehzeit 1,5 Stunden

Beste Zeit

- Wenn du bei deinem Citytrip auch baden möchtest, sind Juli, August oder September mit Wassertemperaturen bis 20 Grad ideal.
- Mild und angenehm ist es im Frühjahr ab Mai oder im Herbst bis Oktober.

Gut zu wissen

- Per Bus, Straßenbahn oder U-Bahn kommst du fast in alle Ecken der Stadt und auch ins nähere Umland (stcp.pt).
- Fahrten mit den drei historischen Straßenbahnlinien 1, 18 und 22 sind ein herrlich nostalgisches Vergnügen.

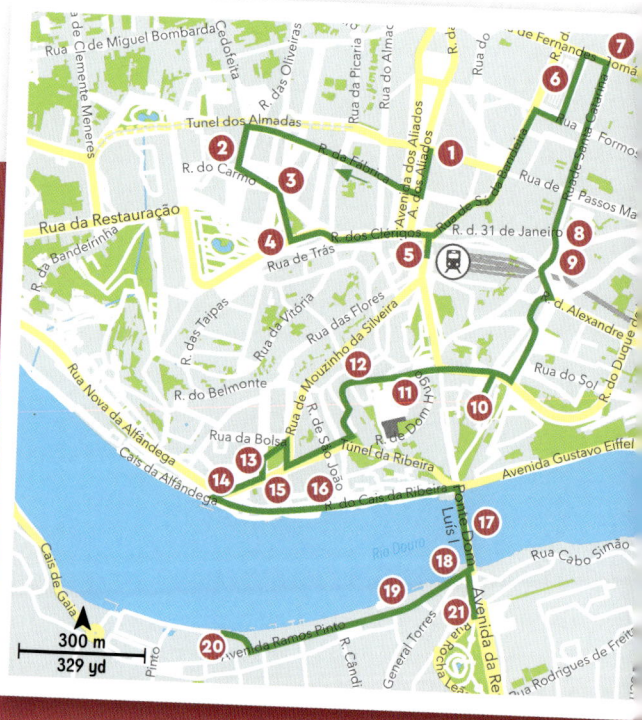

Die Tour

1. Avenida dos Aliados
2. Igreja do Carmo
3. Livraria Lello
4. Torre dos Clérigos

Erkunde Portos Highlights in der Baixa

Du startest, wo Portos Herz am lautesten schlägt, auf der Prachtallee 1 Avenida dos Aliados. Von hier gelangst du über die Rua da Fábrica vorbei am Ausgehviertel Galerias zur Praça de Carlos Alberto. Kurz darauf siehst du schon die mit blau-weißen Azulejos verkleidete Seitenfassade der Igreja do Carmo. Nach deren Besuch am anderen Ende des Platzes vor der Uni dann eine ganz andere Welt: Hinter der neogotischen Fassade der Livraria Lello verbirgt sich eine der schönsten (aber auch vollsten!) Buchhandlungen der Welt. Über die Praça de Lisboa (das begrünte Dach eines Parkhauses) gelangst du zum Wahrzeichen Portos, der Torre dos Clérigos. Wenn du diesen Kirchturm erklimmst, siehst du praktisch die ganze Stadt von oben. Auch in die barocke Kirche selbst solltest du noch einen Blick werfen.

Wo soll man denn hier zuerst hinschauen? Herrliches Schnörkel-Porto

Geschichten, die dir die Azulejos erzählen

Danach gehts die Rua dos Clérigos hinunter. An der Praça da Liberdade blickst du noch mal auf die Avenida dos Aliados in ihrer vollen Pracht. Kurz darauf bewunderst du in der Bahnhofshalle der Estação de São Bento Geschichten, die die Azulejos dort erzählen. Über die Geschäftsstraße Rua Sá da Bandeira gehts jetzt zum frisch renovierten Mercado do Bolhão: Die schmiedeeiserne Markthalle ist ein Fest für die Sinne. Verlässt du sie am oberen Ende, kommst du an der blau-weiß gefliesten Capela das Almas de Santa Catarina vorbei; danach schlenderst du die Fußgängerstraße Rua de Santa Catarina hinunter bis zur Praça da Batalha. Auch die Igreja de Santo Ildefonso ist prachtvoll mit Azulejos verziert.

❺ Estação de São Bento
❻ Mercado do Bolhão
❼ Capela das Almas de Santa Catarina
❽ Igreja de Santo Ildefonso

Zeit für eine Mittagspause!

Am südlichen Ende der Praça da Batalha verköstigt das Traditionshaus Cervejaria Gazela (cervejariagazela.pt) seine (überwiegend

❾ Cervejaria Gazela

Der allerallerallerschönste Buchladen der Welt: Livraria Lello

Im Land der blauen *azulejos:* Kachelkunst an Portos Fassaden

einheimischen) Kunden seit Generationen mit saftigen Hotdogs, Pommes oder auch *francesinhas*.

- ⑩ Igreja de Santa Clara
- ⑪ Kathedrale Sé do Porto

Durch die Altstadt hinunter zum Fluss

Vorbei am Teatro Nacional São João gelangst du über die Rua de Augusto Rosa zum Largo 1° de Dezembro. Von außen ganz unscheinbar, von innen ein barocker Schatz: In der 10 Igreja de Santa Clara erstrahlt das Blattgold der *talha dourada* nach langer Renovierung in vollem Glanz. Auch die Kathedrale Sé do Porto, die du über die Rua de Saraiva de Carvalho erreichst, bekam in der Barockzeit so manche neue Verzierung – über die Jahrhunderte wurde sie immer wieder verändert.

- ⑫ Bairro da Sé
- ⑬ Palácio da Bolsa
- ⑭ Igreja de São Francisco
- ⑮ Ribeira-Viertel

Nun wird's labyrinthisch

Über die Rua de Pena Ventosa spazierst du hinunter in das Treppenviertel Bairro da Sé – früher eher heruntergekommen, heute ziemlich pittoresk. Achte mal auf die *oratórios*, kleine, hölzerne Hausaltäre, die teilweise in die Granitnischen eingearbeitet wurden. Wenn du die Rua dos Mercadores hinuntergehst und am Túnel da Ribeira rechts abbiegst, stehst du kurz darauf auf der Praça do Infante Dom Henrique. Dieser Prinz ist im Deutschen als Heinrich der Seefahrer bekannt, er schaut – die Weltkugel unterm Arm – entschlossen Richtung Atlantik. Auf der linken Seite steht der protzige Palácio da

Azulejos und Portwein

Bolsa. Auch in der von außen gotischen, von innen barocken Igreja de São Francisco direkt unterhalb wurde geklunkert und geklotzt – hier wurde wirklich nicht am Blattgold gespart. Noch einmal ums Eck, und du stehst am Fluss. Hier beginnt der Streifzug durch das Ribeira-Viertel von der mittelalterlichen Rua da Reboleira bis zur Praça da Ribeira.

Schiff, ahoi – Kreuzfahrt zu sechs Brücken!

16 Cruzeiro das 6 Pontes
17 Ponte Dom Luís I

Hier am Ufer legen die Schiffe ab, von denen du nun eines für die knapp einstündige Rundfahrt Cruzeiro das 6 Pontes besteigst. Du siehst alle sechs Dourobrücken, zahlreiche Sehenswürdigkeiten entlang der Ufer von Porto und Vila Nova de Gaia und ein bisschen was vom Atlantik. Dazu gibt's Erklärungen in drei Sprachen (u. a. Englisch). Wieder an Land, geht es nun zu Fuß über die schmiedeeiserne Ponte Dom Luís I, unter der du gerade durchgeschippert bist.

Abschluss mit dem besten Porto-Blick

18 Cais de Gaia
19 Portweinkellereien
20 Teleférico de Gaia
21 Mosteiro da Serra do Pilar

Wenn du in Vila Nova de Gaia am Cais de Gaia entlangspazierst, siehst du schon, was diesen Ort bestimmt: Portwein, so weit das Auge reicht. Den kannst du jetzt mal in einer der vielen Portweinkellereien an der Uferfront probieren. Danach magst du nicht mehr laufen? Dann nimm die Seilbahn Teleférico de Gaia (gaiacablecar.com) und schweb hinauf zum Jardim do Morro. Hier erhebt sich das mächtige Mosteiro da Serra do Pilar. Vom Vorhof dieses Klosters hast du die grandioseste Aussicht auf Porto, vor allem zum Sonnenuntergang!

Das sieht aber mal nach einem perfekten Urlaubstag aus: wundervolles Zeitvergeuden im Ribeira-Farbrausch

Sehenswertes am Wegesrand

Fünf Minuten allerfeinste Aussichten: im *Teleférico de Gaia* kommt dein Herz ins Schweben

Avenida dos Aliados

Hörst du es schlagen, Portos Herz? Die 250 m lange Prachtmeile zwischen Praça da Liberdade und Rathaus ist eine Art Hauptschlagader der Stadt. Und schön ist sie auch noch, obwohl sie nicht so lang wurde, wie geplant. Die schicken Bankfilialen mit ihren neobarocken Granitfassaden trumpfen mit beeindruckenden Foyers auf. Sogar der McDonald's kann mithalten: Mit seinen Kristallleuchtern über den fettverschmierten Tischen ist er sicher der schönste des Landes; auch die Glasmalereien sind Überbleibsel des einstigen Café Imperial. Schräg gegenüber wartet noch ein künstlerisches Café: Das tropisch dekorierte Café Guarany (*cafeguarany.com*) beglückt Banker und andere Besucher seit 1933.

Livraria Lello

Gibt's hier was umsonst? Trotz Onlineticketpflicht mit zugeteiltem Slot stehst du vor der 1906 eröffneten Jugendstil-Buchhandlung mindestens zehn Minuten an. Die 5 Euro, die du als Eintritt in die berühmteste (und wirklich schönste, insbesondere dank der reich verzierten, schwungvollen Holztreppe) Buchhandlung Portos bezahlt hast, kannst du mit einem Buch verrechnen. *livrarialello.pt*

Igreja & Torre dos Clérigos

Na, wenn das kein Wahrzeichen ist! 76 m hoch ist der Granitturm, von dem du – wenn du die 240 schmalen Stufen hinaufgestiefelt bist –

Wo es Porto farbig mag: pastellige Häuschen im Ribeira-Viertel

einen grandiosen Blick über die Stadt hast: Die Torre dos Clérigos ist der höchste Kirchturm Portugals! Nach der Fertigstellung diente der Turm den einfahrenden Schiffen als Orientierung und den Portuensern als Uhrturm und später auch als Telegrafenstation. *torredosclerigos.pt*

Estação de São Bento

Würden hinter der prachtvollen Eingangshalle keine Züge abfahren, könnte man diesen Bahnhof auch mit einem Palästchen verwechseln. 1916 weihte man die spektakuläre Bahnhofshalle ein, die es dank ihrer 20 000 Azulejos des Fliesenkünstlers Jorge Colaço auf die Liste der schönsten Bahnhöfe der Welt gebracht hat. Auf 550 m² Fläche gibt es nun im oberen Bereich bunte Szenen aus der Landwirtschaft, dem Weinbau und dem Transportwesen zu bestaunen, weiter unten erhältst du eine blau-weiße Geschichtsstunde.

Palácio da Bolsa

Der Börsenpalast war und ist das Prachtvollste, was Porto zu bieten hat. Auch wenn das schicke Börsenparkett inzwischen nicht mehr von Brokern (die sind nach Lissabon umgezogen), sondern von beeindruckten Besuchern betreten wird – das Gebäude ist noch immer der Hauptsitz der mächtigen Portuenser Handelskammer. Solltest du in der Mittagszeit da sein: Im angeschlossenen Restaurant O Comercial (*ocomercial.com*) kannst du ziemlich edel (und mit toller Aussicht) essen. *palaciodabolsa.com*

Ribeira

Unzählige Fotos werden tagtäglich von den bunten Häusern in Portos traditionellem Flussviertel geschossen. Beim Anblick dieser herausgeputzten Wasserfront ist es kaum zu glauben, dass die Ribeira vor nicht allzu langer Zeit ein heruntergekommenes Hafenviertel war, das bis zum Bau der Douro-Staustufen zudem immer wieder von Hochwassern überflutet wurde. Jetzt kannst du in stylishen Terrassenlokalen in der Sonne sitzen, verträumt auf den Fluss schauen und Portweincocktails trinken. Hinter den Restaurants in der ersten Reihe verstecken sich auch noch ein paar günstigere Lokale. Mittelalterlich ist die Casa do Infante (*museudoporto.pt*) in der Rua da Alfândega 10. In dem interaktiven Museum geht es um die Geschichte und Entwicklung Portos. Im Museu do Vinho do Porto (*museudoporto.pt*) erlebst du nach einer Portweinprobe an der Bar, welche Rolle die Stadt Porto für die Geschichte des Portweinhandels spielt. In den verwinkelten Gassen ums Eck geht es ins Bairro do Barredo. Wenn dir die Stufen zu mühsam sind, nimm den kostenlosen gläsernen Aufzug Ascensor da Ribeira.

Ponte Dom Luís I

All die Fotos von der Ribeira, dem Fluss und den Portweinkellereien von Vila Nova de Gaia wären nur halb so schön, hätte man nicht immer auch den größten Schmiedeeisenbogen der Welt im Blick. Geschaffen hat dieses Meisterwerk der in Berlin geborene Belgier Théophile Seyrig, ein Schüler Gustave Eiffels. Eingeweiht wurde die von König Luís I in Auftrag gegebene Brücke 1886 nach fünf Jahren Planungs- und Bauzeit. Zwischen unterer und oberer Fahrbahn (von der es übrigens phänomenale Aussichten gibt!) liegen 45 m. Oben sind nur noch Fußgänger und Metrowaggons unterwegs, unten dürfen Autos fahren. Von hier stürzen sich nahe dem Südufer die furchtlosen Brückenspringer-Kids aus über 10 m Höhe in den Douro.

Titelbild: Florenz, Piazza del Duomo (huber-images: Luigi Vaccarella)

Fotos: DuMont Bildarchiv: Toni Anzenberger (164, 165, 171, 206, 207, 209, 212), Christian Bäck (114, 117 u.), Udo Bernhart (17), Monica Gumm (251, 252), Peter Hirth (42, 56, 137), Georg Knoll (102, 103, 108), Johann Scheibner (77); huber-images: Christian Bäck (18), Antonio Bartuccio (60/61, 63), Massimo Borchi (216, 217, 223), Manfred Bortoli (182/183, 184), Pietro Canali (175), Francesco Carovillano (112/113), Guido Cozzi (55 o.), Hans-Georg Eiben (86, 244/245), Paolo Evangelista (227), Olimpio Fantuz (65), Kate Hockenhull (188), Susanne Kremer (105 o., 249 o.), Frank Lukasseck (132/133, 211), Christian Müringer (27), Maurizio Rellini (10/11, 43, 68, 72, 80/81, 83), Massimo Ripani (214/215), Alessandro Saffo (100/101), Luca Scamporlino (189), Reinhard Schmid (6, 45 u., 46, 97, 98, 124, 127 u., 130, 131, 135, 140, 150, 200, 234/235, 238, 246, 249 u., 250, 255), Chris Seba (115, 147 u.), Hans-Peter Szyszka (122/123), Mark Thomas (67), Tim Draper (66), Luigi Vaccarella (204/205, 219); laif: Robert Haidinger (12, 79), Bernd Jonkmanns (92), Gunnar Knechtel (243), Thomas Rötting (139), Dagmar Schwelle (174, 190, 197), Fabian Weiss (19); laif/hemis.fr: Bertrand Gardel (40/41, 191), Ludovic Maisant (48); laif/SZ Photo: Jose Giribas (157 u.); mauritius images: Bruno Kickner (142/143), Rene Mattes (88), Volker Preusser (138, 168), Rainer Waldkirch (117 o.); mauritius images/age fotostock: Lucas Vallecillos (237); mauritius images/Alamy: Stuart Black (62), chrispictures (226), Ian Georgeson (58), John Kellerman (69), Michael Müller (159); mauritius images/Cavan Images (194/195); mauritius images/hemis.fr: Rene Mattes (145); mauritius images/imagebroker: Oskar Eyb (151), Stefan Ziese (119); mauritius images/Pitopia: Torsten Ehlers (35), Bernd Schmidt (149); mauritius images/Travel Collection (241); picture-alliance/dpa: Olivier Hoslet (96); picture-alliance/Geisler-Fotopress: Christoph Hardt (118); picture-alliance/Heritage-Images: Alan John Ainsworth (99); picture-alliance/Keystone: Gaetan Bally (157 o.); picture-alliance/Reuters: Arnd Wiegmann (161); Shutterstock: AbElena (232), Adisa (82), Jan Adler (134), AlexAnton (213), anon_tae (52), Arcady (177 o.), ArTono (233), Avillfoto (208), Rudy Balasko (247), Catarina Belova (90/91), Boris-B (154), canadastock (152/153, 167), Richie Chan (50/51), Jon Chica (220), Dragosh Co (229 u.), Cristi Croitoru (168), Mikael Damkier (25), DiegoMariottini (57), dimbar76 (23, 37), elpaqu (147 o.), Maks Ershov (239), Evgeniyqw (181), Evikka (45 o.), f11photo (47, 59), Kirk Fisher (199 u.), Irene Fox (76), Funny Solution Studio (178), Gimas (73), Rostislav Glinsky (229 u.), denese grebin (87), Minka Guides (55 u.), Zuzana Habekova (20/21), Marina J. (15 u.), Lukasz Janyst (242), kavalenkau (85), kavalenkava (39, 224/225), kennymax (180), Heracles Kritikos (203), kritzeltheartist.com (89), laraslk (105 u.), Viacheslav Lopatin (196), Federico Magonio (222), mapman (106), Galina Maykova (15 o.), mcroff88 (155), michelangeloop (177 u.), Mistervlad (129), Jaroslav Moravcik (185), mRGB (162/163), Nahlik (187), Nanisimova (16), NaughtyNut (148), Kapi Ng (36), Ozef (26), Photo Oz (170), PhotoFires (53), photolike (127 o.), Leon Rafael (179), Ruben M Ramos (199 o.), Luca Rei (33), RossHelen (2, 30/31), SAHACHATZ (109), Francesco Scatena (78), Roman Sigaev (29), silky (128), Tito Slack (201), Smarina (236), Photo Spirit (95), Werner Spremberg (125), STLJB (75), Boris Stroujko (32), Anatoli Styf (107), Sunoloud (141), SvetlanaSF (230, 231), symbiot (93), tanialerro.art (172/173), Vlad Teodor (240), ThePhotoFab (144), trabantos (28, 120, 121, 158), Truba7113 (221), vanessawoz (210), Madrugada Verde (38, 70/71, 253), Damien Verrier (13), vichie81 (49), WDnet Creation (22), Xato (202), Olena Znak (160)

1. Auflage 2024
© 2024 MAIRDUMONT GmbH & Co. KG, Ostfildern

ISBN 978-3-575-01930-1

Konzept & Projektleitung: Monique Sorban
Projektmanagement: Hanna Hacker
Redaktion: Jens Bey
Bildredaktion: Anja Schlatterer
Kartografie: © KOMPASS-Karten GmbH, Karl-Kapferer-Straße 5, A-6020 Innsbruck unter Verwendung von Kartendaten: © MairDumont, D-73751 Ostfildern (S. 14, 24, 34, 44, 54, 64, 84, 94, 116, 126, 136, 146, 156, 166, 176, 186, 198, 218, 228); © KOMPASS-Karten GmbH, A-6020 Innsbruck; DuMont Reiseverlag, D-73751 Ostfildern (S. 74); © KOMPASS-Karten GmbH, kompass.de unter Verwendung von © OpenStreetMap Contributors, osm.org/copyright (S. 104, 208, 238, 248)

Als touristischer Verlag stellen wir bei den Karten nur den De-facto-Stand dar. Dieser kann von der völkerrechtlichen Lage abweichen und ist völlig wertungsfrei.
Bildbearbeitung: typopoint GbR, Ostfildern
Gestaltung, Umschlag und Layout: Sofarobotnik, Augsburg & München
Satz: red.sign, Stuttgart

Printed in Slovenia

Lob oder Kritik? Wir freuen uns auf deine Nachricht!
Trotz gründlicher Recherche schleichen sich manchmal Fehler ein.
Wir hoffen, du hast Verständnis, dass der Verlag dafür keine Haftung übernehmen kann.
MARCO POLO Redaktion, MAIRDUMONT, Postfach 3151,
73751 Ostfildern, info@marcopolo.de

MARCO POLO DIGITALE EXTRAS

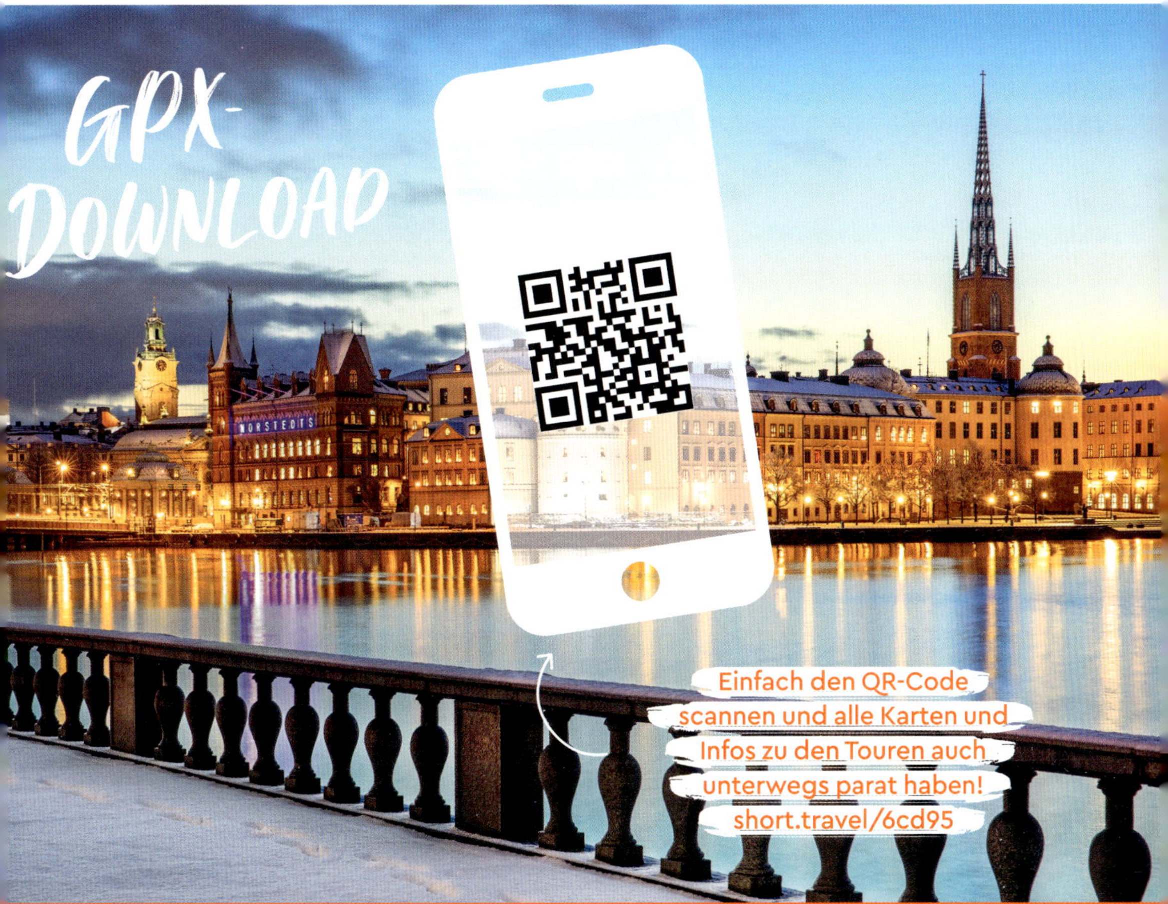

GPX-DOWNLOAD

Einfach den QR-Code scannen und alle Karten und Infos zu den Touren auch unterwegs parat haben!
short.travel/6cd95

PLAYLIST ZUM CITYTRIP

Den Soundtrack für deinen Urlaub gibt's auf Spotify unter
MARCO POLO Citytrip

Code mit Spotify-App scannen

UNVERGESSLICHE ERLEBNISSE

Einfach mal raus und besondere Momente genießen

Als Super Trouper im Pop-Himmel schwelgen

Du weißt, dass du's geschafft hast, wenn du ein eigenes Museum hast. So, wie Anni-Frid, Björn, Benny und Agnetha – genau, ABBA! In ihrem Museum in Stockholm schmetterst du nach Herzenslust die unsterblichen Songs. Und danach? Sagst du „Thank you for the Music", machst den „Eagle" und erkundest beschwingt die „Summer Night City" Stockholm – „Mamma Mia"!, S. 29

Mit dem Bus die Lagune erkunden

Bus fahren ist in Venedig mehr so Bus schwimmen. Spring auf ein Vaporetto und lass dich hinausschaukeln auf die Lagune. Am Markusplatz drängeln sich die Touristen, während du verborgene Insel-Ecken erkundest, dich auf uralten Friedhöfen gruselst, aufs Wasser schaust und dir von Glasbläsern etwas pusten lässt, S. 208

Gechillt auf dem Kanal unterwegs

Eine Stadttour zu Fuß kann ja jeder. In Leipzig leihst du dir stattdessen ein Kajak – und schon bekommt das „sich treiben lassen" eine ganz neue Bedeutung. Schön, dass Cafés und Restaurants mit eigenen Stegen locken. Hungrig und durstig paddelt's sich nämlich nur so mitteltoll, S. 136

Lass dich vom Portwein richtig barocken

Porto hat ordentlich einen an der Kachel. Nein, sorry, anders: Porto hat ordentlich Kacheln, die *azulejos* nämlich, und die aus ihnen gestalteten Wandbilder sind pure Faszination. Und sonst so? Der schönste Buchladen der Welt, Portwein bis zum Abwinken und Architektur, die ordentlich barockt – auf in die Hügelstadt am Douro!, S. 248

Sich in die Märchenstadt verlieben

Hoppla, da musst du erstmal nach Luft schnappen: Krakaus Rynek Główny, der Marktplatz, ist ja riesig. Schlender von hier aus los, durch die Zeit und die Jahrhunderte, lass dich verzaubern vom Flair der Vergangenheit – und mitreißen vom Nightlife der Gegenwart. Polens Schöne, uralt und voller Leben, flüstert dir Märchen ins Ohr, S. 186

Futtern & Feiern wie die Iren

Ob Mick Jagger bei Leo Burdocks Fish & Chips in Dublin seine Satisfaction fand, ist nicht überliefert – aber so groß und köstlich, wie die Portionen sind, dürfte der dürre Rolling Stone satt geworden sein. Ob er auch im Vergnügungsviertel Temple Bar unterwegs war? Du bist es jedenfalls, denn diese Party lässt du dir nicht entgehen, S. 75 u. 79